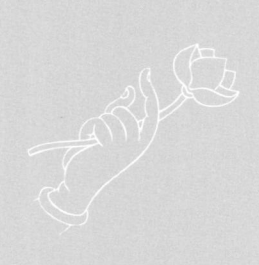

"十四五"時期國家重點圖書、音像、電子出版物出版專項規劃
國家古籍整理出版專項經費資助項目

中國禪宗典籍叢刊

僧寶正續傳
南宋元明禪林僧寶傳

〔宋〕祖琇 〔清〕自融 撰 性磊 補輯
呂有祥 點校

中州古籍出版社
·鄭州·

圖書在版編目（CIP）數據

僧寶正續傳　南宋元明禪林僧寶傳 /（宋）祖琇，（清）自融撰；性磊補輯；呂有祥點校 . —鄭州：中州古籍出版社，2021.12
（中國禪宗典籍叢刊）
ISBN 978-7-5348-9882-2

Ⅰ.①僧…　Ⅱ.①祖…②自…③性…④呂…　Ⅲ.①僧侶－生平事迹－中國－古代　Ⅳ.① B949.92

中國版本圖書館 CIP 數據核字（2021）第 227557 號

SENGBAO ZHENG-XUZHUAN　NANSONG-YUAN-MING CHANLIN SENGBAO ZHUAN
僧寶正續傳　南宋元明禪林僧寶傳

出 版 人	許紹山
策劃編輯	劉　曉
責任編輯	劉　曉
責任校對	唐志輝
裝幀設計	曾晶晶

出 版 社	中州古籍出版社（地址：鄭州市鄭東新區祥盛街 27 號 6 層　郵編：450016　電話：0371-65723280）
發行單位	河南省新華書店發行集團有限公司
承印單位	鄭州市毛莊印刷有限公司
開　　本	890 mm×1240 mm　1/32
印　　張	11.625
字　　數	260 千字
版　　次	2021 年 12 月第 1 版
印　　次	2021 年 12 月第 1 次印刷
定　　價	45.00 元

本書如有印裝質量問題，請與出版社調換。

總　序

在中國傳統文化中，儒學、佛教和道教鼎足而立，是三個最主要的組成部分。它們在相互排斥的同時又相互吸收，共同豐富和發展了中華民族的文化。

佛教本是從印度傳來的外來宗教，然而它在中國這塊遼闊豐饒的具有悠久歷史文化的國土上傳播，經過漫長歲月，已經與中國傳統文化和宗教習俗密切結合，演變成中國的民族的主要的宗教。隋唐時期具有民族特色的佛教宗派的創立，標志着佛教中國化歷程的基本結束，此後進入中國佛教的持續發展時期。在這些佛教宗派中，天台宗、華嚴宗和禪宗是最富有民族特色的宗派。在它們的蘊涵深刻哲學思辨内容的教義理論中，有説色空、色心和體用相即的宇宙存在論，有論善惡、淨染的心性論，有講出世不離世間的修行解脱論，有用以溝通色空、色心和體用的"不二"的方法論……這些在中國歷史文化，特別是在哲學思想領域都產生過極爲深遠的影響。研究中國歷史文化，研究中國哲學思想都離不開對佛教的考察和研究，這早已成爲人們的共識。

禪宗雖奉北魏時期來華的印度僧菩提達摩爲初祖，但從歷史真實情况考察，實際創立者應是被後世禪宗奉爲四祖、五祖的道信（580~651）和弘忍（601~675）。在弘忍去世之後，他的門下形成以神秀（約606~706）及其弟子普寂（651~739）爲代表的北宗，以惠能（638~713）及其弟子神會（668或686~760）、行思（671~740）、懷讓（677~744）爲代表的南宗。在"安史之亂"（755~763）後，北宗逐漸衰微以至湮滅無聞，而南宗則迅速傳遍大江南北，日益昌盛，並在唐末五代形成禪門五宗——臨濟宗、潙仰宗、曹洞宗、雲門宗、法眼宗。進入宋代，臨濟宗又分成楊岐、黄龍二派。兩宋是禪宗發展史上的鼎盛時期，它一躍而成爲中國佛教宗派中的主流派，在當時社會的各個階層和文化思想領域都有很大的影響。此後，中國儒、釋、道三教日益會通融合，佛教内部各宗也互相融通，禪宗與浄土念佛信仰的結合最爲密切，以至形成"念佛禪"。

禪宗雖標榜"以心傳心，不立文字"，但從實際情况來看，它的文字著述最多，形式也多種多樣，其中禪法語録最多。記録惠能言行的語録有《六祖壇經》，記録神會言行的語録有《菩提達摩南宗定是非論》等，此後懷讓、馬祖、懷海、希運以及禪門五宗的創始人義玄、靈祐和慧寂、良價和本寂、文偃、文益，後世各宗著名禪師幾乎都有語録行世。語録有别集，有合集。在語録集子中既有禪師在開堂、上堂、小參、普説等各種場合的説法記録，也有師徒間的答問；有對前人公案的評説——拈古，也有評述這些公案的偈頌——頌古；有代前人回答質詢的代語，也有在前人答語之外另作答語的别語；還有書信、法語、序跋、碑銘、題贊、札記、遺表等。在語録中，有貼近當時民衆的通谷白話，有含意清麗玄遠的詩偈；在語錄外，有卷帙浩繁的史傳，包括以語錄爲主的燈史、以記事爲主的傳記、按編年記述的通史。此外，還有論議、雜著、清規等。這些數量龐大的禪宗文獻，無疑是我國寶貴的文化遺產。

我國在20世紀70年代末實行改革開放政策以後，隨着社會科學界對宗教研究的深入展開，在對佛教文獻的研究和整理、出版方面也取得很大的成績，爲從事佛教研究的人員和社會上廣大讀者提供了不少經過校訂注釋的有價值的佛教參考資料。然而在大量佛教文獻面前，爲了讓研究者和讀者使用方便，有必要按類別選擇其中最重要的文獻進行研究和整理，分階段地作校勘、標點和注釋出版。

現在奉獻在諸位面前的《中國禪宗典籍叢刊》是一套中國禪宗系列的文獻選編，其中收錄了中國禪宗的部分重要史書、語錄和清規等文獻，皆請學者依據較好的版本作了校勘、分段和標點。雖然所收文獻的數量不是很大，但在目前公開出版的禪宗著述較少的情況下，這一套叢書的出版一定會給從事佛教禪宗研究和中國哲學、文史研究的學者和廣大讀者帶來不少方便。我們深知此項工作並非輕而易舉，希望邊工作邊改進，謹望讀者今後經常給我們提出建議，不吝賜教，以便把這一工作做得更好。

楊曾文

1998年2月9日

珍貴的禪宗史書
——《僧寶正續傳》《南宋元明禪林僧寶傳》

南宋祖琇編撰《僧寶正續傳》和清自融撰、性磊補輯《南宋元明禪林僧寶傳》是考察和研究中國自北宋末至明朝後期禪宗傳播情況的重要史書。現據筆者所掌握的資料，對這兩部既重記事又重記言的史書的作者和書的內容作概要介紹。

一、祖琇與《僧寶正續傳》

祖琇，南宋初期僧人，史無傳記，其籍貫、俗姓、所屬宗派法系及生卒年不詳。佛教《大藏經》中僅見幾處涉及祖琇屬地。南宋曉瑩（字仲溫）《雲卧紀譚》："江西近有一僧撰《隆興佛運統紀》，凡兩巨編印行。"南宋志磐《佛祖統紀》："祖琇，隆興初，居龍門，撰《佛運統紀》，放左氏，寓褒貶法。"元念常（1281～1341）《佛祖歷代通載》："甲申，沙門祖琇，號石室，撰《隆興佛運通論》成，行於世。"元熙仲《歷朝釋氏資鑑》卷第六夾注："蜀祖琇《佛教通論》。"由此來看，祖琇號石室，蜀人，曾居住活動於江西、龍門。龍門，一般指河南洛陽龍門。

按佛教資料記載，祖琇的著述有《僧寶正續傳》《佛運續紀》《釋氏通鑑》《隆興佛教編年通論》。

祖琇在《僧寶正續傳》卷五"雲居真牧正賢禪師"條'贊'中提到："愚（祖琇）初著《佛運》《通鑑》二書成，即以呈師。"正賢禪師回信云："比覽《佛運》，甚詳。《通鑑》亦有史體。承諭有勸，吾兄將爲三教統紀。鄙意輒究之，雖及年代治亂遷革，以至儒宗、道教賢哲出没之迹，然非紀二教，但約其時以明佛運耳。拙意欲吾兄去却圖字，標爲《佛運統紀》，以對《釋氏通鑑》，不亦宜乎！"從正賢禪師的回信中可以看出《佛運》一書的志趣概貌，即不僅包含佛教的流傳，而且涉及年代治亂遷革和儒、道二教，其目的是揭示佛教的命運。因此建議其把書名改爲《佛運統紀》《釋氏通鑑》。正賢禪師的回信又説："深喜吾兄此段有補於宗教，至矣。大率佛祖閑邪禦侮，不必與之竟，但伸自理，彼自破矣。"即對祖琇加以鼓勵，同時指出其可能會遭到詆毁抨擊，要祖琇不必去反駁、一爭高低，只要闡明自理，對方就會不攻自破。

《佛運統紀》果然受到當時及後人的詬病。與祖琇同時代的曉瑩，認爲書中所記初祖迦葉活動年代與《景德傳燈録》所載年代"其差紊二十八年"，同時書中"兼述篡弑、反叛、災異之事"并加以褒貶，此與"佛運"無關。南宋志磐《佛祖統紀》亦引永嘉薛洽叙《釋迦譜》云："琇師《統紀》多附小機所見，學最上乘者尚深病之。"也許因此之故，此書未收入佛教《大藏經》。

《釋氏通鑑》亦未見於佛教《大藏經》，書成後是否印行過，其内容如何，不得而知。與祖琇《釋氏通鑑》同名的有宋本覺撰

《釋氏通鑑》，全稱《歷代編年釋氏通鑑》，成書具體年代不知，南宋咸淳六年（1270）薦福用錯爲之作序。收於《卍續藏經》，它爲一編年體佛教通史，始於周昭王甲寅年，迄於宋太祖建隆元年（960），凡一千九百餘年間有關佛教之史實。

《隆興佛教編年通論》收於《卍續藏經》，署爲隆興府石室沙門祖琇撰。念常《佛祖歷代通載》說，甲申（1164）祖琇撰《隆興佛運通論》行於世。然而，與念常同時代的覺岸在《釋氏稽古略》卷四則謂："重和元年（1118）……蜀郡漢州雒縣僧祖秀……作《佛運編年通論》，祖琇者作《統紀》，併爲已有之。"祖秀生卒年不詳，其活動時間早於祖琇。按照覺岸的說法，《佛運編年通論》原爲祖秀所作，而祖琇把祖秀的《通論》和自己著的《統紀》合并，爲已有之。祖琇的《隆興佛教編年通論》比祖秀的《佛運編年通論》晚46年。但是，陳垣《中國佛教史籍概論》說覺岸是把祖琇的《通論》"誤認爲紫芝祖秀之書"，不知根據何在。

《隆興佛教編年通論》，二十九卷。本書以編年體記述東漢明帝永平八年（65）至南宋孝宗隆興元年（1163）約1100年間佛教在中土的傳播史實，并進行評論。正文二十八卷，附錄宋太宗、真宗、仁宗、徽宗等御製序一卷。《隆興佛教編年通論》一至二十卷（東漢至唐）的記事與評論，被念常《佛祖歷代通載》所摘錄，有的"論"幾乎全部照抄前書。由此可見，念常是認可祖琇的評論的。

《僧寶正續傳》，書成於《佛運》《通鑑》二書之後，書成後祖琇寄給雲居正賢禪師，正賢禪師答曰："辱寄《僧寶正續》，即勉病披味。足見吾兄孜孜於此道，前傳所遺而能拾以補之，亦法門之大者，更俟參味其間妙處，當以爲師也。"正賢禪師在病中披覽此書，并給予很高的評價，認爲此書彌補了以往僧傳（指惠洪的《禪林僧寶傳》）遺漏的重要禪師傳記，往後要參究體會其妙處，把它作爲自己的老師。

祖琇没有自述編集《僧寶正續傳》的緣由，但從書名和體例可知，此書是爲了補續《禪林僧寶傳》而作。祖琇在此書中收録了惠洪的傳記，贊賞惠洪的才華和對佛教的弘揚與忠貞。説惠洪"少歸釋氏，長而博極群書"，"出入禪教，議論精博，其才實高"，"發揮經論，光輔叢林"；雖然"陷於難"，"出九死而僅生，垂二十年，重削髮，無一辭叛佛而改圖，此其爲賢者也"。同時對惠洪"工呵古人而拙於用己，不能全身遠害，峻戒節以自高，數陷無辜之罪，抑其恃才暴耀太過而自取之"而深爲惋惜！但是，在《僧寶正續傳》卷末附録《代古塔主與洪覺範書》中，祖琇以古塔主的口氣，對《僧寶正續傳》提出了批評，認爲《僧寶正續傳》"方一過目，爛然華麗"，但進一步仔細閱讀，"考核事實，則知足下樹志淺矣"，而且忽視事實，隨意評論。這與前面"出入禪教，議論精博"的説法雖然有些矛盾，但也許這正是祖琇編集《僧寶正續傳》的原因。即一方面按照《禪林僧寶傳》的體例①，對未收録的高僧傳記加以補續；一方面注重"事實"，傳記取自正統實録，評論公正合乎實際。

惠洪《禪林僧寶傳》收録禪師傳記，始於唐末曹山本寂禪師

---

① 《禪林僧寶傳》的編輯體例有三：第一，對於禪師傳記，"既載其語言，則當兼記其行事"，記言與記事兼顧并重。第二，"依仿史傳，各爲贊辭"，在人物傳記後作一簡要評語。第三，全書禪師傳記的排列順序，不是按宗派的嗣法世系排列，而是按禪師的生卒年代排列。

(840~901),迄於北宋末年黄龍惟清禪師(？~1117)。《僧寶正續傳》輯録的禪師傳記,按有生卒年代記載的,最早爲卒於北宋末年的圓通道旻禪師(1046~1114),最晚爲卒於南宋初期的徑山宗杲禪師(1089~1163),屬於兩宋之際百年間的禪師,所以是對惠洪《禪林僧寶傳》的補續。此書初寫於1159年以前,因爲曾寄給正賢禪師(？~1159)審閲。正賢、宗杲、道震的傳則是後來增入。全書的完成時間應在宗杲禪師卒後,即1163年後。

《僧寶正續傳》前六卷,收録青原下十二世曹洞宗禪師一人傳記、南嶽下十二世至十五世臨濟宗禪師二十七人傳記;第七卷二人,作者得之於無盡藏"異書",視之爲唐末傳奇僧人,故"特撰次之"。卷末附《代古塔主與洪覺範書》,駁斥覺範認爲古塔主有"三失",爲古塔主辯解。

二、自融、性磊與《南宋元明禪林僧寶傳》

自融(1615~1691),南嶽下三十五世,清初臨濟宗僧,新安人,俗姓程,字巨靈,一字幻牌。清永超《五燈全書》卷第七十三載其語録,清潘耒《遂初堂別集》卷二《廣潤巨靈禪師塔銘》述其行事法語。

自融半歲喪父,由母親撫養成人,弱冠欲入佛門,母親阻止未果。他先投廬山圓覺沙門剃髮,後於回峰寺受具足戒。因在聽講中"辨難驚人",講師驚嘆:"子非吾宗人也!"勉勵他出外參訪。自融先至夾山,參林皋本豫禪師(？~1646);後至天童,參密雲圓悟禪師(1566~1642);圓悟卒後,弘覺道忞禪師(1596~1674)繼席,自融依其座下,不久得悟。密雲圓悟爲南嶽下第三十三世，弘覺道忞爲第三十四世，自融爲第三十五世。其後，自融跟隨弘覺道忞，居五磊，游匡廬武陵，閱藏鹿城，閉關虞山，輾轉紹興大能仁、寧海瑞雲山廣潤、仙居紫籜山廣度寺，復建廣度寺，兩度重建廣潤道場。順治辛卯（1651）春繼席廣潤，晚年隱居紫籜山。康熙辛未（1691）潤七月示寂，說《辭世偈》曰："人死一七月，我今兩七月，泥牛鬥入海，嚙破半邊缺。"入滅闍維，頂骨心齒不壞。世壽七十七，僧臘六十五，得法弟子性磊、性化等十餘人，塔於紫籜山之鳳亭岡。

自融的著述，超永《五燈全書》提到自融"自作《幻胇頭陀傳》"，但潘耒《廣潤巨靈禪師塔銘》中未提及，可能沒有流傳，查無此傳。流傳於世的是《南宋元明禪林僧寶傳》。

《南宋元明禪林僧寶傳》十五卷，自融撰，弟子性磊補輯。自融作《南宋元明僧寶傳序》，性磊作《南宋元明僧寶傳後敍》。自融在《南宋元明僧寶傳序》中明確地敍述了編輯此書的緣由。佛教傳入中國，禪宗興起以後，各種《傳燈》之書迭出，但"其文不一且繁"，於是有普濟會通諸《傳燈》，簡明扼要編輯成《五燈會元》，"《會元》之出，燈史定矣"，各種疑惑渙然冰釋。又有惠洪從千百禪師中選擇八十一人編著成《禪林僧寶傳》，"記言"與"記事"兼顧并重，提綱挈領，由此可以明見"祖師大統不易之道"（禪宗歷代祖師心心相傳一以貫之的宗旨）。但是，經過南宋，到了明代，又有《繼燈錄》（明元賢輯）、《續傳燈錄》（明圓極居頂撰）、《五燈嚴統》（明通容編）等相繼刻出，"參差疑滯，似又莫能釋而定之"。再經過多次轉寫，已出現明顯的錯訛。如萬峰禪師卒於1381年，海舟永慈生於1396年，近刻本却

"以海舟慈先參萬峰"，又"以海舟名普慈"，年代錯亂，人名混淆，大家却堅信不疑。直到看到"海舟永慈禪師道行碑"，才真相大白。爲了正本清源，所以接續惠洪《禪林僧寶傳》，歷經"二十餘年"，"採考宋建炎，以至明末五百歲尊宿，不可唐捐之實録"①，編輯成册，交付弟子性磊加以拾遺補輯，名爲《南宋元明僧寶傳》。

《南宋元明僧寶傳》所收録南宋、元、明三代禪師的人數，自融《南宋元明僧寶傳序》中稱九十七人。性磊在《南宋元明僧寶傳後敘》中說，自融所集者五十三人，磊所補者四十一人，合爲九十四人。這是因爲卷二"祖、奇二首座"二人合傳，卷十的"楚石、愚庵、夢堂三禪師"三人合傳，所以比自融說的九十七人少了三人。嚴格地說，是九十四篇，九十七人。如果加上最後"拾遺"一人，全書實際收録九十八人傳記。② 性磊說"四十一人"，目録明標爲補輯者僅二十七篇二十八人，可見目録有漏標，未標明"補輯"的傳記除"拾遺"一人應該是性磊增加的以外，其他傳記不知哪篇是自融編撰，哪篇是性磊補輯。

此書收録的九十八人中，南嶽下十五世至三十三世凡十九代臨濟宗尊宿八十七人，青原下十三世至三十五世凡二十三代曹洞宗尊宿十一人。宋僧四十五人，元僧十五人，明僧三十八人。性磊在《南宋元明僧寶傳後敘》中對此書收録禪師的起止作了解釋：

---

①性磊云：自融"出匡廬時二十載江湖所集"。
②陳垣在《中國佛教史籍概論》說："此書志在續惠洪《僧寶傳》。融自序稱九十七人，今本實得九十四人，然性磊後序言融所集者五十三人，磊所補者四十一人，則融序字之誤也。"自融自序說的九十七人没有錯，是陳垣没有注意有兩篇合傳吧。

"此《傳》始自三佛之下佛燈真際,而至博山雲門、天童悟祖輩而止者,何耶?且方今之世,垂慈展拂,遍溢支那,豈真是非未定而止之者歟。曰:否,否!蓋順治至康熙年間,諸老宿順闡逆化,行解相應者,不無其人,率皆屬吾師翁弘覺忞老人爲之碑銘,狀其生平最詳,業已流通宇内,稱不朽矣。當今天下公論,以吾師翁之眼目,料揀五宗,不爽毫髮,雖大慧、中峰莫能右之,磊小子敢復浪贅蛇足哉!"

此書起自佛燈守珣(?~1134)、真際德止(1100~1155),迄於博山元來(1575~1630)、天童圓悟(1566~1642)、雲門即雪嶠圓信(1571~1647);圓悟、圓信之後,順治至康熙年間"行解相應"的傑出禪師也不乏其人,但由於他的師祖弘覺道忞大都已作碑銘,生平詳細,流通於世,自己再作傳記,怎麼能超過師祖呢,所以就不再錄入此書。

《南宋元明禪林僧寶傳》有五禪師與《僧寶正續傳》重出,均爲南嶽下十五世臨濟宗人。即:卷一的"竹庵珪",卷二的"此庵景元""文殊心道",卷三的"大慧宗杲",卷五的"白楊法順"。其原因可能如陳垣在《中國佛教史籍概論》所指出的,由於祖琇《僧寶正續傳》傳世罕見,自融撰、性磊補輯《南宋元明禪林僧寶傳》時,未見到祖琇之書的緣故。雖然重出,但内容詳略不盡一致,可以互參。

《南宋元明禪林僧寶傳》的印行,從幾篇序記來看,大概成書初刊於康熙甲辰年(1664)(見性磊《後敘》),再刻於康熙丁巳年(1677)(見林友王序),重刻於康熙乙丑年(1685)(見《重刻〈僧寶傳〉記》)。

校注説明

一、《僧寶正續傳》《南宋元明禪林僧寶傳》收錄於《卍續藏經》，本次校注採用此本，無其他對勘本。

二、原書目錄未標禪師的嗣法世系和所屬宗派，此次依《五燈會元》《五燈會元續略》《五燈全書》等標出。

三、原目錄禪師名祇標後一個字，如"系南禪師"標爲"南禪師"，現改成全名，以便檢索。正文標題禪師名與目錄應一致。原目錄"第一卷""第二卷"等，改爲"卷第一""卷第二"等表述，與正文標題一致。

四、原書文内有小字夾注，如"力金禪師號白庵有本名萬金"，現移爲注脚。

五、對原書疑有衍、脱及誤刻字以及部分通假字，均作校勘記。對書中的生僻字和部分名詞作適當注釋。括弧（）裏的文字爲本次所加。

目　録

僧寶正續傳
僧寶正續傳卷第一
羅漢系南禪師（南嶽下十三世　臨濟宗）………………………… 3
圓通道旻禪師（南嶽下十四世　臨濟宗）………………………… 5
兜率惠照禪師（南嶽下十五世　臨濟宗）………………………… 9
潛庵清源禪師（南嶽下十二世　臨濟宗）………………………… 10
泐潭惟照禪師（青原下十二世　曹洞宗）………………………… 12

僧寶正續傳卷第二
寶峰文準禪師（南嶽下十三世　臨濟宗）………………………… 16
花藥進英禪師（南嶽下十三世　臨濟宗）………………………… 21
明白德洪禪師（南嶽下十三世　臨濟宗）………………………… 22
開福道寧禪師（南嶽下十四世　臨濟宗）………………………… 25
智海惠懃禪師（南嶽下十四世　臨濟宗）………………………… 27

僧寶正續傳卷第三
龍門清遠禪師（南嶽下十四世　臨濟宗）………………………… 31

禾山惠方禪師（南嶽下十四世　臨濟宗）……………………… 35
文殊心道禪師（南嶽下十五世　臨濟宗）……………………… 37
法輪應端禪師（南嶽下十四世　臨濟宗）……………………… 40
黃龍德逢禪師（南嶽下十四世　臨濟宗）……………………… 43

僧寶正續傳卷第四

圜悟克勤禪師（南嶽下十四世　臨濟宗）……………………… 46
寶峰景祥禪師（南嶽下十三世　臨濟宗）……………………… 51
雲居善悟禪師（南嶽下十五世　臨濟宗）……………………… 53
白楊法順禪師（南嶽下十五世　臨濟宗）……………………… 55

僧寶正續傳卷第五

草堂善清禪師（南嶽下十三世　臨濟宗）……………………… 58
大溈善果禪師（南嶽下十五世　臨濟宗）……………………… 59
護國景元禪師（南嶽下十五世　臨濟宗）……………………… 61
雲居法如禪師（南嶽下十五世　臨濟宗）……………………… 63
真牧正賢禪師（南嶽下十五世　臨濟宗）……………………… 64

僧寶正續傳卷第六

鼓山士珪禪師（南嶽下十五世　臨濟宗）……………………… 69
徑山宗杲禪師（南嶽下十五世　臨濟宗）……………………… 72
福嚴文演禪師（南嶽下十三世　臨濟宗）……………………… 77
黃龍道震禪師（南嶽下十三世　臨濟宗）……………………… 80

僧寶正續傳卷第七

德山木上座 ································· 83

臨濟金剛王 ································· 86

代古塔主與洪覺範書 ························ 89

南宋元明禪林僧寶傳

南宋元明僧寶傳序 林友王 ···················· 99

南宋元明僧寶傳序 崔秉鏡 ···················· 101

南宋元明僧寶傳序 自 融 ···················· 103

南宋元明禪林僧寶傳卷一

佛燈守珣禪師（南嶽下十五世　臨濟宗）········· 105

圓通真際德止禪師（青原下十三世　曹洞宗）····· 107

智通景深禪師（青原下十三世　曹洞宗）········· 109

龍牙智才禪師（南嶽下十五世　臨濟宗）········· 111

（補輯）性空妙普庵主（南嶽下十四世　臨濟宗）··· 113

（補輯）龍翔竹庵珪禪師（南嶽下十五世　臨濟宗）· 115

南宋元明禪林僧寶傳卷二

（補輯）祖、奇二首座（南嶽下十五世　臨濟宗）··· 118

護國此庵景元禪師（南嶽下十五世　臨濟宗）····· 120

或庵師體禪師（南嶽下十六世　臨濟宗）········· 122

（補輯）文殊心道禪師（南嶽下十五世　臨濟宗）··· 125

(補輯)宏智正覺禪師(青原下十三世　曹洞宗) …………… *128*

真歇清了禪師(青原下十三世　曹洞宗) ………………… *131*

南宋元明禪林僧寶傳卷三

虎丘紹隆禪師(南嶽下十五世　臨濟宗) ………………… *134*

應庵曇華禪師(南嶽下十六世　臨濟宗) ………………… *136*

(補輯)大慧宗杲禪師(南嶽下十五世　臨濟宗) …………… *138*

徑山大禪了明禪師(南嶽下十六世　臨濟宗) …………… *142*

(補輯)育王端裕禪師(南嶽下十五世　臨濟宗) …………… *145*

(補輯)道場法全禪師(南嶽下十六世　臨濟宗) …………… *147*

(補輯)華藏有權禪師(南嶽下十七世　臨濟宗) …………… *148*

南宋元明禪林僧寶傳卷四

(補輯)道場明辨禪師(南嶽下十五世　臨濟宗) …………… *150*

(補輯)烏巨雪堂道行禪師(南嶽下十五世　臨濟宗) ……… *152*

慈化普庵印肅禪師(南嶽下十六世　臨濟宗) …………… *153*

天竺佛堂守仁禪師(南嶽下十五世　臨濟宗) …………… *156*

(補輯)瞎堂慧遠禪師(南嶽下十五世　臨濟宗) …………… *158*

湖隱濟顛①書記(南嶽下十六世　臨濟宗) ……………… *161*

南宋元明禪林僧寶傳卷五

密庵咸傑禪師(南嶽下十七世　臨濟宗) ………………… *164*

---

①濟顛,原目錄爲"漢顛",據正文改。

育王妙堪禪師（南嶽下十七世　臨濟宗）………………… 156

（補輯）華藏安民禪師（南嶽下十五世　臨濟宗）………… 168

（補輯）徑山寶印禪師（南嶽下十六世　臨濟宗）………… 170

道林淵禪師①（南嶽下十六世　臨濟宗）…………………… 172

白楊法順禪師（南嶽下十五世　臨濟宗）…………………… 174

徑山塗毒智策禪師（南嶽下十五世　臨濟宗）……………… 175

南宋元明禪林僧寶傳卷六

松源崇嶽禪師（南嶽下十八世　臨濟宗）…………………… 173

淨慈義雲禪師（南嶽下十六世　臨濟宗）…………………… 180

靈隱之善禪師（南嶽下十七世　臨濟宗）…………………… 182

龍濟宗鍪禪師（南嶽下十八世　臨濟宗）…………………… 184

淨慈自得慧暉禪師（青原下十四世　曹洞宗）……………… 186

北磵居簡禪師（南嶽下十七世　臨濟宗）…………………… 188

南宋元明禪林僧寶傳卷七

徑山無準師範禪師（南嶽下十九世　臨濟宗）……………… 190

別山祖智禪師（南嶽下二十世　臨濟宗）…………………… 192

淨慈斷橋妙倫禪師（南嶽下二十世　臨濟宗）……………… 194

徑山道冲禪師（南嶽下十九世　臨濟宗）…………………… 196

天目文禮禪師（南嶽下十九世　臨濟宗）…………………… 199

天童如淨禪師（青原下十六世　曹洞宗）…………………… 201

---

①淵禪師，查無全名。

（補輯）上都華嚴全一至温禪師（青原下二十三世　曹洞宗）…… *203*

南宋元明禪林僧寶傳卷八

北平慶壽印簡禪師（南嶽下二十世　臨濟宗）………… *206*

徑山妙高禪師（南嶽下十九世　臨濟宗）……………… *208*

靈雲鐵牛持定禪師（南嶽下二十一世　臨濟宗）……… *211*

悦堂祖誾禪師①（南嶽下十九世　臨濟宗）…………… *213*

匡廬一山了萬禪師（南嶽下十九世　臨濟宗）………… *215*

高峰原妙禪師（南嶽下二十一世　臨濟宗）…………… *218*

南宋元明禪林僧寶傳卷九

中峰普應明本國師（南嶽下二十二世　臨濟宗）……… *222*

仰山佛智元熙禪師（南嶽下十九世　臨濟宗）………… *225*

笑隱大訢禪師（南嶽下二十世　臨濟宗）……………… *227*

雪竇無印大證禪師（青原下十九世　曹洞宗）………… *230*

斷崖了義禪師（南嶽下二十二世　臨濟宗）…………… *232*

南宋元明禪林僧寶傳卷十

元叟行端禪師（南嶽下十九世　臨濟宗）……………… *235*

石屋清珙禪師（南嶽下二十二世　臨濟宗）…………… *238*

徑山虛舟普度禪師（南嶽下二十世　臨濟宗）………… *240*

孚中懷信禪師（南嶽下二十二世　臨濟宗）…………… *242*

―――――――――――――

①原目録爲"説堂誾禪師"，據正文改。

楚石、愚庵、夢堂三禪師(南嶽下二十世　臨濟宗) ……… 245

古梅正友禪師(南嶽下二十三世　臨濟宗) ……… 248

南宋元明禪林僧寶傳卷十一

伏龍千巖元長禪師(南嶽下二十三世　臨濟宗) ……… 251

(補輯)龍池永寧禪師(南嶽下二十一世　臨濟宗) ……… 254

(補輯)寶金璧峰禪師(南嶽下二十二世　臨濟宗) ……… 255

(補輯)烏石世愚禪師(南嶽下二十二世　臨濟宗) ……… 258

(補輯)古鼎祖銘禪師(南嶽下二十世　臨濟宗) ……… 260

天界力金禪師(南嶽下二十一世　臨濟宗) ……… 262

性原慧明禪師(南嶽下二十世　臨濟宗) ……… 264

南宋元明禪林僧寶傳卷十二

(補輯)雪峰逆川智順禪師(南嶽下二十二世　臨濟宗) ……… 267

萬峰時蔚禪師(南嶽下二十四世　臨濟宗) ……… 269

虛白慧㫒禪師(南嶽下二十六世　臨濟宗) ……… 271

東山海舟永慈禪師(南嶽下二十七世　臨濟宗) ……… 272

(補輯)福林智度禪師(南嶽下二十三世　臨濟宗) ……… 275

瑞巖恕中無慍禪師(南嶽下二十二世　臨濟宗) ……… 277

(補輯)松隱小茂禪師(南嶽下二十二世　臨濟宗) ……… 281

南宋元明禪林僧寶傳卷十三

(補輯)斗峰正璋禪師(南嶽下二十二世　臨濟宗) ……… 283

天界慧曇禪師(南嶽下二十一世　臨濟宗) ……… 285

季潭宗泐禪師①（南嶽下二十一世　臨濟宗）………… *286*

（補輯）海門惟則禪師（南嶽下二十三世　臨濟宗）…… *289*

雲居呆庵普莊禪師（南嶽下二十三世　臨濟宗）……… *292*

楚山紹琦禪師（南嶽下二十六世　臨濟宗）…………… *294*

南宋元明禪林僧寶傳卷十四

隨州龍泉明聰禪師（南嶽下三十一世　臨濟宗）……… *298*

笑巖德寶禪師（南嶽下三十二世　臨濟宗）…………… *300*

（補輯）龍池幻有正傳禪師（南嶽下三十二世　臨濟宗）…… *303*

（補輯）幻也佛慧禪師（南嶽下三十二世　臨濟宗）…… *305*

法舟道濟禪師（南嶽下二十九世　臨濟宗）…………… *307*

（補輯）敬畏如空禪師（南嶽下三十世　臨濟宗）……… *309*

壽昌慧經禪師（青原下三十四世　曹洞宗）…………… *311*

南宋元明禪林僧寶傳卷十五

博山元來禪師（青原下三十五世　曹洞宗）…………… *314*

湛然圓澄禪師（青原下三十五世　曹洞宗）…………… *317*

天童密雲圓悟禪師（南嶽下三十三世　臨濟宗）……… *320*

磬山天隱圓修禪師（南嶽下三十三世　臨濟宗）……… *323*

雪嶠圓信禪師（南嶽下三十三世　臨濟宗）…………… *325*

（拾遺）忠州聚雲吹萬廣真大師傳（南嶽下二十八世　臨濟宗）… *328*

---

①原目錄順序，"季潭泐禪師"在前，"天界慧曇禪師"在後，現據正文順序改。

南宋元明僧寶傳後敘 性磊 ………………………………… 332
重刻《僧寶傳》記 …………………………………………… 334

附編

清超永編《五燈全書》卷第七十三《臨濟宗　南嶽下三十五世隨錄
　廣潤巨靈自融禪師》……………………………………… 335
清潘耒《遂初堂別集》卷二《廣潤巨靈禪師塔銘》………… 340
陳垣《中國佛教史籍概論》(摘錄) ………………………… 343

主要參閱書目 ……………………………………………… 345

僧寶正續傳

隆興府①沙門　祖琇　撰

---

①隆興府：即今江西南昌。南宋隆興元年（1163）爲隆興府。

僧寶正續傳卷第一

羅漢系南禪師（南嶽下十三世　臨濟宗）

禪師諱系南，生汀州張氏。少出家，依金泉寺得度具戒。性純淡，志節高遠。涉歷叢林，參雲居祐禪師，發明心地。既膺最後付囑，將復遍扣諸方。時祐同門法昆照覺禪師，宏法東林，宗風特盛，師往謁之。照覺預知其來撞巨鏞，聚徒五千指，出迎於虎溪之外。師由①是名稱蔚然，增重於世。未幾，南康守命出世羅漢，嗣法雲居，道價著於天下，學者謂之小南。

僧問："聲色不到，病在見聞，言詮不及，過在唇吻，此一理二義，請師直指。"師云："一字不著畫。"曰："古溪澄水迎新月，舊嶺寒梅再遇春。"師云："二字不成雙。"曰："半夜彩霞籠玉象，天明峰頂在雲遮。"師云："好箇真消息。"問："師子兒隨衆後，三歲便能大哮吼，未出林一句作麼生？"師云："頭破額裂。"曰："出林後一句作麼生？"師云："腦門著地。"曰："不出不入時如何？"師云："進前退後。"曰："且道落在什麼處？"師云："大衆有眼。"乃云："道應無私，力不可敵。如風行草偃，似春至花開，佛手不能遮，人心寧可遏。順之則物物光輝，逆之則頭頭失色。不逆不順，任器方圓，呼召隨聲，高低自爾。臨鏡而像，

---

①原作"繇"，通"由"，徑改。後同。

彼此情忘。現如幻神通，成如幻正覺。直得廬山萬叠共轉法輪，鄱水千尋同宣密義。便與麼，金鷄啄破琉璃殼，玉兔挨開碧海門。"

又曰："畫角紅樓報曉春，萬家齊賀物咸新，誰知庭際青青柏，便是當年問法人。無身可身，無歲可歲，始終無變，往復常存。四時遷而不遷，一氣動而非動。百年生死若浮雲，十世古今如電影。情超象外，道契環中。不有絲毫，虛空同壽。但向見聞覺知，識取本來面目。還見麼？玉兔沉西嶺，金烏出海東。"

又曰："不假一鎚成大寶，太阿出匣冷光寒。爲君截斷羚羊角，打就虛空碧玉盤。好拈掇，更須看，翻來覆去黑漫漫。"以拂擊禪牀，下座。

又曰："山堂今日已開爐，點淡寒雲雪未鋪，撥火任君談冷暖，不知誰解喚司徒。古聖求人向熱灰裏，諸佛行道火焰中，便見刹刹塵塵皆同自己，心心念念盡合他宗。便與麼會轉不相當，何故？一句合頭語，萬劫繫驢橛。"

又曰："天地爲爐鞴，日月作鉗鎚，烹清風方成佛成祖，煉白雲方有法有儀。圓光項佩，卍字胸題。阿呵呵，知不知。倒騎師子座，踔跳上須彌。"

又曰："一夏九十日，日日無差。一日十二時，時時不異。猶如黃金之黃，碧天之碧，其色其高不變不壞。安一名，著一字，與吾靈覺何相似，便乃修習空花萬行，宴坐水月道場，降伏鏡裏魔軍，成就夢中佛果。今朝法歲已圓，勘破了，還知麼？移身搖太華，掬汗灑醍醐。"

又曰："物我兩如，是非一氣。雲無心而解聽龍吟，充天塞地。風無迹而能聞虎嘯，拔木鳴條。道無根而善應諸緣，分緇列素。忽然一念合風雲，不知誰是我。行無所行，住無所住。"大笑。"呵呵！希逢罕遇。"

又曰："禪不禪，道不道，三寸舌頭胡亂掃，昨夜日輪飄桂香，今朝月窟生芝草。阿呵呵，萬兩黃金無處討，一句絕思量，諸法不相到。"

師臨遷化日，舉二禪者立僧，上堂云："欲揚大法，須籍其人，借與便風便好揚帆舉棹。昔日僧問趙州：'某甲乍入叢林，乞師指示。''你喫粥了也未?'僧云：'喫粥了。'州云：'洗鉢盂去。'其僧豁然大悟。只如今日，鳴鐘之後，陞堂已前，人人喫粥，飽即便休，若也嚼得破，礙塞人，嚼不破，却許伊。羅漢今日倒騎鐵馬，逆上須彌，踏破虛空，不留朕迹，諸人還見麼？夜來風起蒲庭香，吹落桃花三五樹。"下座，歸方丈，跏趺而逝。

圓通道旻禪師（南嶽下十四世　臨濟宗）

禪師名道旻，興化仙游蔡氏子。其母夢吞摩尼珠，已而孕。生五歲，足不能履，口不能言。母抱游西明寺，見佛像，遽履地合掌，稱南無佛，因作禮，人大異之。及官學大梁，忽厭塵俗，去依景德寺得祥律師，以誦經得度具戒。遍參宗匠，從真如喆公最久。晚聞洰潭乾禪師道望，往依焉。一見知其在大溈衆稱旻古佛者，深器之。師以力參所得，舉以似乾，乾未之許。一夕侍立次，乾舉世尊拈花因緣，令下語，益不契，由是盡弃其所聞。久之，隨經行次，乾以拄杖加肩，長噓云："會麼?"師擬對，乾即打之。有頃，拈一枝草示云："是什麼?"師擬對，又喝之，皿豁然悟，即作拈花勢云："此去更不疑老漢舌頭也。"乾挽住云："更道，更道!"師云："南山起雲，北山下雨，鼻孔解語無討處。"即禮拜。乾可之，他日謂曰："廬山勝絶，汝緣熟在彼。"遂辭焉。

建中靖國元年，出世江夏之灌溪，遷廬山圓通。初，道濟禪師創革圓通，臨終囑曰："吾塔以青石爲之，他日塔紅，即吾再來。"及師至之，夕，塔爲之紅，遐邇驚嘆，知師蓋道濟後身也。由是宗風鼎盛，衲子雲奔輻湊。師孤節苦行終其身。

僧問："如何是佛法向上事?"師曰："劈箭溪頭水倒流。"進云："藏頭露影時如何?"師便打。進云："謝師答話。"師云："瞎。"問："十二時中如何履踐?"師云："風不來，樹不動。"僧於言下有省。

政和初，蔡太師京奏賜椹服①、圓機師名。范左丞致虛，初自内翰出師豫章，過圓通語次，嘆曰："行老矣，墮在金紫囊中去，此事稍遠。"師亟呼内翰，翰應諾。師曰："也不遠。"翰云："好更望指示。"師曰："此去豫章有四程。"翰佇思。師曰："見即便見，擬議即差。"翰頷之而喜。

樞密吴公居厚擁節歸鍾陵，見師，曰："頃赴省，試過圓通趙州關，因問訥老：'透關底事如何?'訥云：'且去做官。'今五十餘年。"師曰："曾明得透關底事麼"?密云："八次經過，常存念然，未脱灑在。"師舉扇云："請使扇。"密揮扇。師曰："有甚

---

①椹服：即紫衣。椹，桑樹果，成熟後爲紫色。

不脱灑處？"密大喜云："更請末後句。"師搖扇兩下。密云："親切親切。"師曰："喫瞭舌頭。"

諫議彭公汝霖手寫《觀音經》施師。師拈起云："遮箇是《觀音經》，那箇是諫議經？"彭云："此是某親寫。"師云："寫底是字，那箇是經？"彭笑云："却了不得也。"師云："即現宰官身而爲說法。"彭云："人人有分。"師曰："莫謗經好。"彭："如何即是？"師舉經示之。彭撫掌大笑云："嗄好！"師曰："又道了不得。"

相國安公南遷，見師，曰："一生做官，今日被謫，覺見從前但一夢耳。"師曰："相公覺耶？"公曰："此皆本有，但未甚明了。"師召相公，公舉首。師云："了也。"公曰："猶被事礙。"師云："離京幾程到此？"公曰："四十二日。"師云："甚處被礙來？"公笑曰："極得力。"師云："直下受用去。"① 合掌欽喜。師曰："但空諸有，勿實所無。"公云："幸遭遇，不敢忘。"

左司都貺問曰："是法非思量分別之所能解，如何湊泊？"師云："全身入火聚。"都云："畢竟如何？"師云："驀直去。"都沉吟。師曰："可更喫茶。"都云："不消得。"師曰："何不恁麼會！"都忽有省，笑曰："太近邪。"師云："十萬八千。"都即有偈曰："可②可思議，是大火聚，便恁麼去，不離當處。"師曰："猶有遮箇在。"都云："便請直指。"師云："便恁麼去，鐺是鐵鑄。"都云："盡善盡善。"

九江守李端夫問曰："識心虛凝，忽然諸境現前時如何？"師

---

①原本夾注：公云：如何受用？師曰：朝朝相似。
②可：疑爲"不"。

云："石火燒身。"守豁然省曰："打破虛空也。"師云："什麼處下手？"守鳴指一下。師云："不恁麼却恁麼。"守叩，曲折而去。

師之全機得大自在，開發尤多。三年冬，以院事卑得法弟子守惠，請老於朝，朝廷從之，有旨，令守惠次補寺任。

明年冬十月九日，集衆説偈曰："泥牛昨夜大哮吼，驚得須彌藏北斗，南北東西没處尋，拈得鼻孔失却口。"復云："至道虛寂，迥脱根塵。光境俱亡，靈機絶待。真常任運，寧屬去來。應周無方，不存格則。牢關敲磕，掣電難通。直須千眼頓開，可以死生無間。自茲決別，可葬全身，三百年後，當興佛事。臨行一著，不落見知。折半破三，好生薦取。"隨聲撫膝一下，泊然而逝。閲世六十八，坐五十夏。門人奉遺命，塔其全身，唯取平時所聚鬚髮火之，悉爲舍利。州上其事，賜號妙空之塔。

師居圓通十有二年，隨機接物，力法匪躬，然絶不許記其語句。其徒有不忍弃之者，相與私綴之。師廉知誡曰："爾必欲隳吾素志，却後三十年乃可拈出。"及通惠禪師如其約而出之，左司陳公瓘覽《小參語》云："若有一疑如芥子許，是汝善知識即尊重嚬嘆。"衍以爲之序。既而樞密張公德遠、侍郎馮公濟川，皆韙其言。

贊曰：圓通來，應塔紅可也。殁謂三百年後當興佛事，或身後好事者爲之辭。何則？旻固嘗悟徹者也，徹則萬化同功，群機普赴，奚適而非旻邪！先佛云："吾無生不生，無在不在。"如是則聖賢撫會，塵塵爾，念念爾，奚三百年之局乎！果去矣，必三百年而復來，則營營形數之間，無乃小乘乎！且無邊刹海不隔毫端，十世古今不移當念之旨安在哉？李君商老狀其事而暴美之，不究宗門撫會之妙，當併按也。

兜率惠照禪師（南嶽下十五世　臨濟宗）

　　禪師諱惠照，南安軍郭氏子。依了山院出家得度，具受游方。與從悅禪師游，悅參真淨，頗稱有得。師預聞其旨，遂卓庵於石頭。其後悅見石霜素侍者，復得石霜末後句，以書抵師曰："曩參未善，猶有末後句在。"師以偈答曰："參禪只要心安樂，了得心安萬事休，況是禪心猶假立，誰論末後與當頭。"竟不往。

　　及悅出世兜率，迎致居第一座。元祐中，無盡張公轉江西漕，謀入黃龍，見晦堂心禪師，暮宿兜率，與悅夜語。因及石霜末後大事，無盡豁然有省，遂以出世因緣，向悅稱法嗣。悅去世，無盡命師繼其席。師曰："先師有末後句，運使得之。照未嘗得，豈可嗣法邪！"無盡曰："汝尋常滿口道得，却會不得。"師忽然悟，乃曰："敢不奉命！"遂開悅公法門。

　　問："如何是第一義諦？"師曰："鎚下分付。"曰："第二義門請師舉唱。"師曰："千家簾幕春光在，幾處園林秀色新。"曰："學人未曉。"師曰："勞而無功。"曰："爭奈分付了也。"師曰："一人傳虛，萬人傳實。"曰："法鼓纔聲，大眾雲集，學人上來乞師指示。"師云："天靜不知雲去處，地寒留得雪多時。""學人未曉，乞師端的。"師云："一重山背一重人。"乃曰："龍安山上道路縱橫，兜率宮中樓閣重叠，雖非天上不是人間，到者心安，全忘諸念。善行者不移雙足，善入者不動雙扉。自能笑傲烟蘿，誰管坐消歲月。既然如是，向上還有事也無？"良久云："莫敎推落巖前石，打破下方遮日雲。"又曰："衲僧袖裹神鋒，截斷有句無句。隨宜獨立真規，處處清風滿路。更知結角羅紋，始解針來線去。"

師性方嚴有操守，居兜率二十有七年。倣像天宮内院，作新一刹，冠絶人世。安衆不過四十，遇缺員則補之。供饌珍麗，率衆力道彌謹，無盡每以古佛稱之。宣和元年休夏日，沐浴更衣，禮觀音大士三拜，退居丈室，端然而逝。壽七十一，臘①四十七。闍維烟所及處，悉有舍利，多琥珀色。靈骨瑩如冰玉，眼睛與舌不燬。無盡爲之贊曰："兜率照老沒可把，七月十五日解長夏，禮却觀音三拜竟，退歸方丈嗒然②化。也無遺書切切怛怛，也無偈頌之乎者也，也無衣鉢俵散大衆，也無病痛呻吟阿耶，卒死丹方傳與人，禾山鼓向別處打。"

潛庵清源禪師（南嶽下十二世　臨濟宗）

禪師名清源，豫章新建鄧氏子，依洪巖僧處信得度具戒，參武泉常、雲居舜、泐潭月三大士，頗見咨揖，然疑未決。晚依積翠南禪師。一日聞舉洞山初見雲門因緣，不覺失笑。南問："何爲而笑？"師曰："笑黃面浙子憐兒不覺醜耳。"自是容爲侍者。

---

①臘：同"臘"，僧侶受戒後的年齡。
②嗒（tà）然：形容懊喪的樣子。

閱七年，咨參決擇，道眼高妙，絕出人表，叢林稱之，以比南院守廓。

南公去世，師開法西山惠嚴，遷南康清隱，力法自將，不與諸方鬥鋪席。衲子以枯淡，多望崖而去之。坐是單丁住山十餘年。初南州高士潘延之問道於積翠，與師定交爲方外友。至是迎歸西山。未幾，洪帥命居大寧。一時衲子賢士夫從之問道，坌集①其室。

師說法簡易，期人於悟而後已。嘗示衆曰："寒風激水成冰，杲日照冰成水。冰水本自無情，各各應時而至。世間萬物皆然，不用強生擬議。"

又曰："先師初事栖賢寔、泐潭澄，歷二十年。宗門奇奧、經論要妙，莫不貫穿。及因雲峰以見慈明，則一字無用，遂設三關語，以驗天下禪者。而禪者如葉公畫龍，龍現即怖。或問三關語，學者每難透，何也？"師曰："衆生爲解礙，菩薩未離覺。大智如文殊師利，欲問空三佛義，即遭擯出，以其自墮艱難，故起現行耳。"

尋以高年，不任主事，退閒，自號潛庵。諸刹爭迎致供養，且依以爲重，故居無定方。建炎三年八月五日，示寂于城陰之章江。住世九十有八，安居七十八夏。方未寂時，齒墮而復生，髮薙而燔之，悉爲舍利，及是爐餘，尤不勝數，塔於惠嚴之東阿。

師莫②年德高望重，以深誠勉人，以善從之化者甚盛。有僧執侍十有二年，於道未有所契，及將出世，師曰："汝侍吾徒費

---

①坌（bèn）集：聚集。
②莫：古同"暮"。

歲月，儻嗣法，不應以世情自昧。"其人遂嗣翠巖機焉。其主法有體，類如此。

泐潭惟照禪師（青原下十二世　曹洞宗）

禪師諱惟照，簡州陽安李氏子。母方孕，夢異僧持應器踵門，若將寄食者。一夕有光發其室廬，里人相驚且而育。

師兒時趣尚超卓，稍長泊然，不旨從俗。屈首受書，至"性相近，習相遠"，遽曰："凡聖一體，以習故，差別如是。我知之矣。"去家走成都，依鹿苑寺青泰爲童子，乞名惟照，志始生之異焉。

十九得度具戒。泰嘗使之受《起信論》於大慈寺中，講輒歸臥，泰詰之。對曰："既稱正信大乘，夫豈言說所能了邪。"於是盡弃所聞，虛心游方。

時楷禪師居大洪山，名震天下，往依之。一見以爲俊朗，委曲容接。師亦奮勵，急於透脱。嘗夜坐閣道間，徹巡者侵呼過之，隨聲有省，即趨丈室，吐所悟。楷揶揄之。師疑焉，復將徹究源底，於是遍參宗師，往來楷所是。後歷三吳，聞楷①以罪爲民，居沂水之芙蓉庵，趣往唁之。未至間，僕夫被酒迷失道，師却行及之，舉杖奮擊，忽大悟。及見楷，望而喜曰："今日相見，

---

①楷：原文爲"揩"，正之。

庸非鰲山耶？"因留，佐耕湖上，服役累年，盡得芙蓉之道。

致政王少宰有子亡，且有年矣，忽夢其歸。翌日而師至，問其生年，適與其子亡日合，因抱持泣，以爲後身也。遂命出世洛陽之招提，遷舒州甘露，再遷三祖。

宣和初，道行聞於朝，有旨移廬山之圓通。先是住持守惠以事罷去，復自訴於有司。閱三年，得旨還舊住。信至，師怡然拽杖出門，與二三禪者徜徉山谷間。未幾，溈潭虛席，江西師盡禮致請，遂補處焉。師姿容豐碩，音聲朗潤，身荷大法，名尊諸方，自號闡提。

嘗示衆曰："坐禪好諸禪德，不用胡思亂想，坐教悟去。你若悟去，十二時中便有自由分，佛也不奈你何，祖也不奈你何，你也自不奈何，豈更聽別人指揮！所以達磨大師西來，直指人心，見性成佛，何曾有許多屈曲言句教你思量。生受今時，諸方叢林未嘗有一箇善知識不教你參禪學道修行，乃至禪頭首座同行道伴，亦皆教你參學，更看話下語，商量因緣，研窮今古。你輩更不識好惡，甘作衆生就人學去，更向案子頭大册小册録將去，採拾言句，攢花簇錦記憶，築向肚皮裏，爲禪爲道。苦哉！遞相壞了，也不是遮箇道理。你諸人本無許多事，只爲始行脚時，撞著一箇沒見識長老，教你許較，勞攘打頭，便參得箇庭前柏樹子話，又參得斬猫兒話、洗鉢盂話、野狐話、勘婆話。參得一肚皮禪道，便棹腰擺胯，稱我是方外。高人面前説得恰似真箇，背地裏千般亂做次第，一文也不直，纔有些子違順風起，便見手忙脚亂。爲什麼如此？只是學得來。奉勸莫學，須是自辦取始得。你不見祖師少林九年面壁，二祖立雪齊腰，黃梅聚七百高僧，衣鉢後來獨付廬老。於是時也，看那箇因緣淘汰那箇，古今曾下得什麼語。既不是因緣，你輩又苦死瞞生學圖箇什麼別。無人向你恁麼道，只是寶峰忒煞老婆教你莫參禪，莫學道，莫看經，莫念佛，以至禮拜燒香種種勞攘，你須道十二時中畢竟如何度時。寶峰只教你如大死人，你若真箇如大死人，有什麼閑工夫去參禪學道、禮拜燒香許多費力。山僧五處住院，凡教徒不出此'如大死人'四箇字。直是我悟得底，且不在一大藏教裏。《傳燈錄》五家宗派古今言句裏，是平生所證底法、所行底法。你若直下會去，且不曾教壞你。適來有一兄弟入室問：'莫是如大死人却活麼？'禪客莫問活，你但死了更死。你又不曾死，只管要活作什麼。而今聽普説了，下去堂中，或堂前後架試坐看，有時被你久久坐，忽然死得也不定。"

建炎改元，北人南渡，泐潭日不下千鉢坐食，師超搖法樂，略不以介意，而檀施四來齊厨濟足，人到於今稱頌之。

二年正月辛丑夜參，因敘洞下宗旨，不斷如綫，而名世續慧命者零落無幾，因欷歔泣①下霑襟。明日閉方丈不出。又明日手寫數語，遍與山中耆宿辭訣，衆大駭。至有哭之慟者，師皆拒而不與之接。至中夕，遽命燭，集執事者囑以後事。語終，泊然而逝，閱歲四十有五，坐二十五夏。時御史中丞陸德先、西京宗正趙公士㬇、尚書郎方公昭通、議大夫馮公温舒、徽猷閣待制宋公唤秀、州刺史韓公昭，同會泐潭，頗問道於師。見其脱去之狀，益歆慕焉。火餘五色舍利，焖如珠玉，齒舌不燼，塔於寺之

---

①泣：原作"江"，據文意改。

西峰。

师初在西京，漕使徐公閎中有子，冠且婚矣。見師説法次，忻然慕之，即弃榮剔髮具戒，名曰德止，以夙悟才辯，有名於世。

贊曰：教中以七地已前菩薩福智爲修生，八地已去福智爲報得。若闡提年二十有八出世，五遷巨刹，所至勃興。槌拂之下，動如阡陌。初未嘗遣化，而供饌珍麗，服用完新，庸非報得者歟！方是時，叢林以侈靡相尚。照因其時，闊達大度，順學者之欲，而嫚罵①諸方，特以如大死人爲教。然托其身後，竟未有繼其風者。嗚呼，異哉！

―――――――――――――
①嫚（màn）駡：又作"謾駡"。嫚，侮辱，怠慢。

僧寶正續傳卷第二

寶峰文準禪師（南嶽下十三世　臨濟宗）

禪師諱文準，興元府唐固梁氏子。生始幼，見佛像輒笑，童牙不喜聞酒胾①。金仙寺沙門虛普乞食至其家，師膺門酬酢，始老成。時年八歲，即辭父母，願從普歸，授以《法華經》，伊吾即上口。元豐僧檢童子較所習，以籍名失後度。師藝精，坐年少，不得奏名。陝西經略范公過普廬，普臘高，應對領略。師侍其傍，伸辯詳明，進止可喜。范公欲携與俱西，師辭曰："登山求玉，入海求珠，人各有志。本行學道，世好非素心。"范公陰奇其語，度以爲僧。剔髮，既往依梁山乘禪師。呵曰："驅烏未受戒，敢學佛乘乎？"師捧手曰："壇場是戒邪？三羯磨②、梵行、阿闍黎③是戒邪？"乘大驚。師笑曰："雖然，敢不受教！"遂受具足戒於唐安律師。遍游成都講肆，唱諸部綱目，即弃去，曰："吾不求甚解去。"師曇演佳其英特，撫之曰："汝法船也。南方有大開士，若溈山真如、九峰真淨者，可往求之。"

師拜受教，與同學志恭詣大溈。久之不契，乃造九峰見真

---

①胾（zì）：切成的大塊肉。
②羯磨：梵語 karma 的音譯。意譯爲辦事、作法等，爲授戒作業之義，亦是一種禀白之文，即記授戒法於受者之表文。三羯磨，即三度宣讀授戒作業之表文。
③阿闍黎：又稱阿闍梨，意譯爲軌範師、正行、悦衆、教授、智賢、傳授。意即教授弟子，使之行爲端正合宜，而自身又堪爲弟子楷模，故又稱導師。

淨。問曰："甚處來？"曰："興元府。"問："近離甚處？"曰："大仰。"問："夏在甚處？"曰："潙山。"真淨展手曰："我手何似佛手？"師罔然。真淨呵曰："適來句句無絲毫差錯，靈明天真，纔説箇佛手，便成隔礙，病在什麼處？"師曰："不會。"淨曰："一切見成，更教誰會？"師服膺，就弟子之列，餘十年，所至必隨。真淨晚居泐潭，師一日舉杖決渠，水濺衣，因大悟，走敘其事。真淨罵曰："此中乃敢用藞苴①邪？"自是迹愈晦而名愈著。

待制李景直守豫章，仰其風，請開法於雲巖。未幾，殿中監范公帥南昌，移居泐潭。師辭辯注射，迅機電掃，衲子畏而慕之。槌拂之下，常數千指，自號湛堂。每曰："我只畜一條拄杖，佛來也打，祖來也打，不將元字脚涴②汝枯腸，如此臨濟一宗不致冷落。"

一日新到相看，展坐具，師云："未得人事，上座近離甚處？"曰："廬山歸宗。"師云："宗歸何處？"僧曰："嗄。"師云："蝦蟆窟裏作活計。"僧云："和尚何不領話。"師曰："是你豈不是從歸宗來？"僧云："是。"師曰："驢前馬後漢。"問第二上座，"近離甚處？"僧曰："袁州。"師云："夏在甚處？"曰："仰山。"師曰："還見小釋迦麼？"僧云："見。"師曰："鼻孔長多少？"僧擬議，師云："話墮阿師。"問僧："你來作麼？"曰："特來問訊和尚。"師云："雲在嶺頭閑不徹，水流澗下太忙生。"僧云："和尚莫瞞人好。"師曰："馬大師爲什麼從闍黎脚跟下走

---

①藞苴（lǎ jū）：邋遢，不整潔，不端莊。
②涴（wǎn）：（水流）曲折蜿蜒的樣子。

過?"僧無語。師云:"却是闍梨謾老僧。"僧云:"有口道不得時如何?"師云:"洞庭湖裏倒撑船。"

雲居先馳到。師問:"未離歐阜,文彩已彰,既到寶峰,如何吐露?"馳云:"目前有路。"師舉起書云:"既是雲居底,爲甚在寶峰手中?"馳云:"兵隨印轉,將逐符行。"師云:"下坡不走拍一拍。"馳擬議,師曰:"想先馳只有先鋒,且無殿後。"

一日法堂上逢首座,便問:"自甚麽處去?"座云:"擬與和尚商量一事。"師云:"便請。"座曰:"東家杯柄長,西家杓柄短。"師云:"爲甚拈起鞏縣茶瓶,却是饒州甕椀?"座云:"臨崖看滸眼,特地一場愁。"師云:"達磨大師叶屈。"座吐舌而逡。

師在分寧遇死心和尚,問:"你此回到山裏麽?"師云:"須去禮拜師兄。"心云:"你來時善看方便。"師曰:"何故?"心云:"我黃龍路滑。"師云:"曾蹉倒幾人來?"心云:"你未到黃龍,早脚澀也。"師云:"和尚何得閉門相待?"死心又問:"準老你安許多僧,只是聚頭打哄了噇①飯,你畢竟將何爲人?"師云:"因風吹火。"心云:"亂糺②作麽?"師云:"從來有些子。"師却問:"和尚山中安多少衆?"心云:"四百人,盡是精峭衲子。"師云:"師子窟中無異獸。"心云:"你來時也須照顧。"師云:"也待臨時。"心云:"臨時作麽生?"師云:"喚來洗脚。"心云:"你川僧家開許大口。"師云:"準上座從來如此。"心云:"三十年弄馬騎。"

問僧:"鄉里甚處云青州?"師云:"近離甚處?"云:"雲

---

① 噇 (chuáng): 無節制地大喫大喝。
② 糺 (jiū): 古同"糾"。

居。"師云:"安樂樹下道將一句來。"僧無語。師却問傍僧云:"你道得麼?"僧云:"某甲道不得,却請和尚道。"師云:"向北驢似馬大。"僧云:"與麼那。"云:"你鼻孔爲甚在寶峰手裏。"僧便喝。師云:"水裏火發。"

見僧看經。問:"看什麼經?"曰:"《金剛經》。"師云:"經中道:'是法平等,無有高下。'是否?"僧云:"是。"師云:"爲什麼雲居山高,寶峰山低?"僧云:"是法平等,無有高下。"師曰:"你却做得箇座主使下。"僧云:"和尚又作麼生?"師云:"且放你鼻孔出氣。"

一日廊下見僧。問:"你還會也未?"僧云:"不會。"師曰:"左青龍,右白虎。"僧云:"久嚮寶峰,元來只是箇賣卜巡官。"師乃點指云:"上座今日不好。"僧云:"老漢敗闕也。"師云:"路逢劍客須呈劍。"師問僧:"安樂麼?"僧云:"無事。"師云:"你大有事在。"曰:"未審某甲有甚事。"師云:"近日上藍金剛興①天寧土地相打。"僧無語。師云:"元來無事。"

問僧:"如何是上座得力處?"僧便喝。師云:"好好相借問,何得惡發?"僧又喝。師云:"元來是作家。"僧以坐具便打,師低頭嘘一聲。僧云:"放過一著。"師云:"遮裏不可放過。"隨後便打。

師普説次,衆欲散,忽問僧:"明來明打,暗來暗打,你作麼生會?"僧便喝。師云:"點即不到。"僧又喝。師云:"到即不點。"僧云:"忽遇不明不暗來時,又作麼生?"師云:"今日天

———
①興:疑爲"與"。

寒，且歸堂向火。"隨後喝一喝，便起。

一日上堂云："寶峰一夜睡不著，計較今日上堂，揣腹搜胸，總思量不就，而今臨時逼節事出急家門。"遂拈起拂子云："準上座近日作得一柄子，且權將供養大衆。"乃擲下云："竹根椶①葉麻繩擊，樣度天然別一家。"

政和五年夏六月，寢疾。首座問："和尚近日尊位如何？"師云："跋驢上壁。"座云："和尚也好喫一服藥。"師云："朽木搭橋。"座云："也知和尚不解忌口。"師云："你作麽生？"座擬進語。師云："你也好喫一服藥。"

以七月二十二日，更衣説偈而化，閲世五十五，坐三十五夏。靈骨舍利塔於石門之南原。丞相張無盡製其碑，諫議洪駒父敘語録，名士李商老撰次逸事，同門弟德洪覺範紀師行實。其高道碩德，可想見矣。

贊曰：雲居真牧和尚謂人曰："出關走江淮，閲三十年，參一十八人善知識。於中無出佛果、佛眼、死心、靈源、湛堂五大士而已。"誠哉斯言！蓋真正宗師，致其全才，如此之難。若佛果、佛眼、死心、靈源之嗣，固已光明於世。獨湛堂開法日淺，未有繼其高躅②者。然覽其遺編，想其胸次，信餘子未易跂及③也。覺範稱準於真淨之門，所謂家名辯才、氣宇逸群者，抑知言哉！

---

①椶（zōng）：椶樹，莖直立不分枝，葉大。
②躅（zhuó）：足迹。
③跂（qǐ）及：即企及。跂，古通"企"，踮起。

花藥進英禪師（南嶽下十三世　臨濟宗）

　　禪師名進英，出於羅氏，其先吉州太和人。少孤，性敏慧，韶齓①中日誦千餘言，通詩書大義。與群兒嬉游，侮玩之氣出其上。親舊愛敬之，使著逢掖爲書生。輒病至與死隣，母泣曰："吾始娠，夢有乘空語曰，兒出家則病有瘳矣。"於是擊鍾梵，放誓於佛前，使依集善寺洞隆爲童子。

　　年十八試所習，得度具戒。即欲游方參道，母有難色，於是庵於母室之外，名曰精進。諦味宗師之語而勵精於道，君子稱孝悌焉。母歿，心喪三年。去游江淮，一時大宗師多所參扣。晚見真淨禪師，聞其夜參，貶剝諸方，以黃蘗接臨濟、雲門接洞山機緣爲入道之要，摘其疑處以啓問，師恍然大悟，真淨密可之。時佛印禪師名重一時，尤重許可，獨以師爲俊彥，嘗以鐵觜呼之。自是叢林想聞其風彩。

　　元祐中，出世長沙之開福。閱十年，殿閣崇成，宗風鼎盛。又五年，弃之。北游五臺，遍覽聖迹。復還庵於梁山，衲子益犇趨之。

　　政和甲午，衡陽道俗迎居花藥之天寧。師於真淨之道，力行而博施之，得語言三昧。嘗示衆曰："報慈有一公案，諸方未曾

---

①韶齓（tiáo chèn）：亦作"髫齓"。髫謂兒童下垂之髮，齓謂兒童換牙，故髫齓謂幼年。

結斷,幸遇改旦拈出,各請高著眼看。"遂趯下一隻鞋云:"還知遮箇消息麽?達磨西歸時,携提在身畔。"又曰:"與麽上來猛虎出林,與麽下去驚蛇入草,不上不下,日輪杲杲。"喝一喝,云:"瀟湘江上碧溶溶,出門便是長安道。"又曰:"山門寂寞,無可祗待。諸禪德夜來思量得一段因緣奇特,準擬今日供養大衆。及乎陞座,忽然忘却,而今卒作不辨,且望大衆智不責愚,不爲怪笑。"

宣和三年,退歸舊庵,雖齒高而精進不替,常中夜禮佛,作息飲食,不肯與衆背。叢林信其誠,民俗化其教。一節三十年,終始不渝。四年十二月,滅于梁山。

明白德洪禪師(南嶽下十三世　臨濟宗)

禪師諱德洪,字覺範,筠州新昌喻氏子。年十四,父母併月而歿去,依三峰靚禪師爲童子。十九試經東都,假天王寺舊籍惠洪名爲大僧,依宣祕律師受《唯識論》,臻其奧。博觀子史,有異才,以詩鳴京華搢紳間。久之南歸,依歸宗真淨禪師,研究心法。隨遷泐潭凡七年,得真淨之道。辭之東吳,歷沅湘。一日閱汾陽語,重有發藥,於是胸次洗然,辨博無礙。

崇寧中,顯謨朱世英請出世臨川之北禪。先是寺有古畫應真十六軸,久亡其一,師至以詩嘲之。未淹辰而應真見夢所匿之家,丐歸寺中,因得之。世以謂尊者猶畏其嘲而歸焉。

越明年以事退游金陵，漕使吳正仲請居清凉。未閱月，爲狂僧誣以度牒冒名，旁連訕謗事，入制獄鍛鍊。久之，坐冒名，著逢掖①，走京師，見丞相張無盡，特奏得度，改今名。太尉郭天民奏錫椹服，號寶覺圓明，自稱寂音尊者。

未幾，坐交張、郭厚善。張罷政事，時左司陳瑩中撰《尊堯錄》將進御，當軸者嫉之，謂師頗助其筆削。政和元年十月，褫僧伽黎②，配海外。三年春，遇赦，歸於江西。是冬復證獄於并州，明年得還。往來九峰、洞山，野服蕭散，以文章自娛。

將自西安入衡湘，依法屬以老。復爲狂道士執以爲張懷素黨，下南昌獄，治百餘日。非③是會赦免，歸湘西之南臺，仍治所居，榜曰明白庵，自爲之銘。其敘曰：

"予世緣深重，夙習羈縻，好論古今治亂是非成敗，交游多譏訶之。獨陳瑩中曰：'於道初不相妨，譬如山川之有烟雲，草木之有華滋，所謂秀媚精進。'予心知其戲，然爲之不已。大觀元年春，結茅於臨川，名曰明白，欲痛自治也。瑩中聞之，以偈見寄曰：'庵中不著毗耶座，亦許靈山聞法人，便謂世間憎愛盡，攢眉出社有誰嗔。'於有隄岸輒決，又復袞袞多言。然竟坐此得罪，出九死而僅生，恨識不知微，道不勝習，乃收召魂魄，料理初心，而爲之銘曰：雷霆發聲，萬國春曉，聞者不言，心得意了。木落霜清，水歸汰在，忽然震驚，聞者駭怪。合妙日用，如春雷霆，背覺合塵，如冬震驚。萬機休罷，隨緣放曠，尚無了

---

①逢掖：衣袖寬大的衣服。《禮記·儒行》："丘少居魯，衣逢掖之衣。"因指儒生所穿之衣。
②褫（chǐ）僧伽黎：剝奪僧人身份。褫，剝奪。僧伽黎，佛僧在正規場合穿的外衣，以其爲諸衣中最大者，故稱大衣。
③非：疑爲"先"。

知,安有倒想。永惟此恩,研味其旨,一庵收身,以時卧起。語默不昧,絲毫弗差,蒙雜而著,隨孚於嘉。"

於是覃思經論,著義疏,發揮聖賢之秘奧。及解《易》,作《僧寶傳》成,撫而嘆曰:"冒障海極,并門間關,萬死而不斃,天其或者遲以卒此乎?世有賢者,當知我矣。"將負之入京,抵襄陽,會難。淵聖登極,大逐宣和用事者,詔贈丞相商英司徒,賜師重削髮,還舊師名。未幾,國步多艱,退游廬阜。

建炎二年夏五月,示寂於同安,閱世五十有八,門人建塔於鳳栖山。

師之才章,蓋天禀然,幼覽書籍,一過目畢世不忘。落筆萬言,了無停思。其造端用意,大抵規模東坡,而借潤山谷。至於出入禪教,議論精博,其才實高。圜悟禪師以為筆端具大辯才,不可及也。與士大夫游,議論衮衮,雖稠人廣座,至必奮席。初在湘西,見山谷,與語終日,不容去,因有詩贈之,略曰:"不肯低頭拾卿相,又能落筆生雲烟。"其後山谷過宜春,見其竹尊者詩,咨賞,以為妙入作者之域,頗恨東坡不及見之。

著《林間錄》二卷、《僧寶傳》三十卷、《高僧傳》十二卷、《智證傳》十卷、《志林》十卷、《冷齋夜話》十卷、《天厨禁臠》一卷、《石門文字禪》三十卷、《語錄偈頌》一編、《法華合論》七卷、《楞嚴尊頂義》十卷、《圓覺皆證義》二卷、《金剛法源論》一卷、《起信論解義》二卷,并行於世。

贊曰:丞相張無盡稱覺範蓋天下之英物,聖宋之異人。然古之高僧,以才學名世,殆與覺範并驅者多矣,必以清標懿範相資而後美也。覺範少歸釋氏,長而博極群書。觀其發揮經論,光輔叢林，孜孜焉手不停綴，而言滿天下。及陷於難，著逢掖，出九死而僅生，垂二十年，重削髮，無一辭叛佛而改圖，此其爲賢者也。然工呵古人而拙於用己，不能全身遠害，峻戒節以自高，數陷無辜之罪，抑其恃才暴耀太過而自取之邪？嘗自謂"識不知微，道不勝習"者，不獨爲洪實錄，亦以見其自欺焉。惜哉！

開福道寧禪師（南嶽下十四世　臨濟宗）

禪師名道寧，歙州汪氏子。篤志於道，以頭陀入禪林，故畢世人以寧道者呼之。初參蔣山泉禪師，閱十年，泉知其爲法器，俾乞供五羊，遇居士願施貲爲祝髮者。師以乞供畏嫌疑，固辭不可，因歸供鐘山，再入嶺得度具戒。遍參宗師，嘗居崇果山，爲衆辨浴。日誦《金剛般若》爲常課。一日將濯足，誦至"應生信心以此爲實"，內足湯器中，豁有省。即趨海會，見演道者，吐所悟。演頷之，容入其室。他日聞舉狗子無佛性話，於是大徹，演喜以爲類己。

大觀中，潭帥席公震，請出世開福，唱演公之道，湘潭之人敬慕之。師性簡約，服用樸素，非叢林弘法之務，未嘗以之介懷。頗提笠走街市，躬自乞食以養，衆衲子爭歸之，法席遂爲湖湘之冠。

僧問："唯一堅密身，一切塵中現。"提起坐具云："遮箇塵，那箇是堅密身？"師云："放下著。"進云："猶是學人疑處。"師云："你疑處作麼生？"進云："適來問底。"師云："不堪爲種草。"

政和三年十一月四日，沐浴淨髮。五日小參別衆，敘平生參學始末，期以七日示寂，祝依常僧例茶毗，以火餘盛之瓦椀，撒湘江水中。乃曰："出家佛子徹骨徹髓，華藏海中游戲自在。死生界内任性浮沈。是以俱尸城畔椁示雙趺，熊耳峰前親遺隻履。祖禰不了，殃及兒孫，畫樣起模，到於今日。"

又道："吾紫磨全身，今日即有，明日即無。若道吾入涅槃，非吾弟子。若道吾不入涅槃，亦非吾弟子。嘗此之際，若相委悉，不唯穿却釋迦老子鼻孔，亦乃知得山僧落處。其或未然，報慈恁麼來，舉世無相識，水月與空花，誰堅復誰實。住院經五年，都盧如頃刻。瑞雲散盡春風生，走却文殊遇彌勒。"喝一喝，下座。持麈尾，圜視久之，曰："誰堪付此者？"既而曰："無如果藏主。"遂以畀①之。

至七日，長沙之人無幼艾，相與賫持香花，側塞於寺。師應接教誡遣之，而來者無已。及日暮，跏趺湛然而逝。閱歲六十一，坐二十一夏。火餘舍利，弟子不忍弃，塔於開福。又二十年，嗣法果禪師徙塔福嚴之朱原。

師出世纔五年，而名滿天下，叢林仰之。雖不克盡行其道，然宗風宏遠云。

---

①畀（bì）：給，給以。

智海惠懃禪師（南嶽下十四世　臨濟宗）

　　禪師諱惠懃，舒州銅城人。出家試所習，得度具戒。參太平演禪師，發明大事。時太平法窟，龍象最盛。師與圜悟佛眼，蘄然露其頭角，衆望翕然推重。及演遷五祖，靈源禪師繼主太平，登師第一座，以法施學者。靈源退席，舒守雅聞譽望，命出世太平，開五祖法要。

　　僧問："萬法本來歸一，一法了無踪迹，白蓮峰下傳來，未審以何爲的？"師舉拂子云："用遮箇爲的。"曰："與麼則兵隨印轉，將逐奉行。"師云："上座見箇什麼？"曰："驗人端的處，下口便知音。"師云："不妨具眼。"曰："此日一會，超越靈山。"師云："那箇是超越底事？"僧提起坐具云："三世諸佛盡向遮裏納敗闕。"師云："三十棒且待別時。"乃云："祖師心印，狀似鐵牛之機，去即印住，住即印破，不去不住，坐斷要津，凡聖路絕。當是之時，不見有衆生可度，不見有佛果明成，亦無煩惱可除，亦無菩提可證，唯彰本體，應用堂堂，出沒卷舒，得大自在。天堂、地獄、虎穴、魔宮，處處道場，頭頭佛事。然雖如是，也須到遮田地始得。此事不從脩證，不陟言詮，莫非妙智發明，超然獨脱。或未①至此，當宜忘情絕慮，深切諦觀，久久之

---

①未：原爲"末"。

間，自然雲霞消散。孤月白圓，砂礫盡時，真全始見。"

又曰："至道無難，唯嫌揀擇。桃花紅，李花白，誰道融融只一色。燕子語，黃鶯鳴，誰道關關只一聲。不透祖師關捩子，空認山河是眼睛。"

又曰："日出卯，用處不須生善巧。"拈起柱杖云："柱杖橫山河，大地一時橫。柱杖堅①山河，大地一時堅。十方如來所説法，不能與此爲譬喻。絕聲訛，無巧妙，灸瘡瘢上著艾燋。若能於此究根源，方透衲僧向上竅。如何是衲僧向上竅？"擊禪牀，下座。

又曰："昔日僧問趙州：'如何是不遷義？'州以手作流水勢，其僧有省。復有僧問法眼云：'不取於相，如始②不動。如何不取於相、見於不動？'法眼云：'日出東方夜落西。'其僧亦有省。若於斯明得，便見道，旋嵐偃嶽而常靜，江河競注而不流。其或未然，更爲饒舌。天左旋，地右轉，古往今來經幾遍。金烏飛，玉兔走，才方出海門，又落青山後。江河波渺渺，淮濟浪悠悠，直入滄溟晝夜流。"遂高聲云："諸禪德還見如如不動底麼？"以拂子擊禪牀，下座。

又曰："乍語鶯喉澀，初來燕語新，莫驚雙鬢白，又是一年春。林上花鋪錦，堤邊草織茵，誰知造化體，元是法王身。"舉起拂子云："看，看！若也識得，海印發光，苟或未然，塵勞先起。"擊禪牀，下座。

師居太平八年，宗風大震。政和二年有詔，請住東都智海。十月九日，就大相國寺三門開堂，遣中使降香。鴻臚少卿賷疏，

---

①堅：疑爲"竪"，下同。
②始：疑爲"如"。

兼撥賜金寶，充辦齋筵。師謝恩，祝聖罷，僧問："纔陞猊座①，便爇②天香，祝聖之言，請師速道！"師云："祥雲籠殿閣，瑞氣滿乾坤。"進云："一朵曇花開上國，聲香從此播人間。"師云："別是一家春。"曰："靈山一會，儼然猶在。"師云："作麼生是靈山會上事？"曰："明朝自有明君鑑，學人三拜謝師恩。"師云："一任流通。"問："太平古曲，久播徽音。學人上來，乞師垂示。"師云："尺頭有寸，秤尾無星。"曰："與麼則智海洪波，普施餘潤。"師云："真不掩偽，曲不藏直。"曰："只如無陰陽地上生箇什麼？"師云："喚什麼作無陰陽地？"曰："靈苗瑞草尋常事，優鉢羅花物外春。"師云："謝子供養。"乃云："問話且止，不見道：'窮諸玄辯，若一毫置於太虛；竭世樞機，似一滴投於巨浸。'況祖師心印，諸佛本源，蠢動含靈，無增無減，唯聖與聖，即能知之。恭聞失③聖仁宗皇帝有修心詩云：'初祖安禪在少林，不傳經教但傳心。後人若悟真如性，密印從來妙理深。'敢問諸人，如何是真如之性？如何是密印妙理？假使目連鶖子智慧神通到此，也須亡鋒結舌。山僧今日幸逢快便，爲國開堂，得路便行，豈畏傍觀怪笑。"乃舉拂子云："看看！豈不是諸人真如之性，豈不是諸人密印妙理！於斯見得，共報國恩，其或未然，別容理論④。"

復云："適來所舉初祖安禪在少林，不傳經教但傳心。且道心作麼生傳？我仁宗皇帝在位四十餘年，萬機之暇，留心此道，

---

① 猊（ní）座：即獅子座，謂佛、菩薩所坐之處。
② 爇（ruò）：點燃，焚燒。
③ 失：應爲"天"。
④ 原本夾注：中謝。

既得之於心，乃形之於言，流布無窮，後人取則。吾祖達磨初至少林，二祖侍立次，遂問："我心未寧，乞師與安。"達磨云："將心來，與汝安。"二祖云："覓心了不可得。"達磨云："與汝安心竟。"二祖於是豁然大悟，自此傳衣付法，繼襲祖位。且道二祖當時悟得箇什麼？英靈之者，舉著便知。影響之流，卒難領會。聊成鄙頌，少助發揮，覓心無得，乃安心悟了。爭如未悟深，萬丈碧潭秋月白，一聲雲外老猿吟。積塵成嶽，削鐵爲針。少室山前無異路，遊人來往自崎嶔①。"

樞密鄧公子常，奏賜椹服、佛鑑師名。留智海三年，累表懇辭歸山。尋得旨，住江寧府蔣山。

政和七年十月八日，沐浴更衣，端居丈室，手寫別故舊書數幅，停筆而化。靈骨舍利塔於本山。

師法才富贍，道學淵源，履踐高妙。當時天下叢林推仰，以爲深得東山真機大用三昧。初受太平日，即具儀扣靈源之室。請曰："住院董衆，宜何所先？"靈源曰："此無他，當以杖笠包具，置方丈壁間，去住如衲子之輕則至矣。"師終身奉行之，遂爲一代宗師典刑云。

贊曰：常聞慈受禪師初出世真州資福，嗣法淨照禪師，俄退席，寓蔣山佛鑑會中，聆其夜參所舉，皆平昔未諭，心因異之。忽一夕於佛鑑言下大悟，即欲炷香，改嗣佛鑑。佛鑑深却之，不許。於戲，曷有末代欺世負官，以院易嗣，奉金請拂者，曾佛鑑奴之非若也。

---

①崎嶔（qīn）：又作"嶔崎"，險峻。

僧寶正續傳卷第三

龍門清遠禪師（南嶽下十四世　臨濟宗）

禪師諱清遠，生李氏，蜀之臨卭人。出家，十四具戒，嘗依毗尼師究其説。因讀《法華經》至"是法非思量分別之所能解"，持以問講師，莫能對。乃曰："義學名相，非所以了生死大事。"遂捐舊習，南游江淮間，遍歷叢席。聞舒州太平演道者爲宗師第一流，往造其室。演一見深奇之，謂可以弘持法忍。壁立不少假，冀其深造。師栖遲七年，未嘗妄發一語。一日因撥火，忽有省，即説偈曰："深深撥有些子，平生事只如此。"由是洞徹超詣，機辯峻捷，莫敢當鋒，衲子爭歸之。師益靜默自晦，不自爲得。隱居四面山大中庵，屬天下新崇寧寺方擇人以處，舒守王渙之迎師住持。未幾引去，會龍門虛席，遂補焉。

示衆曰："學道之士，有二種病，一騎驢覓驢，二騎却驢了不肯下。且如騎却驢了更覓驢，可殺是大病。龍門向道不要覓，靈利人當下識得，除却覓底病，狂心遂息。既識得驢了，騎却不肯下，此一病最難醫。龍門向道不要騎，你便是驢，盡大地是箇驢，且作麽生騎？你若騎，管取病不去。若不騎，十方世界廓落地。此二病一時去，心下無事，名爲道人。所以趙州問南泉如何是道，泉云平常心是道，州從此頓息馳求，識得祖病佛病，無不透得，後來遍到諸方，莫有出其右者，蓋緣他識病。"

又曰："釋迦老子在什麼處？"自云："作麼？"復云："達磨大師在什麼處？"自云："只在，且作麼生說箇只在底道理？也不妨難明。若於斯明得，始知正法常住，禪僧家多分只道那舉處便是。你若身壞命終時，若病說不得時，又作麼生？須是證入始得。不見僧問德山：'從上諸聖向甚麼處去？'山云：'作麼作麼？'莫是作麼便是諸聖麼？你諸人若不將言語會，便落他聲響流布，縱饒不落聲響言句，便落他無言無説處。此事實無你意解卜度。若存一絲毫，便成趣向，於己疏也。直饒你將玄機妙義去合他，決定合不著。若總不思量，亦不可。須是親證始得，明見無疑。"

又曰："有般宗師向人道：'莫作計較道理，開口便沒交涉，與他不相應也。'去空劫已前認取，都無言說。又有一般宗師向人道：'癡漢！你這一段因何不會？先將自心做箇窠臼，然後將心去取證，喚作釘樁了繞樁走。便恁麼流傳將去，便恁麼承當去，敲牀竪拂用將去，喚作將心用心。'一似坐箇氣球相似，有甚安樂處？又似蝦蟆努氣相似。你恁麼見解，面前一似黑霧罩定了也。"

師居龍門十有二年，道風大振，四方學者皆曰："吾必師龍門。"由是雲集座下，居無所容。師應機酬酢，未嘗有倦色。示曲折數篇，學者聚而編之，名曰《心要》。其略曰："不應於無際中立分限，若立分限是無際，空乃自隨，所以解空者無空想。若人以言語名狀心，終不得心。不以言語名狀心，亦不得心。言語本是心名狀之，故不得也。無言語本是心不名狀之，故不得也。種種會當，皆不與自心契。上祖曰默契而已，爲若此。

又曰:"道若爲達,但無妄念耳。若人知是妄念,作意止之者,見有妄念故也。見有妄念,作意觀照,令是正理,亦見有妄念也。知妄元是道,乃無妄焉,故達道乃無所得也。"

又曰:"證者絕能所也,非別有玄理。在尋常日用處,如見色時是證時,聞聲時是證時,飲水食粥時是證時,一一絕能所,此非久習,不假薰煉。蓋見成之事,世人不識,名曰流浪,故云唯證乃知,難可測。"

又曰:"學道者明知有是事,何故不得旨而長疑?蓋信未極,疑未深也。唯深與極,若信與疑,真是事也。不解如此返照,遂迷亂。不知由緒,困躓中途。能自返省,更無第二人也。既曰此事,又豈更知耶。知是妄慮,此事則不失也。"

又曰:"道不止説與示而後顯。蓋體自常露,説示者方便道用耳,省悟者亦暫時岐路也。或因説而證,或因示而入,或自覺觸以知歸,終無異事別得,至心源而止也。"

又曰:"人言悟了方修,此屬對治門,雖禪門亦許以正知見治之。若論當人,即不須若是也。"

又曰:"人不識問,遂依來問而答,不知乃自問耳,欲答誰邪!人不識答,遂依言起見,不知乃自答耳,何有旨趣邪!故曰總是你好看好看。"

又曰:"從上來有二種方便。有真實方便,所謂説無有間。有善巧方便,所謂妙應群機。若從真實方便得入,不假思量,性自神解,求①無有退,妙用河沙也。若從善巧方便得入,得坐披

---

①求:疑爲"永"。

衣，向後自看始得，未可將爲究竟。此二種方便皆一法也，不可須臾有失，學者思之。"

又曰："悟心見性，當如雪峰玄沙。履實踐真，當如南泉趙州。今時學者但以古人方便爲禪道，不知與古人同參也。十二時中學道，無頃刻弃捨，此人縱未得入，念念已是修行也。尋常説修行，不過三業六根清淨禪門，更不必如是，何故？禪定之門，念念與智波羅蜜平等，一切處自無過患也。久久心地通明之日，從前并得滿足，名一行三昧。今時人全無定力，復不開智眼，所以機緣語句只成諍論，生滅心行。夫禪學不是小小，未用超佛越祖，得了要超，亦不難也。"

政和末，道行聞於朝，有旨移和州褒禪山，歲餘以疾辭。時圜悟禪師住蔣山，與師友愛素善，因往依之。嘗著《三自省察》，叢林共高仰之。復以近世問話者不知伸問致疑咨請之意，後生相承，多用祝贊語。或奉在座官員，或莊嚴修設檀信，俱無衲子氣味。師深惡之，誡曰："夫問話者激揚玄極，不在多進語，三兩轉足矣，貴得生人信，不致流蕩取笑俗子。"

又曰："諸方老宿臨終必留偈辭世，世可辭耶，且將安之。"

宣和二年冬至前一日，飯食訖，整衣趺坐，合掌怡然而逝，春秋五十四，坐四十夏。門人奉靈骨舍利，葬龍門之靈光塔。

師風儀秀異，操守嚴正，性淡泊，寡言笑，動有規則，學者瞻形儀而服膺。其爲教，疏通廣大，剖切禪病中衲子之心。至入室提綱，則絕蹊徑，離文字，亦不滯乎空荒漫誕之説。其徒非大有契證，不妄許可。平居以道自任，不從事於務。嘗曰：'長老端居丈室，傳道而已。與士大夫游，不爲利屈，道合則忻然造之,不爾,雖過門或不得見。"君子以是高之。樞密鄧公洵武,奏錫命服佛眼之號。左司陳公瓘見師法語嘆曰:"諸佛心宗,衆生性海,遠公涵泳深矣。"與靈源禪師少友善,其趣尚施設略相似焉。有《三會廣語偈頌》數萬言行於世。

贊曰:圜悟、佛眼同出東山之門,爲臨濟十世孫。圜悟固已名蓋天下,佛眼則精深醇粹,克荷正傳,殆與圜悟連衡而并驅。學者疑其旋設異乎圜悟,或謂龍門嘗與靈源處而漸習使然。嗚呼!是何言之陋哉。蓋嘗三復龍門之錄,觀其指示心法,辯如百丈、黃蘖。作爲偈句,詞如汾陽雪竇,悟門超極,不愧雪峰玄妙①。履踐明驗,端如南泉趙州。真一代之大宗師也。彼以頰舌爲禪而欺世每生者,烏足與識龍門靈源相契者哉!要其所以不爲圜悟者,譬如韓柳文章,世之悅韓者固多,然子厚非深識博雅之士,則不能窺其縕奧。此所以萬世之下不凝并驅而爲韓柳也。由是而觀,二公之後,抑可見矣。

禾山惠方禪師(南嶽下十四世 臨濟宗)

禪師名惠方,道號超宗,臨江龔氏子。出家禪居寺,年十九試經得度具戒,遍參知識。晚入黃龍,見死心禪師,機緣有契,遂留執待②,閱十有四年。於時死心高視諸方,以壁立險絕爲方

---

①玄妙:疑爲"玄沙",即玄沙師備禪師。
②待:疑爲"侍"之誤刻。

便，學者莫可近傍，鮮有投其機者，獨於廣衆中稱師堪任正續，以最後大事畀託之。師膺記莂，隱迹叢林，而聲價益高。宣和中，出世螺川之隆慶，遷禾山，宗風大震。

僧問："如何是一印印空？"答曰："想你摸索不著。"問："如何是一印印水？"師曰："湛湛地。"問："如何是一印印泥？"師云："前後相應。"問："如何是死中活？"答曰："照中有用。"問："如何是活中死？"答曰："用中有照。"問："如何是死中恒死？"答曰："照用臨時。"問："如何是活中恒活？"師曰："平出。"

死心和尚忌日，僧問："死心每舉隻履西歸，意旨如何？"師云："還見麼？"進曰："即此見聞非見聞，未審作麼生見？"師曰："若非見聞，猶滯迹在。"問："報德慇懃，未審死心還赴也無？"師云："言中有響。"僧云："若然者，頂門拶出金剛眼，照破凌霄千萬峰。"師云："你且道隻履西歸作麼生？"進云："葉落歸根，來時無口。"師云："只得一橛。"乃曰："死心先師每好舉隻履西歸話問衲子，且巴陵和尚於得法師忌日，以三轉語爲報。禾山今日因行不妨掉臂，只以明隻履西歸話，用報先師之德。況此話古今難明，諸方或謂之隱顯，或謂不可兩箇，或謂唯此一事實。若也如是，殊未識祖師意旨。諸人要見麼？濁中清，清中濁，勿謂麒麟生隻角，西行東向路不差，大用頭頭如啐啄。莫，莫！玄要靈機休卜度。"

樞密徐公師川嘗致三問，師各以偈答之。問曰："洞山云：'擬將心意學玄宗，大似西行却向東。'十二時中動轉施爲，莫非是擬底心，到此作麼生別辨？"答曰："擬將心意學玄宗，妙用縱横觸處通。捩轉箇中關棙子，休論南北與西東。"問："《維摩經》云：'佛以一音演説法。'或有怖畏，或斷疑者？"答曰："或有怖畏或斷疑，雙明一句絶針錐。於斯切莫生忻猒，覿面①還須眼似眉。"問②："《維摩經》云：'衆生病故我病。'即今他人病時，爲什麽自己却不病？"答曰："衆生病故維摩病，妙見全提越我人，既了病源無箇事，何如出現宰官身。"龍圖蔣公宣卿亦從之問道。

師居禾山十年，遷豫章雲巖。建炎三年三月己酉示寂，壽五十有七，臘三十八。火餘齒舌不燼，舍利五色，塔於寺之南天台。

師皃清悴，而悟門超徹，踐履高妙。圜悟禪師稱其縱談雷震波駭，辨才出没，電閃星飛，而性理淵源極爲奧妙，真全才也。世以爲確③論云。

文殊心道禪師（南嶽下十五世　臨濟宗）

禪師諱心道，眉州丹稜徐氏子。出家，三十得度。游成都，從師受《唯識論》，研覃者十年，自以爲至。一日同門者詰之曰："三界唯心，萬法唯識。今目前森然，心識安布？"師茫然不知所

---

① 覿（dí）面：見面。
② 問：原爲"間"，徑改。
③ 確（què）：堅固。古同"確"。

對，盡弃所學去，而之襄陽，依谷隱顯釋師參扣者又十年，亦自以爲至。周流江淮間，抵舒州太平，夜聽佛鑑懃禪師小參舉趙州庭柏話，至覺鐵觜云"先師無此語，莫謗先師好"，大疑之。又盡弃其所學，專以禪寂爲事。一夕料理前語，豁如夢覺，亟趨丈室。懃望而可之，即分半座，命以法施來者。

政和二年，襄陽守游定夫以禮致師，開法天寧萬壽，遷大別山。宣和初，徙鼎州文殊，會有詔更釋氏名。

上堂曰："祖意西來事，今朝特地新，昔時比丘相，今作老君形。鶴氅披銀褐，頭包蕉葉巾，林泉無事客，兩度受君恩。所以欲識佛性義，當觀時節因緣。且道即今是什麼時節？毗盧遮那頂戴花冠，爲顯真中有俗。文殊老叟身披鶴氅，且要俯循時儀。一人既爾，衆人亦然。大家成立叢林，喜得群仙聚會，共酌迷仙酎，同唱步虛詞。或看《靈寶度人經》，或説長生不死樂①。琴彈月下，指端發太古之音。碁布軒前，妙著出神機之外。進一步便到大羅天上，退一步却入九幽城中。且道不進不退又作麼生？直饒羽化三清路，終是輪迴一幻身。"

越明年，有旨復僧。上堂曰："不挂田衣著羽衣，老耄形相頗相宜，一年半內閒思想，大抵興衰各有時。我佛預識，法當有難，較量年代，適在此時。僧改俗形，佛更名字。妄生邪解，刪削教乘，鐃鈸停音，鉢盂添足。賴我皇帝陛下聖德欽明，不忘佛囑，邇乃特頒明詔，賜僧尼重新削髮。實謂寒灰再焰，枯木重榮。不離俗形而作僧形，不出魔界而入佛界。重鳴法鼓，再整頹

———

① 樂：疑爲"藥"。

綱。迷仙酎①化爲甘露瓊漿，步虛詞翻作還鄉曲子。放下銀木簡，拈起尼師壇。昨朝稽首擎拳，今日和南問訊。只改舊時相，不改舊時人。且道舊時人與今時人，是一是二？"良久云："春風也解嫌狼籍，吹盡當年道教灰。"

師於偈頌尤爲精粹，衲子雅傳之。其趙州勘婆因緣頌曰："三月春光上國游，祥雲瑞氣璅龍樓，親從宣德門前過，更問行人覓汴州。"疏山咸通已前法身因緣頌曰："咸通已後咸通前，法身向上法身邊，一對枯椿門外立，千古萬古摩青天。法身該一切，莫向淨瓶邊，若不同淋睡，焉知被底穿。"

建炎三年春，頌臨濟入滅囑三聖正法眼因緣，示其徒曰："正法眼藏瞎驢滅，臨濟何曾有是說，今古時人皆忘傳，不信但看後三月。"

時逆賊鍾相作難，其徒欲奉師南奔者。師曰："學道所以了生死也，何死之避。以是春三月三日遇害，壽七十有二，臘四十二，塔於文殊之五髻峰。

師之接物機用，得大自在。雖老且病，退處東堂。有問道者，卧而與之言，曾無勌色。三坐道場皆小刹，老屋數楹，僅芘風雨，土爐紙帳，四壁蕭然，處之裕如也。其徒不過數十輩，然皆一時祖室棟幹者，以故師之名稱焯焯，爲佛鑑克家子云。

---

①酎（zhòu）：指經過兩次或多次重釀出來的醇酒。

法輪應端禪師（南嶽下十四世　臨濟宗）

禪師諱應端，南昌余氏子。依化度寺善月，落髮爲大僧。初游廬山圓通，以般若夙熏，談禪衮衮，老衲多敬異之，頗自以爲至。及會宗叔僧智嶼者折困之，俾令實參，由是走歸宗，依真淨禪師。未幾真淨遷泐潭，而羅漢小南禪師道價鼎盛，往從之。俄而南公化去，師方銳意於道，遽失所從。聞老演大本靈源之道，欲見之而未能決，即炷臂香，禱於像前，志三老之名而探之，得靈源。時靈源首衆僧於雲居，於是造焉，傾心奉事。雖咨參決擇無間，而義象纏心，未能脫灑，靈源嘗痛扎之，師必引援馬祖、百丈機緣及華嚴宗旨爲表佐。靈源笑曰："馬祖、百丈固錯矣，而華嚴宗旨與箇事喜没交涉。"師憤，欲他往，因造室請辭。比至門，方揭簾，忽大悟，遍體汗下。靈源見而喜曰："是子識好惡矣。馬祖、百丈、文殊、普賢，幾被汝帶累也。"自是投機契會，擊節賞音，若合符契。

迨死心禪師出世雲巖，靈源遣二三子往佐之。死心迅機逸辯，雷轟電掃，學者莫敢嬰其鋒。師爲侍者，每當機不少讓，至差別因緣洞下語句，靡不迎刃而解。死心撫愛之，異乎等輩。及靈源出世太平遷黃龍，師皆枉①焉。去游京浙，歷講肆，挈《首

---

①枉：疑爲"在"或"往"。

楞嚴法界觀》《圓覺》《肇論》，尤邃於《金剛般若》。

崇寧中，省親南昌，厥父素誦此經，而未喻其旨。因以精義直注經文之下，俾讀之易曉，學者爭傳之，目爲《金剛直解》。死心知之，罵曰："我欲此子荷大法，今乃在三家村裏説義學邪。"師聞而笑曰："以法報親，庸何傷乎？"

顯謨朱世英守臨川，創昭默堂將迎致靈源，靈源辭以疾，舉師代行。朱亦雅聞師名，虛明水以遲其來。師廉知謝曰："若以道相期則可，今爾乃世諦求我矣，請從此辭。"世英欽嘆不已。

大觀中，洪師范伯履請任①雙嶺，師宵遁他境，久之歸雲巖，首衆分座，以法施學者。

政和末，大師張司成請出世百丈，嗣法靈源。僧問："如何是賓中賓？"師云："芒鞋竹杖走紅塵。"問："如何是賓中主？"師云："十字街頭逢上祖。"問："如何是主中賓？"師云："御馬金鞭混四民。"問："如何是主中主？"師云："金門誰敢擡眸覷。"問："賓主既蒙師指示，向上宗乘事若何？"師云："昨夜霜風刮地寒，老猿嶺上啼殘月。"僧請益大隨劫火洞然因緣，師以頌答曰："六合傾翻劈面來，暫披麻縷混塵埃，因風吹火渾閑事，引得游人不肯回。壞不壞，隨不隨，徒將聞見强針錐，太湖三萬六千頃，月在波心説向誰。"閲六年，退居西庵。

宣和中，樞密郭公三益帥豫章，與徐公師川合謀，欲師促席論道，以觀音致請。師力辭，至三返，不得已赴之。州人以二公之意，盛飾香輿鐃鼓，江津候迎。師聞之，即由間道入據丈室。

———
①任：疑爲"住"。

而人興知者,衲子翔集,至數千指。二公每過從,必以微言相滯彌日。稍遷上藍。

建炎初,郭鎮長沙,再遷南嶽之法輪。三年六月十一日檀越至,陞座。食罷,會大衆茶。客退,徐入方丈,令侍者遍吉有衆,吾且遊矣。侍者承命,衆未及至,師聳身趺坐,湛然而化。幻住六十有一,僧臘四十二。

師性和易,以慈攝物,不事邊幅。得樂說無礙辯才。每患學者不善致問,必自激以啓疑。至會心處,亹亹多忘寢食。不畜餘貲,寺任一畀執事者,每得人則歲粗給,否則米鹽屢空。人或以是少之,師曰:"我之所任,佛祖任也,彼屑屑然錙銖是計,顧與流俗何異哉!"後二年,門弟子奉靈骨舍利,塔於百丈之大雄峰。

贊曰:昔張司成師①豫章,命秀峰出世泐潭,草堂開法黃龍,端公出世百丈。是三人蓋一時衆中巉巉露頭角者也。及司成歸見廟堂諸公,首言出補獲三大士出世。或問:"三大士謂誰?"張以其名答之。厥後諸公求外補,必以南州爲請,蓋欲面見所謂三大士者,故徐、郭二樞相,於百丈也睠睠如此。嗚呼!賢者不出世,抑可謂無賢哉!蓋知賢而後爲賢,吾道濱茲叔世,釋子不勵行,外護不恤賢,世與道交相喪矣,悲夫!

---

①師:疑爲"帥",下同。

黄龍德逢禪師（南嶽下十四世　臨濟宗）

　　禪師名德逢，豫章靖安胡氏子。生而庵①眉穎異，不爲童戲，不肯混俗。去依上籃晉禪師，十七得度，受滿分戒。晉名重當世，學兼内外。師奉巾匜，頗領其要。辭之泐潭，見乾禪師，參扣久之。游吳中，歷講肆，博貫諸部，宿師争下之。嘗竊嘆曰："出家當究竟死生大事，奚空言之滯哉！"

　　時靈源禪師出世龍舒，名壓叢林，趨往依之。師恃慧辯，與之争鋒，不少下。靈源曰："禪止於口吻邪？"師默而負墮，痛自韜晦。久之發明己見，於是不動神色，而鯤化鵬博，蓋天匝地，靈源深可之，英聲藉藉著叢林間。及靈源遷席黄龍，師侍行。因與死心禪師激昂游戲，死心稱之，以爲類己。其後楷禪師弘法東都天寧，適師至，命居第一座，分席接衲。未幾，楷得罪投臨淄，臨淄守虛天寧以致師。楷亦以偈招之，略曰："勿謂皇都留便住，也應飛錫向東來。"將命者至，師宵遁南歸，庵新吳山中。

　　政和初，出世雲巖，唱靈源之道，宗風盛行。六年，有旨移餘杭中天竺，以疾固辭。宣和初，江西帥徐任道請居天寧。閲三年，尚書胡少汲遷任黄龍。時黄龍自老南晦堂、靈源、死心三世授道，天下目爲法窟。師以曾孫繼席，叢林至今稱之，以爲能世

---

①庵：疑爲"庬"。

其家者。

　　僧問："人天普集，龍象交參，學人上來，請師說法。"師曰："枯木無橫枝，鳥來難措足。"進云："一音纔剖人皆委，五湖衲子盡沾恩。"師云："一句截流，萬機寢削。"進云："錦上添花即不問，毛吞巨海事如何？"師云："闍黎在裏許。"進云："信手拈來總是禪，鐵牛路破趙州關。"師云："且緩緩。"進云："古德道，二破不成一，一法鎮長存。如何二破不成一？"師云："逢上座到這裏却不知。"進云："如何一法鎮長存？"師云："三世諸佛舌上生草。"進云："承聞和尚親見靈源，是否？"師云："誰向你道？"進云："且道靈源鼻孔重多少？"師云："也知你摸索不着。"進云："六六三十六，碧眼胡僧數不足。"便禮拜。師云："何不早恁麼？"

　　法輪寶禪師圓寂，師上堂曰："緬想當年皖水濱，師門同叩幾經春，分燈各副全提令，荷眾俱爲第一人。寶月俄驚收慧焰，曇花何處現迷津。遥知白塔藏雲際，千古遺踪孰與隣。大眾！起滅全身，去來何有？切忌情中作解，須知淨地無塵。諸人還識法輪禪師麼？"竪起拂子云："八字眉分新月樣，霜髯白髮健精神。"寶蓋南昌人，於靈源之道最先悟入，生平苦節力道，叢林以頭陀名之。六年，有詔移東都報恩，皇叔祖①奏賜命服通照師名。

　　晴康②建元，乞身南歸。樞密郭公三益帥長沙，請居閏福。久之得風痹病，益猒紛華，遷小廬山。時兵戈浸擾，師瑟縮以病卧。

---

①原本夾注：仲榮。
②晴康：應爲"靖康"。

建炎四年十月己卯，力疾説偈辭衆，囑以火餘藏本山之海倉塔。言訖而逝，春秋五十有八，臘四十有一。

師嚴重有威，以弘法爲己任，所至叢林勃興。臨事剛決，不少假，雖常所疑密者亦敬憚之。深達教乘，而提綱訓徒，未嘗及經論一字。特以孤峻門庭，期學者悟徹而後已。初在黄龍，入死心室，靈源以諸子優劣爲問，死心曰："前逢後才，才即佛心，晚乃震耀。"師則早負英望，靈源實倚之興黄龍宗旨，不幸疾病而早世云。

僧寶正續傳卷第四

圜悟克勤禪師（南嶽下十四世　臨濟宗）

禪師諱克勤，字無著，彭州崇寧駱氏子。依妙寂院自省落髮，受滿分戒。游成都，從圓明敏行大師學經論，窺其奧，以爲不足。特謁昭覺勝禪師，問心法，久之法關。見真如喆公，頗有省。時慶藏主，衆推飽參，尤善洞下宗旨。師從之游，往往盡其要。嘗謁東林照覺，頃之謂慶曰："東林平實而已。"

往見太平演道者，師恃豪辯，與之爭鋒。演不懌曰："是可以敵生死乎？他日涅槃堂孤燈獨照時，自驗看！"以不合，辭去，抵蘇州定慧，疾病幾死。因念疇昔所參，俱無驗，獨老演不吾欺，會病間即日束包而返。演喜其再來，容爲侍者。值漕使陳君入山問法，演誦小艷詩云："頻呼小玉元無事，只要檀郎認得聲。"師侍側，忽大悟，即以告演，演語之。師曰："今日真喪目前機也。"演喜曰："吾宗有汝，自兹高枕矣。"師因以是事語佛鑑懃，懃未之信。師曰："昔云高麗打鐵，火星爆吾指頭。初謂建立語，今乃果然。"懃愕然無以對。

時佛眼禪師尚少，師每事必旁發之，二公後皆大徹。由是演門二勤一遠，聲價藉甚，叢林之謂三傑。演遷五祖，師執寺務。方建東厨，當庭有嘉樹。演曰："樹子縱礙，不可伐。"師伐之。演震，舉杖逐師。師走避，忽猛省曰："此臨濟用處耳。"遂接其杖曰："老賊，我識得你也。"演大笑而去。自爾命分座說法。

崇寧初，以母老歸蜀，出世昭覺，久之謝去。於荊州見丞相張無盡談華嚴要妙，逞辭婉雅，玄旨通貫。無盡不覺前席。師曰："此真境與宗門旨趣何如？"無盡曰："當不別。"師曰："有甚交涉？"無盡意不平。師徐曰："古云：'不見色始是半提，更須知有全提時節。'若透徹，方見德山、臨濟用處。"無盡翻然悟曰："固嘗疑雪竇大冶精金之語，今方知渠無摸索處。"師曰："頃有頌云，頂門直下轟霹靂，針出膏肓必死疾。偶與丞相意會。"無盡喜曰："每懼祖道浸微，今所謂見方袍管夷吾也。"

澧州刺史請住夾山，未幾，遷湘西道林。初潭師周公因提舉劉直孺願見師，至是皮相之，不甚爲禮。及見開堂提唱，妙絕意表，始增敬焉。

政和末，有旨，移金陵蔣山，法道大振。僧問："如何是實際理地？"曰："何不向未問已前薦取。"僧曰："未問已前如何薦？"師曰："相隨來也。"進云："快便難逢，更借一問。"曰："忘前失後。"進云："若論此事，如擊石火。只如未相見時如何？"師曰："三千里外亦逢渠。"曰："恁麼則聲色外，與師相見。"答曰："穿却鼻孔。"

問："忠臣不畏死，故能立天下之大名。勇士不顧生，故能立天下之大事。未審衲僧家又作麼生？"師曰："威震寰區，未爲分外。"曰："恁麼則坐斷十方，壁立千仞。"師曰："看箭。"

問："不落因果，不昧因果，是同是別？"師曰："兩箇金剛圈。"曰："潙山撼門扇三下，又作麼生？"師云："不是同途者，智音不舉來。"曰："恁麼則打鼓弄琵琶，相逢兩會家。"師曰：

"名邈得不□多。"曰:"不得壓良爲賤。"師曰:"實處道將一句來。"曰:"自從事得潘郎後,也解人前不識羞。"師曰:"速禮三拜。"僧曰:"昔人問投子如何是十身調御,投子下禪牀立。意旨如何?"師云:"生鐵鑄就。"曰:"爲什麽貪覩白浪,失却手橈?"師云:"自領,出去。"問:"只如道明頭合暗頭合,古德便歸方丈作麽生?"師拈起拄杖子。進云:"學人擬欲放出,和尚如何抵擬。"師曰:"這野狐精!"

問:"選佛塲開,上根圓證,不昧當機,如何指示?"師云:"一超直入如來地。"曰:"不昧本來人,請師高着眼,馬大師爲什麽直下覷?"師云:"頂門上有眼。"問:"一種無絃琴,唯師彈得妙,馬大師爲什麽直上覷?"師云:"暗裏能抽骨。"曰:"未審直上覷得是,直下覷底是?"師云:"莫謗馬大師好。"曰:'爭奈龍袖拂開全體現,象王行處絶狐踪。"師云:"賴有龐居士證明。"問:"句中有眼作家知,向上人來向上提,直下全行摩竭令,願垂方便接羣機。"師云:"不如一箇百不知。"曰:"無無①孔鐵槌,有甚用處?"師曰:"果然恁麽去。"曰:"雖是本分事,未是向上機。"師曰:"撒星火迸獨光輝。"曰:"爭奈腦後一箭,師救不着。"師云:"又是拖泥帶水。"

嘗示衆曰:"恁麽,恁麽,雙明。不恁麽麽②,不恁麽,③暗。不恁麽中却恁麽,暗裏隱明。恁麽中却不恁麽,明中隱暗。只如和座子掇却許多建立,總④麽犯手傷鋒,且道喚作什麽?到

---

①疑衍一"無"字。
②疑衍一"麽"字。
③疑脱一"雙"字。
④疑脱一"恁"字。

遮裏高而無上，深而無底，旁盡虛空際，中極隣虛塵。淨躶躶，赤灑灑，是箇無底鉢盂、無影杖子。熊耳山前，少林峰下，老胡九年，冷湫湫地守這閑家具。深雪之中，直得情忘意遣，理盡見徐，方有一箇承當。且道雙明雙暗，雙放雙收，是建立，是平常？總不與麼，也未是極則處。且作麼生是極則處？擘開華嶽連天透，放出黃河輥底流。"

宣和中，詔住東都天寧。太上在康邸，屢請宣揚。有偈云："至簡至易，至尊至貴。往來千聖頂顖頭，世出世間不思議。"然是時欽宗在東宮，師對太上預有至尊之讖。

建炎改元，寧相李伯紀表住金山，駕幸維揚。有詔徵見，顧問西竺道要。對曰："陛下以孝心理天下，西竺法以一心統萬殊，真俗雖異，一心初無間然。"太上大悅，賜號圜悟禪師。乞雲居山歸老，朝廷厚贐①其行。至雲居之明年，復歸於蜀，大師王伯紹迎居昭覺。

紹興五年八月五日示疾，將終，侍者持筆求頌。書曰："已徹無功，不必留頌，聊爾應緣，珍重珍重。"擲筆而化。春秋七十有三，坐五十五夏，諡真覺禪師，塔曰寂照。

初樞密鄧子常，奏賜命服、佛果師號。所至士夫過從問道無虛日。師悟門廣大，說法辯博，縱橫無礙，莫不人人畏服，以爲未嘗有也。凡應接雖至深夜，客退必秉炬開卷。於宗教之書，無所不讀。

初在金陵，大師王彥昭嘗請益雪竇所謂三員無事道人孰勝

---

①贐（jìn）：臨別時贈送的財物。

師曰："正爾皆須喫棒始得。"帥意未喻,師詰之,帥以手拍膝。時衲子環擁,師就指曰："此輩倒作此見解焉,能透徹古人知見。"帥不懌而去,尋遣之詩令刻石,師匿之。他日彥昭入山,問詩所在。師曰："昔人贈遺,所以昭德也。今大師特譏剌而已,某敢以非所宜而宜之哉。"帥翻照霽威而去。

既而給事盧贊元代府事入山,題詩有菖蒲海之句。然東漢志有蒲菖海,師就質之。盧頗知誤,或勸不應與師臣爭詩,恐致禍。師笑曰："吾豈得已哉。前既却王公詩,今新帥雖美句,亦莫敢刻之,故發其誤,貴不主意上石耳。"其臨機有斷如此。

性和易,不事事。晚節道愈尊,而風度無改。或謂當加威重者,師曰："吾佛以慈攝物,等觀一切,每任真若此,猶恐失之。況以顯晦易其心,而刻薄荏衆,豈沙門所爲邪!"其雅量廓廓,常退已以讓人,故出世主法垂四十年,未始有一犯其規繩者云。

贊曰:吾祖從上來事,以妙悟通宗。然世迫遲暮,邪逕日滋,自非龍蟠鳳逸之士,極深而研幾,則頓轡化城者皆是也。圜悟其至矣乎,道德備而學不厭,名位崇而志益謙,真一代之典刑也。初黃龍、楊岐兩宗學者臏有各私,其勝而不相厭。於是靈源大士作《五祖演公正續碑》,所以推之爲正續也。至圜悟復能峻其門庭,觀其對御,則混真俗於一心,接士大夫游,則罄竭款誠,俾於祖道染指涉流,而人人得其歡心焉。此所以致盛名於天下也,美哉!

寶峰景祥禪師（南嶽下十三世　臨濟宗）

　　禪師名景祥，建昌南豐傅氏子。父翼終，信州永豐令。母上官，夢入王室，方暑，得壺漿飲之，如甘露，已而孕。又諸父夢絳幡皂纛①，擁一偉丈夫至其家，稱塞上將軍，翌日而育，師因以塞上翁名之。少警敏嗜學，務記覽，於書無所不窺。永豐公亡，追悼罔極，非出世間法無以報，即志捨家。會沙門有琦，說法於靈鷲，往聽之，豁有省，遂依之落髮具受，遍參知識。最後見大溈喆禪師，資緣契會，遂執侍焉，隨入京師。喆公去世，負其骨歸葬溈山。夜夢梵僧丈餘，授以法句，義甚微妙。師得之研味，心法益明。歸臨川，得古屋數楹，於人境之外閉影不交人事者十年。

　　大觀中，同參自遵住東林，厚禮致之，命居第一座，分席接衲。未幾，泐潭虛席，南昌守張司成雅聞師高道，懇請至。使者四往返，師堅臥不答，因屬九江守津遣，乃始赴命。初大溈囑師，年五十乃可師人。至是五十有四矣。及居泐潭，宗風大振，衲子常五千指，規度嚴明，禮數雍穆，四方翕然推重，至稟承之，以爲叢林華彩焉。

　　示衆曰："凡爲善知識，應機利物，須具十智同真。若不具

---

①纛（dào）：古時軍隊或儀仗隊的大旗。

十智同真，則緇素不分，邪正不辨，不堪與人天爲眼目，不能決斷是非，如車單輪，如鳥隻翼，不能高飛致遠。何謂十智同真？一同一質，二同大事，三總同参，四同真智，五同遍普，六同是非，七同得失，八同生殺，九同音吼，十同得入。諸禪老祖師言句，橫且①十方，天下老僧機緣不少，那一句語是同一質、同大事？什麼處是同生殺，乃至同得入？於此揀辨得出，方有衲子本色公驗，不爲流俗阿師。於此未明無，辨驗諸方眼目，不識學者病源。病源不識，則不斷疑根。疑根不斷，是謂生死根本。故懡㦬不著處，不遇咬猪狗手脚，便將尋常知解劈頭罩却，劈脚擊②住。謂祖佛出來，無過於此，久參高士，相共證明。晚學初機，無待彌歲窮年，却顧己躬，一無所是，則追悔不及也。"

師居泐潭，垂十年，道望聞於京師。宣和中有旨，移金陵之蔣山。未幾，遷九江圓通。歲餘，江西帥將奪之主黃蘗，師知之，遁入同安山中。二刹迹至其所，爭迎致，竟爲黃蘗得之。建炎末，退歸泐潭，庵於秀峰，因以爲號。卜終焉計，會期爲南渡，避地天台。

紹興二年，從閩帥大吉山之請，行未越境，爲范丞相挽留，奏居鴻福。先是高庵禪師受鴻福命，未及入寺而化。師與高庵素厚善，迫繼其後，居浮山。相距未閱月，即示疾，出古衲并書，付其嗣法德昇。十月七日，趺坐告衆而逝，壽七十一，臘五十二。闍維，目睛及數珠不燼。舍利葬本山，分其半塔於秀峰。

初真點胸以邁往不羈之度，超放自如。及其嗣法真如，則玉

---

①且：疑爲"亘"。
②擊：疑爲"繫"。

立峭峙，行深履高。生未嘗以帛爲衣，脅不至席者，逾四十年。師繼其道，律己尤嚴。凡叢林規範，諸方所不能行者，師優爲之。生不積餘長，歿無完衣。或欲爲求章服名號者，則謝絕之曰："借使持來，政堪天明作枕耳。"其法語偈句，辭致渾厚，奄①有作者之風焉。

贊曰：初秀峰在靈鷲爲童子時，聞二老宿夜語舉古德偈云："征輪軋軋過江南，暫把微軀寄渤潭，秦嶺烟沙猶未息，月明空鎖定僧庵。"即感悟泣下。老宿問故，答曰："比夢中得此偈，當是前身所爲者。"老宿曰："審爾他日，必爲渤潭主人。"其後秀峰由渤潭避地天台，終於韶國師庵，果如其言。教稱，凡報土皆宿習願力所現，舉有定分，豈不然哉。世以庸妄相乘，區區苟合於聲利之末，雖者②且死，而莫之安分者，其聞秀峰之風，益可愧矣。

雲居善悟禪師（南嶽下十五世　臨濟宗）

禪師名善悟，生李氏，洋州興道人也。捨家誦經，得度具戒。夙慧警敏，初聞冲禪師舉達磨廓然無聖之語，即曰："我既廓然，何聖之有！"冲奇其語，發之南詢，周流舒蘄間，參叩宗匠。抵龍門，見佛眼禪師，聞舉雲門語云："直得山河大地無纖

---

①奄（yǎn）有：完全具有。
②者：疑爲"老"。

毫過患，猶是轉句。不見一色，始是半提，更知有全提始得。"師心有契，遂依止焉。

一夕，佛眼謂曰："汝聞孤鸞對舞乎？昔有二鸞，每對舞，嘗喪其一，止不復舞。智者以鑑向之，孤鸞顧見自影輒舞。"師豁然悟。一日，猫執鼠過前，佛眼指以示師。師曰："皖公山倒。"佛眼喜之，因命分座說法。嘗舉德山夜參因緣曰："悟上座今夜亦不答話。或有僧出，只向道：'你許多時向甚處去來？'"佛眼動容曰："吾高枕矣。"自是道聲四馳。

宣和初，出世吉州天寧。明年，徙南康之雲居，宗風大振。

師性方嚴，語不妄發。以身循衆，雖祁寒酷暑，必伴衆。夜臥三椽下，有怠墮起不時者，必扣枕以警之。凡方丈服用之具，皆虛設而未嘗御也。自號高庵。時泐潭祥禪師，雅自標置，大抵與師德望相埒，而苦節堪忍得衆則師過之。

閱七年，圜悟禪師得旨住雲居。有敕移師金山，以疾固辭。明年圜悟歸蜀，南康守復師雲居。尋以兵亂謝去，避地天台，寓居韶國師庵。

紹興二年，台州得旨，革浮山鴻福寺爲禪居，遴選大有道者居之。郡守以屈師，師固辭，即請於朝。六月命下，師不獲已，諾之。時參徒裹糧而從者，尚以百數。

一日，舉世尊垂入滅示胸前卍字因緣，乃披襟謂衆："瞻仰取足，無令後悔。"既而曰："吾衰矣，蓋歸故山之三塔乎。"僧曰："方領浮山，奈何？"師曰："死可以住持而留邪。"僧曰："幾時可去？"師曰："俟有人提草鞋即去。"曰："某甲去得否？"師曰："解插觜即得。"僧曰："諾，諾。"師笑而止。七月一日，侍者趣辦，行師不塔。明日晝寢起，語如平時，遽揮侍僧曰："去！去！"僧退，少選候之，則已趺坐而逝。住世五十有九，安居四十一夏。靈骨舍利一歸雲居之三塔，一葬浮山，祀爲始祖焉。

白楊法順禪師（南嶽下十五世　臨濟宗）

禪師諱法順，綿州魏城文氏子。七八歲時，於夜暗中，視物如畫。父母知其異，因令出家，依香林院奉和得度。游成都，從大慈寺冲悟法師受《圓覺》《起信》。至"若離於念，名爲得入"，研覃久之，持以問悟。悟慮胡不能決，即勉之游方，參谷隱靜覺禪師。大觀中，佛眼居龍門，道風籍甚，往依之。竭誠累年，備歷遮務，未嘗有怠色。一夕，聞舉水中鹽味、色裏膠青，決定是有，不見其形，忽有省。於是離念得入之旨，脗然①玄契。明日入室，龍門問："真佛在什麼處？"師曰："在不定處。"曰："既是真佛，爲甚不定？"師云："若定即非真佛。"龍門異之，因問何以及此，師告以實。門詰之曰："水中鹽味、色裏膠青，直下作麼會？"師曰："不用更會。"龍門可之。自是酬酢，雷動雨泣，衆目駭觀。龍門去世，奉舍利入塔已，即首衆僧於雲居，分座接衲，拂未授手，而戶外之屨滿矣。

---

①脗（wěn）然：渾然一體。

建炎初，有旨應寺院之爲神霄者悉還舊貫，於是漕使張公琮首闢臨川之廣壽，迎師開法。紹興改元，太守蔣公宣卿徙住白楊，唯老屋數楹，不芘風雨，前此住僧侈瘟祠以仰給。師至，首擊去之，乃大自激昂，多所樹立。未期年，而四方浩然歸重，衲子竭蹶而趨之，來者雲涌。師不起於座，化卑陋而爲寶坊，平居汲汲於接人，垂示勘辨，雖造次不間也。

性鯁介，不苟循時俗，談道之際，譏訶無所避。或問："東山門下，佛果孤峭，佛眼慈軟，二人所得，麤細何如？"師正色曰："法順於鬧市中親見爺來，汝以軟峭麤細爲問，無乃謬乎。"其析疑破妄，類如此。

嘗示衆曰："山僧從旦至暮，手脚不曾停住，東廊走過西廊佛殿，又穿厨庫三箇。和尚般柴，兩箇匠人牽鋸，佛也理會不得，教我如何來註？露出達磨眼睛，打開白楊門戶。大衆，不須更著趙州衫，其下脫却娘生袴。"

江西帥李伯紀慕其道，欲一奉見，以黃龍致請。將命者再至，師堅臥不赴。九年五月一日，集衆告別。侍者持紙求偈，師曰："吾平日語固多矣，兹尚何言？"因誡左右："今夕鷄鳴即報我。"已而忽自聞開靜鐘，遂大喝一聲。左右驚視之，則已跏趺而逝，閱世六十四，坐四十六夏。火餘，目睛齒舌頂骨及所持數珠不燼，舍利五色，塔於寺之西隅。

師退然才中人，而神觀爽邁。操守堅正，善爲偈句，肆筆立成，既卓有聲譽。道方盛行而未艾，遽爾去世，四方衲子識與不識，靡不傷感至泣下，其得人心如此。

贊曰：樞密徐公師川曰："善哉！道師明眼而安步方號，足目俱到，則高庵之所以爲兄，白楊之所以爲弟也。"誠哉斯言！詳觀高庵儼臨巨刹，卑躬力道，唯衆是親。白楊荒村廢寺，激昂崛起，而名跨一時。然二公弘法，俱不滿十載而風教言言，雖百世尚可想見其眉宇。嗚呼！蓋循道而亡，私之效也。比夫異時怙勢肆姦、刻衆奉己者，何殊糞壤哉！

僧寶正續傳卷第五

草堂①善清禪師（南嶽下十三世　臨濟宗）

　　禪師諱善清，生何氏，南雄保昌人也。依香林寺法恩試所習，得度具戒。年三十，始游方。依黃龍晦堂禪師，久之有悟獻頌。晦堂曰："得道易，守道難。守道猶在己，説法爲人難。吾宗一句中具三玄，一玄中具三要，有玄有要，向後自看。"師復立成一頌，有"刹刹塵塵奉此身"之句。晦堂可之。

　　去游江浙，遍叩宗匠，退歸廬山，見真淨禪師。問："甚處來？"曰："下江。"淨曰："將得什麽來？"曰："和尚要什麽？"淨曰："一切要。"師提起坐具。淨曰："閑家具。"曰："莫要急切底麽？"淨曰："試拈出看。"師撼一坐具，淨駭異之。

　　會死心出世，靈源走書招之，俾輔佐死心。師奇厖福艾剛，嚴有識度，凡死心由翠巖，再住雲巖，遷黃龍，師皆在焉，率居第一座，分席接衲。與死心周旋，垂二十年，聞見淹博，機辯絕倫。政和五年，死心去世。大師張司成請師繼席開法，唱晦堂之道。時黃龍號稱法窟，多奇傑之士。

　　師上堂曰："昨日林間爲野客，今朝堂上住持人。放罷捏聚全由我，萬像之中獨露身。"越明年，謝院事，結茅寺側，自號

---

① 草堂：原爲"寶峰"，爲與目錄一致而改。

草堂。久之再住。上堂曰："掩息茅堂過六冬，心忘境寂萬緣空。不知幻業從何起，依舊令教振祖風。"

建炎末，避地臨川。太守蔣宣卿請居曹山，遷疏山。紹興五年，以院事畀得法弟子了如禪師，乃遂閑居。然接物無勌，學者奔趨之唯恐後，道價遂爲天下第一。南昌帥張參政聞風而悦，患不能致。會樞密徐山過洪，相與虛泐潭以起，師時年八十有三，辭避甚力，而敦請之禮有加，不獲已而赴。大師就請說法於州之東山，傾城擁觀，嘆未曾有。及居泐潭，學者不約而自治，不化而自行。未期年而厖鴻絶特之士至自遠方者五千指。軍興之後，叢林未有若此之盛。

十二年正月晦日，出衣盂唱之，付以後事。明日端坐而化，住世八十有六，坐六十夏。爐餘目睛不壞，靈骨舍利塔於黃龍。每對重客，或語以世故，則張目直視，久乃厲聲曰："老僧耳重。"及受參入室，應機酬酢，電擊星馳。雖初機學者，且莫咨扣，未始有厭色，猶日誦《般若心經》一藏，其弘道力法，老而益懃如此。

大溈善果禪師（南嶽下十五世　臨濟宗）

禪師諱善果，信州鈆山余氏子。依七寶院元泆，得度具戒。梵相奇古，廣顙隆準。少慕祖道，初至鵝湖，宴坐禪堂。聞二童子戲争蒲團，其一舉起云："你道不見遮箇是什麼？"師恍然有省。

及游雲居，偶禪者自黃龍來，因問死心老每以何等語接人。禪者曰："常舉雲門問僧：'光明寂照遍河沙，豈不是張拙秀才語？'僧云：'是。'門云：'話墮也。''何者是話墮處？'"師聞之，豁然大悟，即趨黃龍，門可屬死心謝事，指見開福寧道者。師至開福，師資契會，寧深奇之，延入藏。於時開福衲子五千指，寧垂入滅，獨以麈尾授師。語在《寧傳》。師膺最後仁託，隱迹道林。會圜悟禪師來主席，頗聞師名。一夕分半座俾說法，師舉乾峰法身話，剖判絕出意表。圜悟嗟賞久之。自是道價益著。

宣和初，潭師曾孝序命出世上封，開寧公法要。時龍牙才禪師法席頗盛，每答話多稱蘇嚕。一日同諸老會於府帥曾公之席，公曰："龍牙答話，每稱蘇嚕，意旨如何？"諸老相視，莫有對者。師越席而前曰："某適有語。"公叩之，師曰："龍牙答話只蘇嚕，為問諸人會也無，昨夜虛空開口笑，祝融吞却洞庭湖。"曾公大悅，一座盡傾。

遷道林道吾，福嚴宗風鼎盛，法席常冠諸方，室中妙於接人。每舉雲門張拙秀才話勘驗學者，臨機與奪，莫測端倪，天下共高之，自號月庵，湘中士大夫多從之問道。

紹興九年，樞密張公德遠撫七閩，請住鼓山，未至，攺黃蘗，遷東西二禪。閱十年，頗厭閩俗，雅意江外多衲子。會台之萬年、婺之雙林、潭之大溈，皆虛席。三郡爭致請，而長沙尤力。師曰："潭，吾舊游也，吾樂之。"遂赴命大溈。

二十二年正月十八日，出衣盂卑執事者，製五百應真像。明日沐浴更衣，集衆告別。手書伽陀曰："要行便行，要去便去，撞破天關，掀翻地軸。"停筆而化，閱世七十四，坐五十一夏，塔全身於溈源之西峰。

師性剛直，處己簡約，律衆嚴明。凡遷巨刹，皆當世賢公卿屈禮致請，叢林服其得人之盛。

贊曰：草堂得死心作用而不忘晦堂，月庵聞死心語發明而造寧公之室。死心宗胤遂不續，惜哉！然草堂初出龍山，遷白雲，遭世多艱，未有成績。及晚居洨潭，道大盛而去世，遂振宗風於天下，則晦堂弘道之囑驗矣。月庵出世逾三十年，八遷巨刹，未嘗一日退居。捶拂之下，圍遶常數千指，則開福麈尾之授，何其效歟！《易》曰"視履考祥"，予於二老父子授受之際得之矣。

護國景元禪師（南嶽下十五世　臨濟宗）

禪師名景元，永嘉楠溪張氏子。依靈山院希拱，年十八剃度爲大僧。習天台教，通其說。弃之游方，參蔣山圜悟禪師。一日聞傍僧舉死心小參語云："既迷須得箇悟，既悟須識悟中迷、中悟，迷悟兩忘，却從無迷悟處建立一切法。"諦味久之，因起行次，豁然有悟，即以告圜悟，圜悟喜之，由是容爲侍者。閱十四年，咨參決擇，洞然無間，而機鋒卓絶，衆以聱頭目之。圜悟將歸蜀，遽問曰："向後有人問你，作麼生道？"師撫傍僧背曰：

"和尚問你，何不祇對？"圜悟大笑。已而袖木錦①僧伽黎受之而别。

紹興初，歸隱舊邦。括倉守龍學耿延禧命出世仁壽，遷連雲，晚住真如，徙護國，衲子擁隨，法席日盛。

師説法超格，量絶蹊徑。問："學人上來，請師相見。"師曰："札。"問："如何是相見底事？"師曰："你眼在左邊右邊？"進曰："恁麽則萬機休罷，正眼頓開。"師曰："杲日當天，盲人摸地。"問："相見與未相見時如何？"師云："一時穿却。"問："忽遇上上人來，又作麽生？"師云："列向三椽下。"問："還許學人承當也無？"師云："兵隨印轉。"

問："如何是臨濟宗？"師云："殺人活人不眨眼。"曰："如何是雲門宗？"師云："頂門三眼耀乾坤。"曰："如何是潙仰宗？"師云："推不向前，約不向後。"曰："如何是法眼宗？"師云："箭鋒相拄不相饒。"曰："如何是曹洞宗？"師云："手執夜明符，幾箇知天曉。"曰："向上還有路也無？"師云："有。"曰："如何是向上路？"師云："黑漫漫地。"

問："高揖釋迦，不拜彌勒時如何？"師云："三十棒且待别時。"僧禮拜，師乃云："釋迦、彌勒尚是他奴，且道他是阿誰？是則是，護國則不然，坐立儼然，頂天履地，十二時中，袘著磕著，復是阿誰？還知麽？著力今生須了却，莫教累劫受沉淪。"

題如是軒頌曰："拈却瞿曇閑露布，掀翻諸祖葛藤窠，只將如是當軒挂，鐵額銅頭不奈何。"

---

①木錦：疑爲"木綿"，其他佛典中爲"木綿"，一種樹花，似柳絮。

示禪者頌曰："棒頭取證猶勞力，喝下承當未足奇，撥轉頂門宗正眼，須教佛祖浪頭低。"

十六年正月九日，被微病而逝，塔於本山，壽五十有三，臘三十有五。

師資度豐碩，如世所畫布袋和尚者，故人以之爲稱。深得圜悟機用而力行之，天下方想聞其風彩，不幸早世，議者惜之。

雲居法如禪師（南嶽下十五世　臨濟宗）

禪師名法如，台州臨海胡氏子。依護國瑞禪師，祝髮受具。遍參兩浙宗匠。聞佛眼禪師居龍門，道價甚重，不遠千里造焉，以力參所得質之。佛眼曰："此皆學解，非究竟事，欲了生死，當求妙悟。"師駭然，諦信其語。居一日，命爲典座，師固辭以道業未辦。佛眼勉之曰："姑就職，是中大有人爲汝說法。"未幾，晨興開廚門，望見聖僧，豁然有省，入見佛眼曰："遮裏還見聖僧麼？"師於其前問訊，叉手立。佛眼肯首曰："向汝道，大有人爲汝說法。"又嘗問曰："天台石橋夜來倒了也。"師遽捉住佛眼。佛眼曰："作麼？"師曰："又道石橋倒。"佛眼深可之。

後造圜悟禪師室。問："汝只參佛眼，爲復別見人來？"師曰："亦曾見一人來。"曰："是什麼人？"師以手指胸曰："法如。"圜悟曰："汝所見只一星許。"師曰："已是多也。"

高庵悟禪師與圜悟相繼主雲居，皆推師爲第一座，分席接衲，學者親之。

建炎初，上藍虛席，洪帥胡直孺命出世，唱佛眼之道。未幾，虜騎傳城，隱於白水庵。會雲居燼於劫火，紹興初四易主者，皆以艱難遁去。漕使曾公紆乃以屬師，由是宗風大振。

師識量冲廓，機變如神，見者靡不讋伏①。至於説法苍衆，辭氣粹温，旌禮賢者，奄有古尊宿之體。閲十餘年，幻出寶坊，靖深壯麗，冠絶江表，師益謙損，不自以爲功，識者以此高之，且以爲弘覺再來也。

十六年三月十五日示疾，陞座別衆。又十日沐浴更衣，手寫法偈，端坐而化。世壽六十七，僧臘四十二。火滅得舍利，合靈骨瘞於三塔。

真牧正賢②禪師（南嶽下十五世　臨濟宗）

師諱正賢，潼川郪縣陳氏子，本朝三陳之後。依三聖院海澄，得度具戒。游成都大慈寺，從重透法師聽經論般若。夙悟凡典籍，無巨細，過目成誦，義亦頓曉。每有詰難，宿師高坐皆莫能答。謁正覺顯禪師，一見知爲衆稱經藏子者，大喜之。囑令負荷正法眼。

會圜悟禪師出世昭覺，造其室，聞舉洞山麻三斤話，言下有

---

①讋（zhé）伏：因恐懼而不敢動彈。
②真牧正賢：原爲"雲居真牧"，爲與目録一致而改。

省。圜悟勉之南詢,即出關氏黃龍,參死心。時靈源居昭默堂,往來咨扣。久之趨寶峰,見湛堂,深蒙肯可而疑未決,遂造龍門。佛眼一日室中舉殷勤抱得旃檀樹,師豁然大悟。佛眼可之曰:"經藏子漏逗了也。"自是間與師商略法藏淵奧,至會心要處,亹亹無盡,佛眼必稱善,手書真牧,授以為號。其後再見圜悟,嘉其大成,或曰拖犂拽把去。師內負多聞,外峻戒節,洎發明大事,愈益韜晦。

紹興初,妙喜以所居雲門庵委師。繼踵雲門,迥絕人境之外,衲子裹糧從之。師每說法之暇,躬自荷鋤播殖,清規凜然。紫微韓公駒欽重風道,贈以詩,略曰:"上人一口吞諸佛,肯顧世上群兒愚。"又曰:"不須領眾强自苦,一庵高臥真良圖。"珪竹庵每稱必曰龍門一麟耳。

十九年,南康歸宗虛席,太守以禮致請,師堅臥不應。寶文李公公懋,嘗問道於師,因就見同邑官協誠敦勉,不得已赴之,嗣法佛眼。

僧問:"選佛場開,願聞法要。"師云:"三通鼓罷,一炷沉烟。""與麼□則皇恩、佛恩一時普報。"師云:"脚跟下事作麼生?"云:"學人禮謝。"師云:"十萬八千未是遠。"

問:"久默斯要,已泄真機,學人上來,請師開示。"師云:"耳朵在什麼處?"曰:"一句分明該萬像。"師云:"分明底事作麼生?"曰:"台星臨照,枯林曰春。"師云:"換却你眼睛了也。"曰:"法燈和尚道:'本欲深藏巖穴,隱遁過時,蓋為清凉有未了公案,出來為他了却。'此意如何?"師云:"鐵額銅頭未透關。"曰:"果然作家。"師云:"放你三十棒。"曰:"當時有僧出云：'如何是清涼未了底公案？'法燈云：'祖禰不了，殃及兒孫。'諸訛在什麼處？"師云："一言截斷千差路。"曰："佛眼和尚道：'本欲抛擲巖阿，混同沙礫，苦爲諸人敦逼，不免細説來由。'且道與法燈是同是別？"師云："你向什麼處見佛眼？"曰："千聖同歸一路行。"師云："退步翻身子細看。"曰："既到遮裏，如何是佛眼未了底公案？"師云："腦後看取。"僧禮拜。師乃云："若向這裏承當得徹，有什麼事？看他玄沙不出嶺，寶壽不渡河，得箇什麼便千休萬□歇去？雲巖在百丈二十年，長慶在雪峰二十年，失箇什麼便爾千辛萬苦難會去？須知得無所得，失無所失。釋迦老子也只道：'我於然燈佛所，實無一法可得，然燈佛即與我授記。'"遂舉拂子云："無量諸佛盡在拂子頭上，爲大衆證明成佛了也。若喚作拂子，即被拂子礙。若不喚作拂子，亦被拂子礙。還透得麼？如今有異方便，令大衆普皆成佛去。"乃云："若喚作拂子，於法得自在。若不喚作拂子，亦於法得自在。還承當得麼？"良久云："彈指圓成八萬門，一超直入如來地。"

又曰："第一句如何道？汝等諸人，若向世界未成時、父母未生時，佛未出世、祖師未來時道得，已是第二句。第一句如何道？直饒你十成道得，未免左之右之。所以萬法本閑，而人自鬧。文殊堂裏萬菩薩即不問你，且道東海波斯鼻孔長多少？'

上堂，横拄杖云："拄杖子横也，横亘十虚，包裹六趣。"復豎云："拄杖子豎也，上窮碧落，下透風輪。"良久云："不如休去便休去，欲覓了時無了時。"擲拄杖，下座。

上堂，良久云："大衆作麼生，若也擬議，賢上座瞞諸人去也。打地和尚瞋他秘魔巖主擎箇叉兒，胡說亂說，遂將一摑成齏粉，散在十方世界，還知麼？"舉拂子云："而今却在拂子頭上說'一切智智清淨，無二無二分，無別無斷故'，還聞麼？閻老子知得。"遂云："賢上座你若相當去，不妨奇特。或不相當，總在我手裏。只向他道，閻老子你也退步摸索鼻孔看。"以拂子擊禪牀，下座。

下堂，噓兩噻却大笑，又噓一噻，乃云："笑復噓，復復笑，清談啞子高噻叫。噓復笑，笑復虛，蟭螟眼裏馬拖車。"拈拄杖云："只遮從來無影杖不相於處也，相於大衆如何？"良久云："直須師子吼，莫作野干鳴。"

閱五年，遷雲居，法席之盛，卓冠諸方。衲子爭爲宣力，作新棟宇。一時賢士夫質疑問道，而參政張公壽法偈往還倡和，相得尤深。

二十九年七月五日，陞座辭衆。明日唱衣置供。又明日就浴更衣，遍訪諸徒，勉以道。九日齋畢，集主事垂誡，末後跏趺而寂，壽七十六，臘五十七。闍維舍利五色，合靈骨藏雲居之東、塔雲門之湯源。

師皃①古而氣剛，志大而心慈，平居若不能言者。至排邪破妄，決擇宗乘，得樂說無礙辯才，浩然不見其涯涘。初居雲門，峰頂高寒，草廬穿穴，雪霜滿牀，處之垂二十年，裕如也。晚移雲居，法席日盛，遮務繁劇。師提綱振領，應機酬酢，迎刃而解。至於常住之物豪②髮不□用，雖自所得襯利，猶以三分之一

---

①皃（mào）：同"貌"。
②豪：古通"毫"。

歸之常住,以補陪涉之費。出則芒鞋竹杖,居則弊衣糲食。其孤節苦行,以身律衆,大抵與高庵相埒。而精嚴奉法,卑躬下人,畢世不易其度。著《華嚴指南》、《寶藏論發隱》、《補僧史八書筆論》一編、《語録偈頌》一卷,行於世。

贊曰:愚初著《佛運》《通鑑》二書成,即以呈師。答曰:"比覽《佛運》,甚詳。《通鑑》亦有史體。承諭有勸,吾兄將爲三教統紀。鄙意輒究之,雖及年代治亂遷革,以至儒宗、道教賢哲出没之迹,然非紀二教,但約其時以明佛運耳。拙意欲吾兄去却圖字,標爲《佛運統紀》,以對《釋氏通鑑》,不亦宜乎!"又曰:"深喜吾兄此段有補於宗教,至矣。大率佛祖閑邪禦侮,不必與之竟,但伸自理,彼自破矣。昔鴈門法師超悟高忘如此。"及《正續傳》復以寄,答曰:"辱寄《僧寶正續》,即勉病披味,足見吾兄孜孜於此道。前傳所遺而能拾以補之,亦法門之大者,更俟參味其間妙處,當以爲師也。"嗚呼!師之言論,風旨筆墨,具在其宏範真風,昭融法通。雖片言隻字之間而體致如此,輒擊之於篇,遮①幾具眼者知所爲書,無欺於神明焉。噫!師之亡也,正法眼藏不在兹矣夫。

---

①遮:應爲"庶"。

僧寶正續傳卷第六

鼓山士珪禪師（南嶽下十五世　臨濟宗）

師名士珪，城都史氏子。世業儒。師幼而明敏，年十三，依大慈寺宗雅首座落髮具，授大慈號。四川學海，師執經講筵，志在《楞嚴》。

閱五祀，伯父持一居士勉之南詢。即出關，謁玉泉勤雲、蓋智百丈、肅靈源清。所至參承，皆蒙咨揖。晚依百丈歸正首座正，博貫內外典籍。一日，正語以龍門佛眼道德，師聞而悅之。即自百丈歷東吳，觀光保社，尋抵龍門，以咨參所得扣之。佛眼曰：「汝解心已極，只欠著力開眼耳。」令主堂司。一日問曰：「絕對待時如何？」佛眼曰：「如汝僧堂中白槌相似。」師罔措。至晚，復舉前問。佛眼曰：「閑言語。」師於言下頓釋疑情。曰：「東山鐵酸餡，今而後不復疑也。」自是師資緣契，決擇日臻玄奧。

政和末，佛眼被旨遷褒禪山，師佐其行。和守錢公請開法天寧，唱佛眼之道。佛眼謝褒禪，錢復請於朝，以師繼其席。

閱七稔，九江守趙公移師東林，未幾胡馬南渡，退居分寧之西峰，結茅於寺旁竹間，號竹庵。有偈曰：「種竹百餘箇，結茅三兩間，才通溪上路，不礙屋頭山。黃葉水去住，白雲風往還，平生只如此，道者少機關。」

及圜悟禪師歸蜀,送別次,圜悟劇稱杲妙喜,師恨未之識。俄避地造仰山,適妙喜亦至,遂相與定臨濟宗旨,偕還南康之雲門庵。妙喜曰:"昔白雲端師公謝事圓通,約保寧勇禪師夏居白蓮峰,作《頌古》一百一十篇,有提盡古人未到處,從頭一一加針錐之語。吾二人同夏於此,雖效顰無愧也。"遂取古人公案一百一十則,各為之頌,發明蘊奧。不開知見戶牖,不涉言語蹊徑。其頌女子出定話,曰:"不假文殊神通,不用罔明彈指,爾時靈山會中,女子從定而起。"臨濟見僧入門便喝,頌曰:"一喝喝上四禪天,臨濟元來不會禪,盡道朝陽生戶外,不知夜月落階前。"德山見僧入門便棒,頌曰:"棒下真鍮①不博金,德山徹底老婆心,後人只看波濤涌,不見龍王宮殿深。"芭蕉拄杖子話,頌曰:"綿州附子漢州薑,最好沉梨出麝香,魯子師僧才一嗅,鼻頭裂破眼睛黃。"若此類,皆奇作也。

已而入閩,閩帥參政張公宋以聖泉處師,稍遷乾元。俄給事張公致遠移師鼓山,授道元餘,創新棟宇。嘗示眾曰:"巧說說不到,心思思不及,命斷眼豁開,半錢也不直。"

又曰:"不擁其前,不遮其後,上下四維,七通八透。正當恁麼時如何?八十翁翁行不得。"

又曰:"目擊道存,已涉文彩,執鞭回首,未免途程。直向混沌未分時明白,父母未生時現成,儵然不落陰界,自由自在。當恁麼時如何?踏著關棙子,處處得逢渠。"

又曰:"正當明時,如王寶劍。"卓拄杖,下座。

---

①鍮(tōu):一種黃色有光澤的金屬。

又曰："玄路絕，如解開口說話。聖量盡，方得不受人瞞。玄路不絕，只是說道理。聖量不盡，依前落路岐。"

丞相張公德遠出師七閩，一日謂僚屬曰："越山當福城三山之中，院獨廢絕，非老禪不能辦。"即以屬師。不數月，殿閣崇成。他日丞相游鼓山，目其成績，遂迎師復歸鼓山。是時閩中法道最盛，蓋自師與真歇、淨照數公振發。

紹興甲子，有旨移鴈山能仁，爲第一代。乙丑蒙恩，住龍翔新寺。

丙寅秋七月十八日，得旨謝院事。明日湯浴更衣，聲鐘集衆，師步至衆集處，方趺座，泊然而逝，壽六十有四，臘五十有一。火餘舌如紅蓮色，并二牙不燼，舍利不勝數，門人奉遺命歸之鼓山壽塔。

師風姿奇厖朗潤，聲如鐘，學兼內外，談論衮衮。操持宗柄斷斷然，久益嚴嚴。與賢士大夫游，幾半天下，皆一時宗奉祖道、外護佛乘者。晚居鼓山，自號老禪。書揩遒①媚，尺牘所傳，人以爲寶。其所爲禪家四六及五字句皆精絕，自成一體，世多傳誦。有《語錄》行於世。

贊曰：大慧禪師嘗題師畫像曰："贊嘆竹庵也是妙喜，罵詈②竹庵也是妙喜，贊之罵之，各有所以。贊之者，爲渠具衲僧正眼。罵之者，爲渠浸在醋甕裏。"或曰："如竹庵之爲宗師也，不可贊，不可罵，精金美玉，自有定價，贊之罵之，徒增話欛。妙喜聞之，笑而不答，但拊掌叩齒三下，從渠鑽龜打瓦。"世以爲

---

①遒：古同"悠"。
②詈（lì）：惡言惡語侮辱人。

確論。予謂近代宗師涉世交公卿大夫，言行相副，全節自高。宏法有體，由靈源佛鑑而後，竹庵其賢哉！

徑山宗杲禪師（南嶽下十五世　臨濟宗）

禪師諱宗杲，宣州寧國奚氏子。幼警敏有英氣。年十三，始入鄉校。一日與同窗戲謔，以硯投之，誤中先生帽，償金而去，乃曰：「讀世書曷若究出世法乎？」即詣東山慧雲院出家。

先是元豐戊午，院塑釋迦像，有異人丁生者語寺僧曰：「立像一紀，當生一導師，大興宗教。若像有難，是人方來，像毀，則是人亦有難。」

崇寧甲申，有盜穴像腹，取其所藏。師以是歲適至，事慧齊爲師，明年落髮受具。由是智辯自將，凌跨流輩。閱古《雲門錄》，恍若舊習。聞老宿紹珵久依天衣懷公，亟往上謁，與聞雪竇奧旨。

趨寶峰湛堂準禪師，見師風神爽邁，特加器重，使之執侍，指以入道捷徑。師橫機無所讓，準呵之曰：「汝未曾悟，病在意識頌解，則爲所知障。」時李彭商老參道於準，師適有語曰：「道須神悟，妙在心空，體之不假於聰明，得之頓超於聞見。」李嘆賞曰：「何必讀四庫書，然後爲學哉！」因結爲方外交。準將入滅，師問：「孰可依從？」準以圜悟勤公語之。

已而重跰荊渚，謁無盡居士張公，請銘準塔。公道望傾天下，師登其門，承顏接辭，綽有餘裕。公稱譽之，爲名庵曰妙喜，字以曇晦。歸寶峰，訖其事，復見無盡，從容問曰："居士謂我禪何如？"公曰："子禪逸格矣。"師曰："宗杲實未自肯在。"公曰："行見川勤可也。"於是佩服其言，放浪襄漢。會大陽微禪師，密授曹洞宗旨。尋游東都。

宣和六年，圜悟禪師被旨都下天寧。師自慶曰："天賜我得見此老，不孤湛堂張公指南之意。"遂迨天寧。及聆其陞堂法要，迥異平日所聞，即傾心依附。

閱四旬，圜悟舉僧問雲門："如何是諸佛出身處？"門云："東山水上行。"若有人問天寧，只向道，薰風自南來，殿閣生微凉。於言下豁然頓悟。圜悟大喜，遷師擇木堂，以古今差別因緣，密加研練。

一日，圜悟飯超然居士趙公，師預坐，忽忘舉箸。圜悟顧師而語超然曰："是子參得黃楊木禪也。"師既爲所激，乘問扣曰："聞和尚嘗問五祖話，不知記其答否？"圜悟曰："向問：'有句無句，如藤倚樹，作麼生？'五祖云：'描也描不成，畫也畫不就。'又問：'樹倒藤枯時如何？'五祖云：'相隨來也。'"師廓然脫去，知見玄妙。圜悟深可之，使掌記室。著《臨濟正宗記》畀焉，分座令接衲。由是以竹篦應機施設，電閃星飛，不容擬議，叢林活然歸重。右丞呂公舜徒奏錫佛日之號。

虜人犯順，欲名僧十數比去，師爲所挾。會天竺密三藏，日與論義，密尤敬服。尋得自便，趨吳門虎丘。聞圜悟遷雲居，欲往省覲。道金陵，待制韓公子蒼與語，喜之，以書聞樞密徐公師川曰："頃見妙喜，辯慧出流輩，又能道諸公之事業，衮衮不勦，實僧中杞梓也。"抵雲居,爲衆第一座,譏訶佛祖,辯博無礙,圜悟亦讓其雄。

會世優攘,入雲居之西,結庵於古雲門寺基,因以爲名。閱二年,避地湖湘,轉仰山,邂逅竹庵珪禪師,相與還雲門。著《頌古》百餘篇。

久之游七閩,居海上洋嶼。師閔諸方學者困於默照,作《辨邪正說》以救其弊。

泉南給事江公,創庵小溪,延請師居,緇素篤於道者畢集。未半年,發明大事者數十人,鼎需、思嶽、彌光、道謙、遵璞、悟本等,皆在焉。一日參政李公漢老,聞舉庭柏話有省,師可之。及公疾革,作偈寄彌光,有"深將法力荷雲門"之句。

師平居絕無應世意,圜悟在蜀聞之,囑丞相張公德遠曰:"果首座不出,無可支臨濟法道者。"公尋還朝,適徑山虛席,必欲致師。師幡然起赴,開法於臨安府,治唱圜悟之道。說法竟,侍郎馮公濟川問曰:"師嘗言不作這蟲豸,今日爲什麼敗闕?"師曰:"盡大地是箇杲上座,你作麼生見?"公無語。及居徑山,四方佳衲子靡然坌集,至一千七百。師無他約束,容其自律,發明己見,率常有之。

上堂,僧問:"逼塞虛空時如何?"師便喝。進云:"文殊、普賢來也。"師云:"逼塞虛空,甚麼處與徑山相見?"僧亦喝。師云:"文殊、普賢爲甚在你脚跟下過?"僧擬議,師便打。

問:"高揖釋迦,不拜彌勒時如何?"答曰:"夢裏惺惺。"進云:"將謂和尚忘却。"師云:"你記得,試道看!"進云:"雖道不得,要且不失。"師云:"元來不會。"進云:"從上來事,分付阿誰？"答曰："分付瞎漢。"進云："臨濟一宗，全憑其力。"師云："且喜不干你事。"

問："與萬法爲侶者是什麼人？"答："是天上天下奈何不得底人。"進云："爲什麼在徑山座下？"答曰："家無小使，不成君子。"

問："一夏百念日已滿，出門或有人問：'如何是徑山道底？'且作麼生答他？"師云："徑山曾說甚麼來？"進云："爭奈喚作竹篦則觸，不喚作竹篦則背。"師云："你作麼生會？"僧便喝云："三十年後大有人笑在。"師云："何必三十年後，只今大有人笑你。"乃示衆曰："尋常向諸人道：'喚作竹篦則觸，不喚作竹篦則背，不得向舉起處承當，不得向意根下卜度，不得下語，不得良久。'或有人問：'畢竟如何？'即向他道：'也無畢竟，也無如何。'正當恁麼時，四楞塌地，撥在諸人面前，眼辨手親底一逴逴①得去，便能羅籠三界，提拔四生。其或未然，自是你諸人根性遲鈍，且莫錯怪徑山好。"

師居數年，法席日盛，宗風大振，號臨濟中興焉。張侍郎子韶從師之游，灑然脫去玄解，遂尊以師禮。時慧雲院忘丁生之識，毀釋迦故像而新之，實紹興辛酉夏五月也。師於是月，坐與張厚善，著逢掖編置衡州，廖通直李繹爲結茅圃中。師既拘文，不與衆俱，率令散處。花藥、開福、伊山，時容其受道，門庭益峻，乃裒②先德機緣，間與拈提，離爲三帙，目曰《正法眼藏》。

前參政李公太發時居鐔津，翰林汪公彥章稅駕零陵，數通書

①逴（chuō）逴：愈走愈遠的樣子。
②裒（póu）：集聚。

問道。當軸者滋不悦。移師梅州，其地荒僻瘴癘，藥物不具，學徒百餘，贏糧從之。閲六稔，斃者過半，師以道處之怡然。由是居民向化，至繪師像，飲食必祀焉者有之。

乙亥冬，蒙恩北還。明年春，復僧伽黎，尋領朝命，住明州育王山。逾年有旨，改住徑山，天下宿衲，復集如初。時上潛藩，雅聞師名，遣內都監詣山問佛法大意。師陞堂有偈云：＂豁開頂門眼，照徹大千界，既爲法中王，於法得自在。＂仍作頌獻曰：＂大根大器大力量，荷擔大事不尋常，一毛頭上通消息，遍界明明不覆藏。＂上嘉美，久之建邸立，復遣內知客入山佽養五百應真，請師説法，親書＂妙喜庵＂大字，并製贊寵寄曰＂生滅不滅，常住不住，圓覺空明，隨物現處。＂

師陞堂有偈曰：＂十方法界至人口，法界所有即其舌，只憑此口與舌頭，祝吾君壽無間歇。億萬斯年注福源，如海滉瀁汞不竭。師子窟內産狻猊，鷟鷟定出丹山穴。爲瑞爲祥遍九垓，草木昆蟲皆歡悦。稽首不可思議事，瑜如衆星拱明月。故今宣揚妙伽陀，第一義中真實説。＂

師春秋高，求解寺任。辛巳春，得旨退居院之明月堂。然宏法爲人，老而不勌。上即位，特賜號大慧禪師。

隆興建元，自恣前一夕，有星殞於院之西，流光赫然，有聲如雷，師示微疾。八月九日，學徒問候，師勉以宏道，徐遣之曰：＂吾翌日始行。＂至五鼓，親書遺奏，侍僧固請留頌，爲寫四句，擲筆就寢，湛然而逝。壽七十有五，塔全身於堂之後。尋詔所居爲妙喜庵，謚曰普覺，塔曰寶光。

師荷佛祖正續，全體作用，掃除知見，無法與人，雖古宗師，無以加之。殆其縱無礙辯，融通宗教，則奄有圜悟之風。是以高峻門庭，容攝多衆，若海涵地負，綽綽有餘。至於棒喝譏訶，戲笑怒罵，無非全提向上接人，第學者難於湊泊耳。其闊略宏度，脫去繩撿。所至學徒趨事，雖嶄嶄露頭角，號稱諸方領袖者，師目使頤令，如侍執然。所爲偈贊頌古，絕妙古今。與賢士大夫往復論道書，并上堂普説法語，凡五帙行於世。

贊曰：近世呂公居仁嘗謂：「趙州説禪，如項羽用兵，直行徑前，無復轍迹，所當者破，所摧者服。非如他人銖稱寸度，較量輕重，然後以爲得也。」予觀大慧説禪，抑居仁稱趙州者是矣。凡中夏有祖以來，徹法源，具總持，比肩列祖，世不乏人。至於悟門廣大肆樂，説無礙辯才，浩乎沛然，如大慧禪師得非間世者歟。盛矣哉！其應機作略，能奢能儉，能嶮能易，能縱能奪，機機盡善，扃①扃皆新。此所以風流天下，名動九重，號稱中興臨濟，不是過也。迨其去世，未幾道價愈光，法嗣日盛，天下學禪者仰之如泰山北斗云。

福嚴文演禪師（南嶽下十三世　臨濟宗）

師諱文演，成都新都縣揚氏子。年十八，依廣壽院子安，得度具戒。游大慈寺，習經論，久之謁正法明禪師，聞舉雲門糊餅

---

①扃（shǎng）：門上的環鈕。

話有省。見雅首座雅有道行，指見昭覺圓悟禪師，機緣密契，了徹末後大事。圓悟去世，師出關，首謁徑山妙喜，相得尤深。

次游南嶽，首衆僧於福嚴。會勾龍漕使攝潭師，命出世智度，唱圓悟之道。

僧問："一喝分賓主，照用一時。"行語未終，師便喝，僧亦喝。師連兩喝，僧作掀倒禪牀勢。師拈拄杖，僧歸衆。師云："識休咎。"

問："如何是定林正主？"答："坐斷天下人舌頭。"曰："未審如何親近？"答云："覷著則瞎。"僧禮拜。師云："放爾三十棒。"

問："學人上來，請師相見。"師云："三要印開。"進云："功不浪施去也。"答："見什麼箇？"進云："賓主儼然。"答："未是向上行履。"問："如何是向上行履？"答："千聖立在下風。"進云："向上向下豈不是建立門庭？"答云："喚鐘作甕。"進曰："作麼生是建立底道理？"答："我不見我，心不見心。"進曰："得恁麼那？"答："真的始得。"

又增①禮拜，起云："請師答話。"師云："一念不生全體現。"進云："達磨面壁太分明。"答曰："望空啓告。"進云："何得壓良爲賤。"答："權衡在手。"進曰："作家宗師。"答曰："何必？"

嘗示衆曰："明眼漢没棄曰，辨風雲識休咎。破關擊節，電轉星飛，直截當揚，劈面快與。便恁麼稍稱臨濟兒孫，不負方來

---

①增：應爲"僧"。

扣擊。到遮裏拈出便劃，即心非心，不將實法擊，綴人盡情，與伊劃斷却。所以道，達磨不來東土，二祖不往西天，圓同太虛，無欠無餘。當恁麼時，如何衩①衣無蓋覆，回顏滿面慚？"

又曰："心不可思，思之則七顛八倒。道不可學，學之則千差萬別。到遮裏，若湛寂凝然去，一向打在無爲無事處，擡身不起。何故？衲僧家直須奮大志，鐵脊梁，向時人行不得處行，向古人學不到處學。行至無可行，學至無可學。虛心久久地，不覺不知，本地風光現前照用，著著歷落，不滯聲香味觸。正恁麼時，猶是脫透邊事。只如朕兆未分時，如何澄天愧淨。"

又曰："當陽坐斷，凡聖迹絕，隨手放開，天地回轉。直得日月交互，虎嘯龍吟，頭頭物物，耳聞目視，安立諦上是箇什麼？還委悉麼阿？"師咄，喝一喝，下座。

又曰："等閑地明白，不思量現成。前佛後佛於此指注不及，天下衲僧計較不就，制遏不住。迥脫情塵，唯自肯方親。全機放下，一向靠將去，上無佛祖可依，下無自己可據。如太虛空，更無窒礙，直是烜赫地不昧一切。得遮巴鼻子，應用無窮，亦隨手捏破。何故？太紅爐中，不容點雪。"

又曰："只守無生國裏未是安居，直須萬仞懸崖放身捨命。正當恁麼時，試露消息。著到遮裏，須是箇人始得。還委悉麼？計較尋不得，有時還自來。云团！"下座。

師居智度，十有二年。遷福嚴，衲子奔趨，法席之盛，卓冠湖湘。右丞張魏公嘗曰："演公真實無華，心口如一，道行純固，

---

①衩（chà）衣：兩側開衩的長衣。

老而益勵。蓋衲子之矩範，乃吾鄉之舊識也。"

紹興丙子十一月二十有六日，端居丈室，集耆舊，囑以後事。手寫偈曰："養得純熟，不費氣力，當鋒歷落，誰敢擬議。聖凡染淨眼中花，地獄天堂得自在。"喝一喝，擲筆而逝，世壽六十五，僧臘四十八。闍維，五色舍利靈骨藏院之三生塔。

師性和易，任真樸素，世以演道者稱之。於圓悟之道，提唱作略。能世其家而安分，自將不苟，竊聲勢識者尤以此重之。

黃龍道震禪師（南嶽下十三世　臨濟宗）

師諱道震，金陵趙氏子。少依保寧覺印禪師爲童子。覺印住泗洲普照，遇淑妃閣擇童行，守戒律者施度牒，師在選中，得度具戒。久之辭覺印，謁丹霞淳禪師與聞曹洞宗旨，因有頌曰："白雲深覆古寒巖，異草靈花彩鳳噷，夜半天明日當午，騎牛背面著靴衫。"淳見而異之。

游湖湘，抵大溈，作插鍬井頌曰："盡道溈山父子和，插鍬猶自帶干戈，至今一井如明鏡，時有無風匝匝波。"

最後至黃龍，草堂清禪師一見契合，絕意他往。日取藏教讀之，一夕聞晚參鼓，步出經堂，舉頭見月，忽有省，亟趨方丈，陳所悟。草堂深可之。自此履踐獲大通徹。

紹興初，草堂避地曹山，遷疏山，師皆在焉，居第一座，分座接衲。五年，臨川守給事程公命出世曹山，唱草堂之道。

僧問："如何是奪人不奪境？"師云："黑漆昆侖穿市過。"進云："如何是奪境不奪人？"答云："賣扇婆子手遮。"曰："如何是人境俱奪？"答曰："灰飛烟滅後，怕你絶音容。"問："如何是人境俱不奪？"答曰："當年獨坐雄峰事，今日分明說向君。"進云："只如向上宗乘，又作麽生？"師以拂子擊禪牀。僧云："烹凡煉聖有玄功，萬古叢林作標格。"便禮拜。

嘗示衆曰："曹山門下有鵝王擇乳句，若人會得，凡聖、染淨、迷悟、生死，無二無別。若也不會，則凡聖、染淨、迷悟、生死，謾他一點不得。"久之，退隱疏山之山堂。郡守葉公夢齡請居廣壽。未幾，洪帥李公迨移居百丈。師力叢林矩範，僧到必勘辯。一日僧展坐具禮拜，師轉身背却。僧收坐具便去，師乃喚回。僧進前，師便歸方丈。明日，僧問訊云："某甲昨蒙和尚慈悲，有箇省處。"師云："作麽生？"僧近師邊作聽勢，師取拂子打之，僧大笑而去。若此類甚多，衲子翕然推服。

晚遷黃龍，是爲積翠直下子孫授道之處。院燼於兵火，師慨然有興復之志。閱數年，堂殿廊廡，迄抵於成。

三十一年七月二十八日，示微疾，集衆告曰："老僧參見海内有名尊宿十有七人，泊見草堂，始到不疑之地。汝等當究本法，儻透脱無滯礙，隨力量興作，利益衆生，無虛弃光陰。"左右固請留頌，命筆書曰："吾年八十三，隨順世言談，不落思量句，誰人共我參。"翌日聞鍾聲，奄然而寂。端坐三日，支體柔和，顏皃如生。闍維日，雲慘風悲，草木變色，烟焰所及，悉綴舍利。道俗取之，旬日不竭。塔於寺之西崦。

師爲人剛正強力，甘枯淡，務精進。迹未嘗造檀越之門。近代宏法,唯師有古尊宿風韵,議者比之常庵崇禪師云。

贊曰:演出關,栖遲妙喜之門,久甚。及開法出世,不忘圜悟。有道者固應如此。震天資耿介,草堂晚居,泐潭道大盛。時有厚奉香信,請法語法衣者,草堂將與之。震驟諫以爲不可,草堂不允,震遂拂衣遁他境。嗚呼!使異時主法宗師之門,震之志得行焉。其規正竊昌,陰翊化權,豈淺淺哉!

僧寶正續傳卷第七

德山木上座

師出於木氏，因以名之。其遠祖曰重，是爲少昊之叔也①。絶有德於民，帝嘉之，以爲勾芒，使居於窮桑，爵青陽侯，自是子孫蕃衍，凡日月霜露所至必與焉，唯窮髪之北與大瀛之間無有也。自重生椿，椿以積慶，致長壽。或云椿以八千歲爲一春。椿生甘棠，甘棠美姿，容有幹局。召康公倚之聽政，士民便之，戒以勿剪勿伐。甘棠之子曰嘉，嘉遷於魯，主於季氏，晉韓宣子見而譽之。嘉生樗，樗生櫟，二子復以朴厚致壽。櫟生楠，楠生杞，楠、杞俱以美材稱。杷②生豫章，豫章，天下奇材也，登於廟堂，任重不阿，上喜之，進爵郡公。

師即豫章公之子也，少而喬楚，平居正容，不與凡品争高，雅有四方之志。銅郡鍼侯見而奇之曰：「是子挺秀如此，其可蒙雜於衆而不自競乎！」師曰：「吾祖才德之劭稱於天下，子雖荏苒，實懼厥世，弗敢失墜，其無辱子憂。」鍼侯喜曰：「豫章公於是乎有子矣。」

郢人玉斧遇而嘆曰：「美哉，請早爲之所，不然難且及矣。」師從而問故，玉斧曰：「而君雖任棟梁之寄，然於身何益哉！

---

① 原本夾注：「重見《左傳》。」
② 杷：應爲「杞」。

《易·大過》曰'棟橈凶',《象》曰'棟橈凶',不足以有輔也,而君殆橈矣,曷若避世之士哉!今子春和尚富,若遇楚靈王剝圭寵之,不過以爲鍼秘而已。子盛德之後,其肯入之人之手乎!不然,雖與魯仲尼同載以游,脱逢原壤夷俟,必命子辱之,子其甘爲人使乎!"師遽改容曰:"若是,吾將安歸?"玉斧曰:"子闖桑門氏有德山者,天下之大有道者也。姑弃而族,直而躬,黔乃服,盡鋤其癰脂疣贅,予爲子先,子從而見。"

師禀其教,就見德山。德山大悦,使立於前,爲説最上乘。未幾忽悟向上一句,隱密全該,雖七縱八横,了無滯礙,即以告德山。山曰:"嘻!子正墮吾掌握中矣。"自是命師出則偕行,坐則并榻。凡天下参徒來見德山,必先見師,師可之然後入德山室。

山一日晚参示衆云:"今夜不答話,問話者三十棒。"時有僧出禮拜,山使師驗之。僧云:"某甲話也未問在。"山云:"汝甚處人?"曰:"新羅。"山云:"未踏船舷時,木上座與你相見了也。"

巖頭初見德山,入方丈,側身問:"是凡是聖?"山以師①擊之。巖頭便禮拜。由是全提大用莫敢當鋒,所謂把斷要津,不通凡聖者也。

時雪峰亦在德山,因與岩頭嘆曰:"此子不遇德山,不能荷擔大事。德山不得此子,不能鍛煉學者。是子與德山其一體乎?"既而雪峰宏道於閩,師往見之。復於雪峰言下發明自己化爲龍,

---

①師:疑"拂"或"拄杖"。

吞却乾坤山河大地，豁然不現。雪峰上堂曰："南山有條鱉鼻蛇，汝等諸人切須好看。"雲門舉師擲在衆前作怕勢，保福出云："今日堂中大有人喪身失命。"

洎佛日師往見夾山，拉師偕行，比至未陞階，便問："甚處來？"曰："雲居。"山云："即今在什麼處？"曰："夾山頂上。"山云："老僧行年在坎，五鬼臨身。"佛日遂上階作禮。山問："闍黎與甚人同行？"曰："木上座。"山云："他何不來相看？"曰："和尚看他有分。"山云："在什麼處？"曰："在堂中。"山即同下堂中。佛日引師於夾山面前，山云："莫從天台得來否？"曰："非五嶽之所生。"山云："莫從須彌山得來否？"曰："月宫亦不逢。"山云："與麼則從人得也？"曰："自己尚是怨家，從人得堪作什麼。"山云："冷灰裏忽有粒豆爆。唤維那來安排，向明窗下著。"

其後雲門闡化於韶陽而蹩其足，倚師尤恭。方是時，雲門眼空寰海，每舉宗乘定譌訛，必以師爲準的。

嘗一日上堂曰："我共你平展，遇人識人。與麼老婆説話，尚自不會，每日飽喫飯了，上來下去，覓什麼椀？遮野狐隊仗向遮裏作什麼？"命師一時趁下。

又嘗示衆曰："大用現前，不存軌則。"有僧便問："如何是大用現前？"雲門舉師當面曰："釋迦老子你來也。"其爲當時諸老奉重如此。

及雲門去世，師知天下學者不能盡其大用，遂潛光匿曜，與世推移，莫有識師者。

流及末代，釋德下衰，學者以聲利爲懷，蔽於浮境，至有陷於非道，主者必命師以辱之。先是師在德山時，與臨濟金剛王齊名。厥後復有楊岐栗棘蒲、白雲鐵酸餡，説者以謂即師之異名。及比年海上二三道師，亦有彷佛見師爲拳頭、爲竹篦、爲木劍者，惜其介特寡徒云。

贊曰：古德有言：出家蓋大丈夫事，非公侯將相所能爲。誠哉，斯言也！予觀豫章公之世，固榮達矣，然側身從事，朽蠹以之。及其子裂去巾冠，躍出牢俗，致身青雲，荷擔列祖之道，萬世仰其風規，可不謂之大丈夫也乎！

臨濟金剛王

王諱喝，生聲氏。世居性海之濱，偶事激徒於劍門。幼而孤，長有氣岸。戚人威音王嘗薦之帝堯，堯任爲諫官。於時浩浩懷山襄陵，洪水致害。堯患之，與四嶽謀治。四嶽亟舉鯀，鯀治水亡效，帝乃震怒。王於帝前，麾退四嶽，四嶽悚惕，不敢仰視。雖未有以獻替，百官憚王猶雷霆也。俄辭爵，之崆峒之墟，見混元子，得長生久視之術。自是夷猶海岱，世莫得而見之。雖《春秋左氏》所寄聲伯，恐亦其族氏也。漢初，高帝與項羽爭天下，王在齊海，聞之喜曰："此吾有爲時也。"遂自齊求見羽於關中，羽見而悦之。未及官，適高帝逼羽，羽返旆，與高帝接戰於廣武。高帝使婁將軍挑戰且辰①羽，羽怒甚，乃亟用王。於是婁煩弓矢，不知墮地，人馬皆辟易。是日項羽喜劇，顧謂王曰："天下事稍定，吾以夏口處子。"王輾然而笑曰："夫高世之士，爲人排患釋難，解紛亂而亡所取也，設有取者，是商賈之事，喝不爲矣。"遂拂衣復歸於海上。厥後霸王不竟於漢，及罹困陕中思欲復用王而不可得，因欷歔泣下霑襟。

李唐有天下，浮圖教聿盛於世。自天子公侯，靡不宗奉。王聞而喜曰："吾聞釋氏禪門，直指人心，見性成佛，可絕無始生死根本。"於是出訪其道，遇江西馬祖大師。祖授以向上綱宗立地成佛之旨，王大悅，頗覺平昔所用粥飯氣廓如也。祖復遷之特室，以《正法眼藏》畀之。王再拜辭曰："是非喝所敢當也。"祖慰勉之。會百丈再參，祖竪起拂子。丈曰："即此用離此用。"祖挂拂子舊處。丈擬議，祖遽以王用事，丈震聵三日，乃大悟。王名聲由此復振於世。

黃蘗運公初見百丈，丈舉前挂拂話，次偶及王，黃蘗不覺吐舌。未幾，臨濟於大愚言下發明黃蘗大機之用，遂忽見王，於是氣增十倍。自此臨濟奉王從事，出没卷舒，互相顯發，如雷如霆，四方震駭，學者自遠而歸之。凡三聖、興化、大覺之流，其大機大用，皆自王而啓之。故當時畏懼，莫有膺其鋒者，因目之曰金剛王寶劍，或曰踞地師子，或曰探竿影草，其威譽功烈如此。

---

①辰：疑爲"辱"。

時無位真人與王同輔臨濟，覺①者多昵無位真人。濟廉知紿②，曰："無位真人是甚乾屎橛？"其後學者方一意宗王。及濟將終，謂衆曰："吾滅後，不得滅却吾正法眼。"三聖曰："爭敢滅却。"濟曰："向後有人問，汝作麽生？"三聖亟以王爲對。濟曰："誰知吾正法眼向遮瞎驢邊滅却！"洎濟示寂，王慨然嘆曰："性海吾鄉也，法界吾宇也，威音王吾戚也。吾受知於堯，成名於項羽。自吾捨俗歸釋，晚得臨濟全提大用，之人云亡，吾已矣乎。後五百歲，必假吾以禦葛藤而出乎凡夫曰③矣。"遂不知終。既而果然泛泛者，皆竊王聲勢用事。其邪正真僞，竟莫之辨。獨汾陽偈曰："一喝分賓主，照用一時行，要會箇中意，日午打三更。"英靈衲子由是想見王之風乎焉。其府屬曰賓、曰主、曰照、曰用，皆有功於宗門云。

　　贊曰：予於無盡藏，得異書焉。若世所謂金剛圈、栗棘蒲、木上座，及王之機緣，皆見其始末根緒，非若近世泛泛語之而不雅馴，故特撰次之。然《春秋左氏》談王道者也，至於神降於莘石，言於魏榆，猶詳著之。高僧贊寧增修《僧傳》，號稱閱覽博識，而王親見馬祖，陶鑄百丈，夾輔黃檗，而建立臨濟之宗，其全機大用獨冠古今，光明碩大如此，而不見書於傳，豈寧罩蔽於俗學，違無盡藏，覓異書，不得王之始末乎！

---

①覺：疑爲"學"。
②紿（dài）：欺哄。
③曰：疑"衍"。

代古塔主與洪覺範書

洪罪古禪師說法有三失：

謂一句中具三玄，一玄中具三要，有玄有要，是臨濟所立。在百丈、黃檗，名大機大用。在巖頭、雪峰，名陷虎却物。古以爲從上佛祖法門，非臨濟所立，一失也。

巴陵真得雲門之旨，凡語中有語名死句，語中無語爲活句也。巴陵三語，謂之語則無理，謂之非語則赴來機活句也。古非毀之，二失也。

兩種自己。世尊偈曰："陀那微細識，習氣如暴流，真非真恐迷，我常不開演。"以第八識爲真則慮迷無自性，非真則慮迷爲斷滅。故曰不開演，立言之難也。古創建兩種自己，三失也。

因代古書，以正洪之誤。

承古和南，上書覺範禪師足下。某老且憊，謬與傳燈之齒，側承足下瓌偉奇傑之風，未即摳衣。然伏膺徽聞，佇悅之勤，良益深矣。每謂佛運濱茲叔世，釋德下衰，不有卓絕之士，興頹禦侮，障堤末流，則林間抱道之士，安能寂住無爲而不虞魔事哉！往見足下紀述《林間錄》，才運精緻，衍繹孰復，異不之排，怨不之誹，使古人殘膏剩馥霑丐後來。自非閎覽洽聞，孰能爾耶！某頃隸進士時頗知讀書，自以不至抵滯。及剔髮游方，密探佛祖之妙，則知所以履實踐真，緬悟前習，特塵垢粃糠耳，方刮摩鏟除。若不暇，豈復有意於人事哉！

嘗聞足下有撰次《僧傳》之志，某喜爲之折屐。蓋一代至教，所以震於天下者，由近古宗匠維持之力也。足下誠能手發其摱，使彼典刑事業光明舃弈①，傳之不腐，實莫大之幸。及足下成書，獲閱之，方一過目，爛然華麗，若雲翔電發，遇之駭然。及再三伸卷，考核事實，則知足下樹志淺矣。夫文所以紀實也，苟忽事實而高下其心，唯騁歆艷之文，此楊子所謂從而繡其盤悅，君子所以不取也。

其裁剸八十一人，諒希九九之數，亦吾宗偉人能事，備於此矣。若某無似之迹，弃之可也。特蒙記著，而罪以說法之失者三。其一曰：判三玄三要，爲玄妙②三句。其二曰：罪巳③陵語，不識活句。其三曰：開兩種自己，不知聖人立言之難。誠足下明鑑若此。

然某說法，絕不喜人傳之。往往誤爲靈源禪師見賞，以謂有補於學者，不意返獲罪於足下。且靈源蓋宗門一代典刑，足下既以某說法有過，能不波及靈源乎！孔子曰："是而可忍，孰不可忍！"請試辨之。

夫開三玄者，蓋一期善巧方便。簡別機緣，以啓大道之深致。非私設偏見，而苟異於佛祖也。固嘗謂，三玄法門是佛祖正見。雖臨濟獨標三玄，以立宗旨，蓋亦同歸佛祖之極，豈別私有一法附耳而密傳。若果私有，則爲纖兒佞夫，獻奸納賄而私取之

---

①舃（xì）奕：光曜流行，流光溢彩。
②妙，惠洪《禪林僧寶傳》《臨濟宗旨》爲"沙"。
③巳：疑爲"巴"。

矣，曷得爲天下公傳之大道乎？是之臨濟之道即佛祖之道，佛祖之道即天下之大道也。且分三玄而三要不分者，蓋玄既分則要在其中矣。汾陽偈云"三玄三要事難分"，誠使不分，則不應言難。既曰難分，則是可分而但難之之謂也。今予分難分之法，以激學者專門黨宗之弊，直指妙悟爲極則，於何而不可乎？

足下謂："三玄在百丈黃檗但名大機大用，在雪峰巖頭則名陷虎之機。"

某謂："三玄是佛祖正見，然則古今稱謂雖異，其實則一也。"某與足下之論，殆冥合矣。何必以人情相啎乎？

復謂愚"以氣概人，則毀教乘以爲知見，及自宗不通，則又引知見以爲證"。

噫！斯言過矣！夫具眼宗師，道性如故，法性亦如，法性如故，豈有聽說自他之異！要在臨機，抑揚縱奪，爲人去釘楔，脫籠頭而已。此從上宗門説法之儀式也，奈何謂之以氣檠人乎！足下爲書，必欲扶持宗教。既有是志，而不探佛祖之心，則雖舞等奮辭，愈疏脱矣。然則開三玄之失，非也。

"罪巴陵語不識活句"者，此足下讀愚書未審耳。夫巴陵親見雲門者也，方雲門在世，氣宇如王，其肯以語句爲事，嘗曰：此事若在言句上，三藏十二分教豈是無言句！奈何巴陵未旋踵，而違戾師教、矜能暴美？求信於人，以謂將三轉語足以報答雲門，更不爲其作忌。予故鄙其自屈宗風以爲語句，便後世泛爾之徒矜馳言語，喪失道源，自巴陵始也，又曷嘗謂其語非活句乎！

蒙示教曰："有問提婆宗，答曰外道是。"可以鑑作死語。然則僧問德山："如何是佛？"山云："佛是西天老比丘。"亦應鑑作死句也。夫豈然哉？宗師臨機大用，要在悟物而已，詎若搜章摘句之學，以工拙較耶？果以工爲活句，拙爲死句，則鳥窠吹布毛亦拙矣。侍者何由悟去哉？

承論巴陵三語曰："謂之語則無理，謂之非語則赴來機活句也。"

嗚呼！此失之遠矣。夫死句活句，雖分語中有語、語中無語之異，然在真實人分上，棒喝譏呵、戲笑怒罵，以至風聲雨滴、朝明夕昏，無非活句也。豈唯玄言妙句而已哉！必如足下以無理而赴來機爲活句，標爲宗門絶唱，則從上宗師答話俱無準的。第臨時亂道，使人"謂之語則無理，謂之非語則赴來機"，含胡模棱而已。於戲！其以宗門事當兒戲乎！且吾教經論，大義粲然，史氏猶以爲華人好譎者，攘莊列之語，佐其高層累駕，騰直出其表而不信。況足下自判宗門旨趣如此，使彼見之，能不重增輕薄！足下略不念此，何耶？然則予所以罪巴陵者，以其衒語句慢師資，而昧大體也。足下則愛"珊瑚枝枝撑著月"之句。夫罪昧大體而矯弊公論也，泥好句而斥公論，天下其以爲當乎！然則不識活句之失，非也。

"開兩種自己，不知聖人立言之難"者。

某所以開之之意，於答施秘丞二篇中，備言之矣。蓋禀佛祖懿範，爲末代學者明示根本，使捨日用光影，直了空劫已前本來自己也。由今時多以機辯玄妙爲極則，故說二種以驗淺深。然如來以三身設化儀，少林以皮髓別親疏，洞山以偏正立宗旨。至於馬鳴，則以一心開真如生滅二門。予故駕此之說，以救末代學者弃本之弊，非不知聖人立言之難也。足下所舉《首楞嚴》偈，蓋

《解深密經》偈耳。且教乘五時之異，學者不得不明。如《深密經》即第三時教，説不空不有，破第二時之空教也。若《首楞嚴》，即第五時説了義教。當是時，大機可發，故爲阿難開示成佛法門。其曰"真非真恐迷，我常不開演"者，蓋聖人重舉《解深密經》，以謂往昔根未熟時常不開演，非謂説《首楞嚴》時也。足下不究前後五時之異，妄謂聖人恐懼立言之難。且世尊曰："我爲法王，於法自在。"詎有自在法王，不敢決斷真妄，椰榆其事，首鼠兩端，而貽惑後人乎！又諸經標列法門，千修萬件，曷嘗以之爲難，而置不辨耶！

承高論曰："以第八識言，其爲真耶，則慮無自性；言其非真耶，則慮迷爲斷滅。故曰：'我常不開演。'"

噫！予每讀至此，未嘗不廢卷而痛惜也。何則？世尊云："性識真空，性空真識，清淨本然，周遍法界，湛然常住。"足下則謂"聖人亦不敢以爲真，又不敢以爲非真"。使世尊果顢頇如此，則三界群生，安所歸仰乎？足下平生蹈僞，至此敗靈①盡矣。

夫《首楞嚴》者，決定直指一心本來是佛，不同他教。足下又謂"二種錯亂修習"，亦不敢間隔其辭，盧於一法中生二解。然世尊非懷多慮者也。經云："如我按指，海印發光。汝暫舉心，塵勞先起。"是則聖人種智妙圓，無施而不妙慮也者，即衆生攀緣妄心也。予稟種智説法，足下一以妄慮沮毁之。及引經，又非允當。然則不知聖人立言之失，非也。夫言迹之興，異端所由生，自非明哲稟正義辭而闢之，則生生趨競，而宗塗替矣。予聞

---

①靈：疑爲"露"。

之，昔吾宗盛時，人人以道德實行，光明於世，未始貴于立言。及德之衰，於是始立《僧傳》。今足下復出新意，迹贊辭，行褒貶，是爲作者職也，於何不探《春秋》之旨乎。《春秋》正一王之法，以權輔用，以誠斷禮，以忠道原情，從宜救亂，因時黜陟，此其大略也。某開二種自己，憲章佛祖懿範，俾學者黜玄解而究本，所謂以權輔用者也。譏巴陵溥師，資珍語句，所謂以誠斷禮者也。

分三玄啓大道，深致而矯弊，所謂從宜救亂，因時黜陟者也。凡此，蓋乃心弘道，以敦出家大節。足下一切毀之，則失所謂以忠道原情者也。凡足下之書，既謬聖人道，又乖世典，安狂行褒貶乎！至於詆訾照覺不取死心，亦失體之甚，雖陳壽乞采，班固受金，亦不爾也。

自述《寶鏡三昧》，則託言朱世英得於老僧自解《法華》，輔成《寶鏡》之辭。置之《九峰傳》，則曰石碑斷壞，有木碑書，其略如此。噫！茲可與合眼拏金，而謂市人不見者，併按也。

夫《寶鏡三昧》，洞山雖云受之雲巖，蓋驗人親切之旨，未應作爲文具而傳之也。又佛祖之法，等心普施，雖異類不閒，詎有同門學者竊聽之，而咒令倒痾。賢聖之心果區曲爾乎？又其辭曰："重離六爻，偏正回互，叠而爲三，變盡爲五。"夫洞山傳達磨宗旨者也，重《離卦》則伏羲文王之書。① 足下公然鑿空締立而誣罔之，其罪宜何誅焉！

大抵事有昧於實，害於教，人雖不我，以其如神明何！足下

---

① 原本夾注：果若此言，則是洞山□□林宗旨，而傳伏羲文王之書，依仿《離卦》而建立五位。然洞山大宗師也，肯爾哉！

譏揣古人固不少矣，返更冒榮致譴。昔許敬宗面與修《晉史》，晚陷佞臣之名，後世遂以《晉史》非出正人之手而弗重切。幸懲艾前失，深探道源，履以中正，然後從容致思，揖讓鉤深，著為法度之典，貽之後世。規得失，定正邪，而斷以列聖大中之道，使萬古莫敢擬議。若達磨辨六宗，則予亦甘心受誅於足下，夫何言哉！既不能爾，予是以強顏一起，與足下審訂偽妄，使吾門來者無蹈足下之覆車，亦某終始盡忠於佛，而行傳道闢邪之志氣也。干冒慈嚴，伏幸恕罪，不宣。

南宋元明禪林僧寶傳[1]

紫籜山[2]沙門自融撰　門人性磊補輯

閩莆林友王較訂

---

[1]原書目錄下有注："此刻不論宗系，惟書法化時代，始自建炎丁未，至順治丁亥，凡五百二十一年。"
[2]紫籜（tuò）山：在今浙江省仙居縣北。籜，竹笋衣。

南宋元明僧寶傳序

林友王

　　有傳教則必有傳人，有傳人尤必有傳書。蓋教者道之所由行也，人者教之所由興也。書者前人之所由□□，□□□所由鏡也。是以大道彌淪，□□□，□□得一二人焉，爲之眼目。猶貧□□□，□客衣珠，亦終於迷惘而已，苟得其□□。然承當大事，而幻軀易盡。實行就湮，如優曇千年一現，後此何由踵□。所以儒者勒之，傳志論贊，以垂來茲。其書傳則其人傳，其人傳則其教始傳也。大慈之入震旦也，雖云教外別傳，不立文字，然而列祖相承，諸宗嗣起，其入道之機緣，登壇之提唱，與涅槃之證據，至今猶若目睹此。覺範《僧寶》一編，與大川《會元》，同爲梵林之龜鑑也。自是以降數百年來，音徽漸邈。

　　幻舟融大師者，爲天童密雲和尚之孫，弘覺禪師之嗣。志趨剛果，機用弘通，建光明無畏之幢。紫籜之屨常盈，瑞雲之竿復堅。予時避亂綅城，特謁老人山中，昕夕咨益，備悉婆心。雖經臣之見，智海猶多未解，而死心之於山谷，則真第一相爲矣。因得披讀所續《南宋元明僧寶傳》，旨深義朗，詞博論該。昔范蔚宗謂，遷文直而事核，固文贍而事詳。舉而似之，洪公之後有融翁，殆即子長之後有孟堅。與末季烏藤白拂，濫觴已極。塔銘行實，稱述過情。乃前傳所編僅八十一人，續傳亦不逾九十七人，誠慎之也。使諸方有所徵信不浮，則懸帝網之珠，光光互映。割師子之乳，滴滴皆真。紹往開來，祖焰重輝。豈獨如遷、固之以史才見長哉！聞丁未（1667）秋，紫籜一炬，老人寢室獨存，傳稿亦飛入竹林獲兔①。信乎！弘教苦心，爲龍天八部護持，而其人其書之傳，固當無盡時矣。謹盥手爲之序。

康熙丁巳（1677）孟秋望日，佛弟子閩莆林友王和南，題於瑞雲之禪月峰。

---

①兔：疑爲"免"。

南宋元明僧寶傳序

崔秉鏡

　　人以文傳，文以時貴。其時爲人不可忽之時，其文爲時不可少之書。廣潤幻觲禪師，常續《南宋元明僧寶》一傳是矣。予因受政緱城①間，嘗私取而觀之。其書時之法，以宋室南遷，禪林刹竿亦俱南指。初政和間，有國者崇道而抑佛，自稱道君皇帝。以天下僧流，蓄髮加冠，號爲德士，居道之右。及道君蒙塵，佛教復遭北金兀朮魔滅，凡在北叢林，無不穢辱焉。然幸禪宗知識，早圖南隱者，若不聞也。斯《傳》始自建炎丁未（1127），歷畢宋世，應元主運而再興，又畢元順遜代，明之高帝成祖，昌隆法域而沿流不止，於順治丁亥（1647），共五百二十一年，非人之不可忽時乎。書人之法，始是佛燈珣，蓋珣入寂於南宋之初。乃至虎丘、大慧、密庵、無準、中峰、海舟、密雲悟、雪嶠信，爲臨濟一宗。以弘智、真歇、自得暉、全一溫、天童如淨、雪竇無印、壽昌、顯聖、博山來董，爲洞上一宗。其斷橋雲門兩宗，無不錯綜其間，非時不可少之人乎！以人若此，以時若彼，

---

①緱（gōu）城：現爲浙江寧波寧海地區。

其傳志之於功，與獲麟春秋鐵函心史，今古同揆。皆感時憤事，不得已而作之。大有關於道法之替興，宗緒之絶續，爲不刊之書也。豈時節人文可同日語哉！予特序之，以徵其志，且表其功云。

古閩霍童崔秉鏡

南宋元明僧寶傳序

自　融

　　祖道東來，不立文字，正法眼藏，以心印心。如一燈傳，燈燈續焰，世俗未免有起而疑之。仲靈嵩禪師不獲已，乃撰《定祖圖》《傳法正宗記》。上之有國者，輒頒信於天下。由此綜集傳燈之書，疊疊間出，其文不一且繁。譬猶西竺分律部之為五，合而元之本乎一。禪師大川撮諸綱領，燈會其元。《會元》之出，燈史定矣。燈史既定，則所有言句，莫不起疴拯溺，更何疑滯而不冰泮乎哉！又覺範洪禪師，嘗述《僧寶傳》，以為載之空言，莫如見其始終行事而深切著明也。自嘉祐至政和，據師座者垂千輩，僅八十一人入其章次，其文挍①而精，圓而勁，合撒語之，則諸綱目無有弗備。所備者，祖師大統不易之道也。

　　逮洪公之後，建炎以來，惟濟、洞二宗法化於世。適明季英靈一時傑出，復有《繼》《續》《統燈》之②刻出焉。之刻出，其近古之參差疑滯，似又莫能釋而定之。何也？其未有得於川之融

---

①挍：疑爲"核"。
②之，《五燈全書》載自融自序作"三"。即《繼燈錄》（明元賢輯）、《續傳燈錄》（明圓極居頂編）、《五燈嚴統》（明通容集）。

覽、洪之博綜乎！否則，猶有所待而後定之乎！如近刻，以海舟慈先參萬峰，暮齡方謁東明昛①。蓋萬峰謝世於洪武辛酉，慈於洪武甲戌年，始生蜀之成都余氏，投大隋山出家，名永慈。年二十八，東謁昛得法，後陸沉牛首，晦迹全焦。四十四歲開法東山，閱三載，昛公没。昛以衣偈差東明住持明白庵，送至東山。近刻以海舟名普慈，出常熟錢姓，脱白破山，年七十餘方見昛。訛哉明矣。或字經三寫，烏焉成焉與？或別有所出，同其名號者耶？余以此質之大方，俱以近刻爲然。復請天童吾師弘覺忞老人，吾師出智瑄智墾所立海舟永慈禪師道行碑示予，予疑始決。第不敏，因採考宋建炎，以至明末五百歲尊宿，不可唐捐之實錄，將成帙，付弟子性磊，令拾遺補輯，共九十七人，目之《南宋元明僧寶傳》，俟命世賢明削而定之，余何敢專焉！

　　紫籜沙門自融自序。

---

①昛（chǎn）：日出山上，日光照耀。

南宋元明禪林僧寶傳卷一

佛燈守珣禪師（南嶽下十五世　臨濟宗）

禪師名守珣，號佛燈，出吉安州施姓巨族。早歲弃家，得道於太平佛鑑懃公。

珣初參廣鑑瑛不契，竟謁佛鑑。佛鑑孤硬難入。珣乃封其衾而矢曰："此生不悟，不展此也。"於是晝坐宵立，逾七七日，憊甚。適佛鑑垂語曰："森羅萬象，一法所印。"珣踴躍便出法堂，即投靈雲，見桃花，頌曰："終日看天不舉頭，桃花爛熳始擡眸。饒君更有遮天網，透得牢關即便休。"佛鑑曰："如何是靈雲不疑處？"對曰："只今覓箇疑處，了不可得。"曰："玄沙道未徹在，那裏是未徹處？"曰："深知和尚老婆心切。"佛鑑喜之。

會佛果至，鑑稱珣見處穩實，且曰："此子自治，嚴刻密室，如對大賓，後當有造。"佛果佯諾，乃私招珣遊山。偶到一潭，佛果推珣落水，遽問曰："牛頭未見四祖時如何？"珣對曰："潭深魚聚。""見後如何？"珣曰："樹高招風。""見與未見時如何？"珣曰："伸脚在縮脚裏。"佛果乃大笑。

宣和改元，詔佛鑑住蔣山。佛果移書與鑑，必以珣首蔣山眾，由是湖海知名。

建炎間，住天聖。開堂時，內翰王公問"三聖逢人則出"話。珣笑曰："公曾閱詩否？"曰："館務之暇，何所不覽。"珣曰："詩云：湖光瀲灩晴遍好，山色空濛雨亦奇。若把西湖比西子，淡妝濃抹總相宜。"王公乃大稱珣於朝。

待制潘良貴嘗以南泉斬猫話，請益於珣。珣曰："如今士夫說禪說道，秪依著義理便快活。似將錢買油糍，喫了便不饑，其餘便道是瞞他亦可笑也。"貴領旨後，以居士身弘珣之道。

珣遷何山，晚居天寧，每憐學者根器不妙，委曲援引，如瓶瀉秋河，間有竊議，不遑恤也。

嘗舉婆子燒庵話，曰："大凡扶宗立教須是其人，你看他婆子雖是箇女人，宛有丈夫作略。二十年葅油費醬，固是可知。一日向百尺竿頭做箇失落，直得用盡平生腕頭氣力。自非箇俗漢，知幾泊乎巧盡拙出。然雖如是，諸人要會麼？雪後始知松柏操，事難方見丈夫心。"

又舉溈山一日見野火，乃問道吾："還見火麼？"曰："見。"溈曰："從何處起？"曰："除却經行坐臥，請師別致一問來。"溈山休去。乃曰："連天野火了無涯，起處猶來辨作家，眼裏瞳人雙瞖盡，面前遍界絕空花。道吾老也堪誇，且道畢竟從甚處起？汲水僧歸林下寺，待船人立渡頭沙。"

有僧問賓中賓，珣答："客路如天遠，候門似海深。"賓中主，珣答："長因送客處，憶得別家時。"主中賓，答："相逢不必問前程。"主中主，答："一朝權祖令，誰是出頭人。"

僧曰："向上宗乘又如何？"珣曰："大海若知足，百川應倒流。"

又嘗謂衆曰："兄弟若有省悟處，不拘時節，須來露箇消息。"

會雪夜，有僧直扣丈室。珣起秉燭，震威喝曰："雪深夜半，求決疑情，因甚威儀不具？"僧顧衣裓，珣便逐出。

紹興甲寅，從天寧歸鄮南，告寂。侍者請遺偈，珣曰："不曾做得。"即逝，火浴，舌根不壞，塔於寶應院。

珣初在廬山日，有僧彥威冬月用荻花絮紙衣。珣見大瞋曰："你少年輒求溫暖如此，豈有心學道耶！"威大驚，退問兄弟，時堂中有荻花衣者纔三四人，皆年七十餘矣。

贊曰：佛燈於七七之際，頓了大事，圓悟尚剝啄之，何也？如海底珊瑚，不以鐵網舉而出之，焉得珍灼於人間世哉！然佛燈以清簡之風震一世，足徵其源，亦不愧也矣。

圓通真際德止禪師（青原下十三世　曹洞宗）

德止禪師者，世居歷陽金紫，徐閎中之季子也。法紹寶峰闡提照禪師。照為簡州人，妙齡遊方，謁芙蓉楷公於大洪，有得而去。及楷公辭大觀之詔而嬰難，照自三吳急趨從之，於途中大悟。楷公遂以投子之讖而系照，是照與丹霞淳輩為伯仲。淳之視師，猶子也。是師與真歇了宏智覺又雁行焉。

師生十歲，不肯知書，多私夜坐，喜公晝寢，其父戲目師為懵然子。然師雙瞳紺碧，神光射人，出語間合聖諦。其父又鍾愛之，異於諸子。嘗稱於門客曰："吾懵然不懵也。"

師弱冠，夢異僧授偈四句，已而有以南安巖主像遺之者。其傍所載，即向夢所授之偈也。自是持念不忘，一切世典遛眼即罷之。

年二十，隨父任漕西洛，每閉閣凝坐，或連朝不許進食，人俱怪其所爲。一夜擬吹燈就寢，忽大悟，連吐數偈。其一曰："不因言句不因人，不因物色不因聲，夜半吹燈方就枕，忽然者裹已天明。"於是嘯歌自若，人益怪之。其父欲授師世職，師固讓於從兄，乃告父曰："某方將脫世網，不著三界，豈復刺頭於名利場中！"遂力求出家。其父知師志決，不可以章綬縮也。乃旌師祝髮，具苾蒭戒，遊方數載，名振京師。

政和間，機投闡提照公於楚南。宣和三年辛丑，徽宗皇帝以真際師號賜之。壬寅，適江州圓通席虛，朝旨以照補之。熙辭圓通，而居泐潭。師遂應詔，代主圓通。圓通當匡廬之名刹，諸山耆德尚未足師名。領院日，俱往觀之，陞座拈提，衆耳皆聳。

其語曰："山僧二十年前兩目皆盲，了無所睹。唯是匶人說道：'青天之上有大日輪，照三千大千世界，無有不遍之處。'籌策萬端，終不能見。二十年後，眼光慚①開，又值天色連陰，濃雲亂涌，四方觀察，上下推窮，見雲行時，便於行處作計較。見雲住時，便於住處立窠臼。正如是間，忽遇著箇多知漢聞道：'莫是要見日輪麼？何不向高山頂上去。'山僧却徵它道：'那裏是高山頂上？'他道：'紅塵不到處。'是諸仁者好箇端的消息。還會麼？長連牀上佛陀耶。"

又曰："昨夜黃面瞿曇，將三千大千世界來，一口吞盡，如

---

①慚：疑爲"漸"。

人飲湯水，踪迹不留，應時消散。當爾時，諸大菩薩聲聞羅漢及與一切衆生，盡皆不覺不知。唯有文殊、普賢瞥然覷見。雖然得見，渺渺茫茫，恰似向大洋海裏頭出頭没。諸人且道是甚麼消息？若也簡點得破，許你頂門具一隻眼。"

師住圓通，今古法門，所積之廢，無不備舉而整頓之。然以身度人，使人易行，矯清賣高之條，師弗取也。選職任事，以德不以才。嘗嘆曰："寧缺人而廢事，過在一時。若能事而敗化，則遺臭萬世矣。"以故衲子游泳於圓通，如魚相忘於江湖。

南宋紹興五年乙卯示寂，闍維烟焰所及，悉有設利①。諸方稱師身後佛事，與寶峰照公，皆乘大願而來者也。照公先於建炎二年示寂，其闍維亦得設利無數，舌齒不壞。師之設利，塔於司空山，分窆②叠石原。照公設利，則塔泐潭之西峰矣。

智通景深禪師（青原下十三世　曹洞宗）

禪師名景深，台州王氏子。幼喜林泉，不樂城居。每瓻名山圖志，恍若身游。年十八，竟走紫籜山之廣度院，求度於德芝沙門芝愛。其標幟不凡，即爲披剃。廣度爲東南禪窟，瓢笠挂搭者不絶。深輒聞少室宗風，辭芝行脚。芝難之，深泣告曰："日月迫人，速如轉轂。生死事大，敢自放乎。"芝憫而遣之。深出嶺

---

①設利：即舍利，下同。
②窆（biǎn）：埋葬。

而心誓曰："此去若不發明大事以報四恩，非鬚眉丈夫也。"遂扣淨慈象之室，象或垂問，深便依理而默解之。一日聞象怒叱諸禪曰："思而知，慮而解，皆鬼家活計。"深悚然，束包而去。

西入泐潭，謁闡提照。照有條約，凡僧來泐潭，須隸名行單半載，方許告香。深犯其禁，直剖己見於照公榻下。照曰："此事直須斷起滅念，向空劫已前掃除玄路，不涉正偏，盡却今時。全身放下，放盡還放，方有自繇分。"深頓領旨。照大喜，乃擊鼓告衆曰："闡提大死之道，深闍黎得之矣，汝輩宜依之。"一衆大驚，爭識深面。以故叢林共稱深爲大死翁。

建炎初，出領興國軍之智通寺。紹興壬子，還台住寶藏巖。因事民其服，深恬然不辨順受之。有司知深有道，奏還僧衣。時智朋禪師，新從清凉，退居明州瑞巖，聞而嘆曰："嗟乎！不陷於榮，不逃於辱。寶藏法兄真得泐潭先師之道矣，我芙蓉師翁之風不亦大哉。"

適明守挽朋再赴清凉，朋一笑，書偈付使者曰："相煩嵩使入煙霞，灰冷無湯不點茶。寄語甬東賢太守，難教枯木再生花。"遂歿。深聞慟之，乃上堂曰："來不入門，去不出戶。來去無痕，如何提唱？直得古路苔封，羚羊絕迹，蒼梧月鑠，丹鳳不栖。所以道，藏身處沒踪迹，沒踪迹處莫藏身。若如是，去住無依，了無向背。還委悉麽？而今分散如雲鶴，你我相忘觸處玄。"

紹興二十二年壬申三月十三日，深爲衆小參罷，便告寂。有偈曰："不用剃頭，何須澡浴。一堆紅焰，千足萬足。雖然如是，且道向上還有事也無？"竟斂目而逝。

深自復僧衣，其陞堂入室，提唱宗旨，切切無虛日。有僧問正中偏，深答："黑面老婆披白練。"偏中正，答："白頭翁子著皂衫。"正中來，答："屎裏翻觔斗。"兼中至，答："雪刃籠身不自傷。"兼中到，答："昆崙夜裏行。"僧曰："向上還有事也無？"深曰："捉得烏龜，喚作鱉。" "乞師再垂方便。"深曰："入山逢虎臥，出谷鬼來牽。"曰："何得干戈相待？"曰："三兩線一斤麻。"

深之道眼精明，機用自在，於寶峰門下稱賢肖焉。

贊曰：芙蓉之後，異苗番茂，而闡提照公輩可想也。其門弟德止禪師，不假師授，神悟絕倫，傾當世有國者，時稱爲太陽再世，不謬矣。至於景深禪師，則照公獨提獎於人天衆前，師資緣會，夫豈偶然哉！及其弘道，而榮辱喧天，人風確不可撼，在往哲有所不能，而獨能之。非深得羼提三昧者，其可得歟！嗚呼！二師於諸樂并作之際，而大振黃鍾，則遠錄公之功，政未替也。

龍牙智才禪師（南嶽下十五世　臨濟宗）

禪師名智才，姓施氏，舒州人也。進止勇猛，有囊括之志。斷髮爲大僧，趨最上乘，遂得旨於佛鑑懃公。公補太平時，衆多務繁，才自典犁钁，一衆仰焉。

又謁死心禪師於黃龍，死心輒拈百丈野狐公案以徵才。才遽對曰："入戶已知來見解，何須更舉轍中泥。"曰："死心長老死在上座手裏也。"才曰："語言雖有異，至理且無差。"曰："如何是無差底事？"才曰："不扣黃龍角，焉知頷下珠。"死心便打，才拂袖趨去之。死心後知乃嘆曰："太平之風，果不寂寥。"

政和初，佛鑑自太平移智海，才造省，佛鑑以智海之衆命才首之，才辭不就，乃隱嶽麓。佛鑑遷蔣山，才又造省。時珣禪師爲座元，有僧以女子出定因緣請珣批判。珣曰："瞿曇身心如泥，女子肝腸似鐵。文殊貪尋鍋子，罔明由來著楔。歷觀大地衆生，不解閉門作活。不動干戈建太平，雨過春山如黛潑。"其僧不領，乃請決於才。才曰："女子文殊與罔明，禪徒畢竟如何委，除非格外妙投機，始信波濤元是水。"僧有省，珣笑曰："須是我才蘇嚕始得。"

才居嶽麓時，因僧問："德山棒，臨濟喝，今日請師爲拈掇。"才曰："蘇嚕蘇嚕。"曰："蘇嚕蘇嚕，還有西來意也無？"才曰："蘇嚕蘇嚕。"故叢林稱爲"才蘇嚕"云。

才遷潭州龍牙，龍牙有衆數百，不以聲色而出入提揭如左右手。均勞逸，預險夷，木榻之側，片笠不完。禪徒飫染其味，昂昂自若。一以胎風雨鷇①之舌，敲唱玄猷，故居十三載如一日。有語曰："彈指圓成八萬門，刹那滅却三祗劫。若也見得行得，健即經行困即歇。若也未會，兩箇鷳鷯扛箇鱉。"

紹興間，退居雲溪。忽集衆曰："戊午中秋之日，出家住持事畢。臨行自己尚無，有甚虛空可覓。"衆大驚，攀戀之。至二十三日，又曰："涅槃生死盡是空花，佛及衆生并爲增語。汝等諸人合作麽生？"良久喝曰："白雲涌地，明月當天。"竟長往。

---

①鷇（kòu）：須母鳥哺食的雛鳥。

火浴，收五色舍利，塔於本山。

贊曰：佛鑑嘗謂才公云："住持有三訣，見事能行果斷。三者缺一，則見事不明，終爲小人忽慢，住持不振矣。"故才公開化二十載，衆敬畏之。如羽族隨鳳，懷其德也。是時死心善罵天下聾縮，獨於公則嘖嘖延譽於不衰，豈徒然哉！

（補輯）性空妙普庵主（南嶽下十四世　臨濟宗）

禪師妙普者，字性空，漢州人也。公性少緣飾，好面折人。能與公游者，始終皆播令名。

公嘗以短策荷敝衲，歷諸名山，不喜同衆挂搭，或宿古廟，或寄閑房。有以耐叢林而諫公，公爲諾諾而已。及見死心於黃龍，乃折策堅依之，竟得黃龍之旨，死心獨奇公。

公慕船子遺風，辭抵秀水，結茅青龍之野，吹鐵笛自娛。愛發新聲，嘗歌曰："心法雙忘猶隔妄，色塵不二尚餘塵。百鳥不來春又過，不知誰是住庵人。"又曰："學道猶如守禁城，晝防六賊夜惺惺。中軍主將能行令，不動干戈治太平。"又曰："十二時中莫住工，窮來窮去到無窮。直須窮徹無窮底，踏倒須彌第一峰。"

建炎初，徐明唱叛，道經烏鎮，恣殺戮，雞犬絕聲。公憫之，乃曳履獨往。或以險難止公，公曰："隨緣赴感，吾之願也。"賊見公偉異，疑必跪伏者。執問來端，公曰："吾乃禪者，欲抵密印寺，豈有他哉！"賊怒欲殺，公笑曰："大丈夫，要頭便斫去，何以怒爲！願施一飯，以爲送終。"賊意稍解，授以囚食。公如常應供出生畢，乃曰："孰當祭我以文？"賊相笑顧不答。公曰："吾自爲之。"賊復相笑，遺以禿筆。公起，大書於空壁曰："嗚呼惟靈！勞我以生，則大塊之過。役我以壽，則陰陽之失。乏我以貧，則五行不正。困我以命，則時日不吉。吁哉至哉！賴有出塵之道，悟我之性，與其妙心，則其妙心孰與爲隣？上司諸佛之真化，下合凡夫之無明。纖塵不動，本自圓成。妙矣哉！妙矣哉！日月未足以爲明，乾坤未足以爲大。磊磊落落，無圭無礙。六十餘年和光混俗，四二十臘逍遙自在，逢人則喜，見佛不拜。笑矣乎！笑矣乎！可惜少年郎，風流太光彩。坦然歸去付春風，體似虛空終不壞。尚饗！"

字勢飛動，數壁俱盡，遂舉箸飯食。賊徒爭視大笑。公食罷，復高聲招曰："來來！劫數既遭離亂，我是快活烈漢，如今正好乘時，便請一刀兩段。"又大呼："斬！斬！"賊大駭異，令衛出之。烏鎮廬舍獨全，公之惠也。道俗聞益皈仰，以名刹致，公不顧。或説公從上付託之重，公輒以鐵笛揮之。

紹興庚申，命造大盆，修書寄雪竇持禪師曰："吾將水葬矣。"持笑曰："風流老子，灼有商量。"壬戌持至，見公尚存，相敘歡甚，占偈嘲曰："咄哉老性空，剛要餧①魚鱉，去不索性去，只管向人説。"公笑曰："惟待老兄證明耳。"令告四衆。

衆集，公爲説法，仍説偈曰："坐脱立亡，不若水葬。一省

---

①餧（wèi）：同"喂"。

柴燒，二省開壙，撒手便行，不妨快㘉①。誰是知音，船子和尚。高風難繼百千年，一曲漁歌少人唱。"遂盤坐盆中弄笛，順潮而下。緇素隨至，不可勝計，望欲斷目。公取塞戽水②，而回衆擁觀，水無所入。復乘流而往，引聲拍掌。長歌曰："船子當年返故鄉，沒踪迹處妙難量。真風遍寄知音者，鐵笛橫吹作散場。"其笛聲嗚咽，頃於蒼茫間，見以笛擲空而沒。

後三日，灘頭趺坐如生。四至争往迎，歸留五日，異香不散。闍維時，有二玄鶴徘徊空中。得舍利，大如菽者莫計，塔於青龍。其尺楮片言，流播人間，珍如珙璧。

贊曰：余考建炎之擾，高蹈物表，不無其人。普公直躡不測之壘，因機示教，布置節次，毫忽不亂。此其智力願力，可稱兩足矣。惟顛末追慕船子，雖釣盡清波，金鱗不遇，而公之慈風凜然在也。

（補輯）龍翔竹庵珪禪師（南嶽下十五世　臨濟宗）

禪師名士珪，號竹庵，蜀郡成都史氏子，乃龍門佛眼遠公之高弟也。說法於江南浙閩諸大名坊。珪有密行，喜推獎人士，一與珪接者，皆成美名。珪初依止於大慈沙門宗雅，研究《楞嚴》。而雅亦僧傑也，默察珪器度宏大，意欲珪南詢，乃盛贊真歇之爲

---

①㘉（chàng）：同"暢"。
②戽（hù）水：汲水。

人。蓋歇未出蜀時,亦習講於成都大慈。珪昧其指,弃講,謁諸名宿,雖經賞識,未豁所蘊。

晚登龍門,擬以平時所得舉似佛眼。佛眼知珪,命典堂司,不得辭。珪以未伸所解爲悶,幾入方丈,多遇高庵正堂輩在焉。高庵正堂時稱明眼,珪慚乘間問曰:"絕對待時如何?"佛眼哂曰:"如你僧堂中白椎相似。"珪不領,至晚理前問。佛眼唾曰:"閑言語!"珪背汗淋踵,弗吐一詞而出。因嘆曰:"窮諸玄辨,若一毫置於太虛。竭世樞機,似一滴投於巨壑。吾蜀周金剛不謬矣。"

政和間,開法天寧,浩歸湖海。馮濟川嘗以珪之玄要頌舉似妙喜,妙喜稱之。及濟川除給事,珪同日受詔,住雁山能仁,時稱佛眼門下表裏二檀樹焉。真歇居江心寺,有大名聞。珪將至,恐東甌未廓所見,乃過江迎珪,大展九拜,以誘甌人。珪未視篆,有嫉者深夜縱火,能仁毀盡。珪就故址結茅,乃示衆曰:"愛閑不打禾山皷,投老來看雁宕山。傑閣嶽樓渾不見,溪邊茅屋兩三間。還有共相出手者麽?"喝一喝。

未幾,能仁復成。初,寺毀,隨珪之衆多背去者,寺成復歸。或曰:"彼彼以成敗事師,非義侶也,請勿收錄。"珪曰:"不然,境風所飄,力未充也。若弃之,豈慈攝之義哉!"

真歇移徑山,珪補江心。江心有僧,久居閑房,不預參列。值珪陞座,攙衆出問曰:"如何是祖師西來意?"珪曰:"冥家點燈,西家暗坐。""未審意旨如何?"珪曰:"馬便搭鞍,驢便推磨。"僧禮拜。珪曰:"靈俐衲僧只消一箇。"珪乃曰:"馬搭鞍,驢推磨,靈俐衲僧只消一箇。縱使東家明點燈,未必西家暗中坐。西來祖意問如何，多口阿師自招禍。"其僧脫然。

終其身，不露姓字。珪後住閩之乾元，有慧溫入室，珪曰："情生智隔，想變體殊。不用停囚長智，速道將來！"溫有省，大笑起曰："拶出通身是口，何妨罵雨呵風，昨夜前村猛虎，咬殺南山大蟲。"珪諾之。

又移居鼓山，進院至三門。德昇把住問曰："國師不誇石門句，請師速道！"珪震聲喝之，昇亦領旨。

珪既年老，罷上堂，惟臨軒隨機，不計旦暮而已。以紹興丙寅七月晨起，沐浴陞座，命聲鼓集衆。衆方集，珪顧視左右，就法座，泊然坐化。茶毗舍利無數，送者均得之，塔於鼓山。

贊曰：竹庵以魁梧奇偉之姿，初剃染，即受知於宗雅。游方，復際遇於龍門。及行道，又逢真歇而襄之，輒與高庵正堂輩齊名海內。噫！其所謂獅子乳得器，有以哉！

南宋元明禪林僧寶傳卷二

（補輯）祖、奇二首座（南嶽下十五世　臨濟宗）

　　黃龍曰："道如山，愈升而愈高。如地，愈行而愈遠。學者卑淺，盡其力而止耳。惟有志於道者，乃能窮其高遠，其他孰與焉。"

　　悲夫！衆生之見，以形影爲高，以肝膽爲遠。遠則生疑，高則生慢。慢疑之疾，痼於胸次，所以與道日劫相違。故大慈示現，始假之以名，終昭之以迹。然名忘則形影之山非高，實迹則肝膽之地非遠。俾血氣之屬，莫不一貫而歸之，且名迹又安可少哉？達士則不然，若華亭白丁，日擾戞於烟波渚月之間，投之者有夾山。至於城隅破院，一語之下識老僧，而終嗣之者清凉也。又若貫首座單丁三十載，至今聞其風，莫不高山在仰。嗚呼　豈盡必萬指圍遶，始稱有志於道，而後定向往哉！

　　余輯《傳》，見有宗振首座者，出昭覺之門，嘗書壁云："住在千峰最上層，年將耳順任騰騰。免教名字落人齒，甘作今朝百拙僧。"味其語句，蓋龍山大梅之儔也。惜後事莫考，不可得而傳。惟祖、奇二首座能窮山地之高遠耳，倘所謂有得於道者，非耶。

　　《傳》曰：道祖首座者，成都人也。緇裘敝履，健於遊。操鄉音見圓悟，衆笑之。然悟愛其品堪任大法，乃以即心是佛話，上下鞭策之，祖忽開悟，於是出語驚人，人莫測也。一日圓悟白衆，以祖爲堂中第一座。衆竊議曰："老漢大有鄉情在。"祖輒爲衆入室，騁其石光電閃之機。素稱强項魁傑者，皆爲失色。尚餘二十許人，祖驀擊案問曰："生死到來，如何回避？"左右無對。祖擲下拂子，奄然脱去。衆大驚，亟聞圓悟。悟至召曰："祖首座！"祖張目視之。悟曰："抖擻精神！"祖點首，竟長往矣。

世奇首座，亦成都人，常隨佛眼和尚。其慈祥博厚，爲衆所仰。真參實請，不間寅昏。佛眼每嘆曰："若奇闍黎，可謂晚季之精進幢子也。"奇既得旨於佛眼，佛眼命奇首衆於龍門，奇固辭曰："此非細事也，如金針刺眼，毫髮有差，睛則破矣。願盡未來際生居學地而自煅煉。"佛眼因以偈美之曰："有道只因頻退步，謙和原自慣回光。不知已在青雲上，猶更將身入衆藏。"

暮年學者力請，不容辭。每與宿衲盤桓糾結①處，一語釋之，佛眼益爲嘉嘆。一日，集衆説偈曰："諸法空故我心空，我心空故諸法同，諸法我心無別體，祇在而今一念中。且道是那一念？"良久，震威一喝而終。自是之後，宇内禪社，常追繹二首座之風以率衆焉。

贊曰：建叢林，立宗旨，獨掌委，不浪鳴。自我本師能仁分座於多寶世尊之後，其激揚法化爲人天眼者，斑斑較著焉。今觀祖、奇二公，以去來自在三昧，克壯一代宗猷，豈偶然哉！或以九峰侍者之機而冒按之，所謂夜郎王初具君臣，不知漢大也。

――――――――――――――――
①糾（tǒu）結：糾結。

護國此庵景元禪師（南嶽下十五世　臨濟宗）

　　此庵禪師者，東甌人也，出張氏，名景元。元以妙年謁圓悟勤公於鍾阜，公即許元入侍。時悟公左右皆顯名宿德，元與之抗，或議其少叢林，公不顧。然元不離公榻下，洞徹玄旨，機發觸衆，有訴於公。公笑曰："我家聱頭侍者，汝姑避之耳。"自是衆憚其鋒。

　　靖康改元，圓悟歸蜀，元辭還淅。悟公曰："向去有人問，你作麼生？"元拊傍僧背曰："和尚問你，何不抵對？"公大笑曰："我有些子禪，被元聱頭一布袋盛將去也。"叢林又共稱爲元布袋云。圓悟乃題小像而付元曰："平生只説聱頭禪，撞著聱頭如鐵壁。脱却羅籠截脚跟，大地撮來墨漆黑。晚年轉復没刀刀，奮金剛錘碎窠窟。他時要識圓悟面，一爲渠儂併拈出。"元既受囑，鏟彩埋光，不求聞達。

　　耿龍學守括蒼，因閱《圓悟録》，得元之爲人。時南明虛席，遂遣使物色之，至台之報恩，獲於衆中，迫授南明之命。衆尚咿唔，無信可意。有僧問曰："逢人則出，出則不爲人，意旨如何？"元曰："八十翁翁嚼生鐵。"進云："逢人則不出，出則更爲人，又作麼生？"曰："須彌頂上浪翻空。"

　　報恩方丈古禪師，乃靈源高弟，深駭異之，即推崇元，勉應其命。元受請日，古公先引座，舉"白雲見楊歧①，歧舉茶陵悟道"公案，請元批判。元乃陞座曰："諸禪德！楊岐大笑，眼觀東南，意在西北。白雲悟去，聽事不真，喚鐘作甕。檢點將來，和楊岐老漢都在架子上，將錯就錯。若是新南明則不然，我有明珠一顆，切忌當頭錯過，雖然覿面相呈，也須一槌打破。"舉拂子云："還會麼？棋逢敵手難藏拙，詩到重吟始見工。"於是海衆聞風，奔集南明。

南明開堂日，僧問："昔年三平道場，重興是日。圓悟高提祖印，始自師傳。如何是臨濟宗？"元曰："殺人活人不眨眼，目前抽顧鑑，領略者還稀。"

"如何是雲門宗？"元曰："頂門三眼耀乾坤，未舉先知，未言先見。"

"如何是潙仰宗？"元曰："推不向前，約不退後。三界惟心，萬法惟識。"

"如何是法眼宗？"元曰："箭鋒相值不相饒，建化何妨行鳥道，回途復妙顯家風。"

"如何是曹洞宗？"元曰："手執夜明符，幾箇知天曉。"

僧曰："向上還有路也無？"曰："有。"曰："如何是向上路？"元曰："黑漫漫地。"僧便喝。元曰："貪他一粒米，失却半年糧。"

又問："天不能蓋，地不能載，是甚麼物？"元曰："無孔鐵鎚。"曰："天人群生類，皆承此恩力也。"元曰："莫妄想。"

①歧：應爲"岐"。

又問："三世諸佛說不盡底，請師速道！"元曰："眨上眉毛。"乃曰："威音王已前，者隊漢錯七錯八。威音王已後，者隊漢落二落三。而今者隊漢坐立儼然。且道，是錯七錯八、落二落三，還定當得出麼？"舉拂子云："吽、吽。"

又曰："野干鳴，師子吼。張得眼，開得口。動南星，蹉北斗。大家還知落處麼？金剛階下蹲，神龜火裏走。"

又歷應仰山連雲諸刹，晚遷天台護國寺。寺久廢，元樂而新之。紹興丁丑，輒請西堂應庵禪師首衆，以後事囑之。俄頃，握右拳蛻去，年五十有三，坐三十五夏。茶毗得五色舍利，齗舌右拳無少損，塔於寺東劉阮洞前。

松窗居士錢端禮聞訃，乃喟然曰："吾師何獨行也？"適平田簡堂禪師，并瑞巖國清二主人至，禮與詳敘達旦，遂書語別之。置筆顧曰："先師握拳而去，禮坐去好，卧去好？"簡堂哂曰："一去便了，理甚坐卧。"禮合爪曰："法兄當爲祖道自愛。"正坐斂目而逝。簡堂名行機，後住國清，或庵住焦山，而元公之道大弘焉。

或庵師體禪師（南嶽下十六世　臨濟宗）

或庵禪師，名師體，台州羅氏子也。師事此庵，兄事簡堂。簡堂既得契證，因密言於此庵曰："體公他日十倍於某，願和尚憐之。"此庵默然。自是護國諸役，皆遣體任之。體勇於謀道，雖百冗終歲，未見喜慍之色。忽徹旨於此庵一喝之下，乃投頌曰：「商量極處見題目，途路窮邊入試場。拈起毫端風雨快，者回不作探花郎。」此庵密書片紙而付體曰：「老壽開花，佳火結子。」體乃匿迹天台，居無定所。崖穴之士，率得法利。丞相錢公象先，遂以天封招提，勉令應世。體宵遁去，錢公深爲太息。

乾道初，遠公瞎堂住國清，因見體「題圓通像贊」曰：「不依本分，惱亂衆生。瞻之仰之，有眼如盲。長安風月貫今昔，那箇男兒模壁行。」驚喜曰：「不謂此庵有此兒耶。」遍索之，得於江心寺，固於稠人中，請充第一座。

僧問體曰：「一種没弦琴，久居在曠野。不是不會彈，未遇知音者。知音既遇，未審如何品弄？」體曰：「鐘作鐘鳴，鼓作鼓響。」叢林雜然稱善。

瞎堂遷虎丘，體就省。道俗聞體高風，力以覺報蘭若延之。覺報舊名老壽庵，體忻然來就，以爲此地符先師所識。體初住老壽，衲子難搆。瞎堂嘗謂體曰：「人之才器，自有大小，誠不可強。故楮小者不可懷大，綆短者不可汲深。鴟鵂①夜撮虱，察秋毫，晝出瞋目，不見丘山，蓋分定也。」於是體别展機宜，以歸來學。室中常摩拊苕帚柄。問學者曰：「依稀苕帚柄，彷佛赤斑蛇。」學者擬議，輒舞苕帚柄驅之。有老衲請其旨，體曰：「棒下無生忍，臨機不見爺。」僧傳至虎丘，瞎堂曰：「者箇山蠻杜拗子放拍盲禪，治你那一隊野狐精。」體聞，説偈曰：「山蠻杜拗得能憎，領衆匡徒似不曾。越格倒拈苕帚柄，拍盲禪治野狐僧。」瞎

---
①鴟鵂（chī xiū）：俗名猫頭鷹。

堂知之大笑而已。

晚移焦山，上堂，舉"臨濟四喝"話，乃召衆曰："者箇公案，天下老宿，拈掇甚多，第恐皆未盡善。焦山不免四棱著地，與諸人分明注解。如何是金剛王寶劍？咄！如何是踞地獅子？咄！如何是探竿影草？咄！如何是一喝不作一喝用？咄！若也未會，拄杖子與焦山吐露看。"卓一下曰："笑裏有刀。"又卓一下曰："毒蛇無眼。"又卓一下曰："忍俊不禁。"又卓一下曰："出門是路。""更有一機舉話，長老也理會不得。"

又曰："道生一，無角鐵牛眠少室。一生二，祖父開田説大義。二生三，梁間紫燕語呢喃。三生萬物，男兒活計離窠窟。多處添，少處減，大蟲怕喫生人膽。有若無，實若虛，爭掩驪龍明月珠。是則是，祇如焦山坐斷諸方舌頭一句，作麽生道？肚無偏癖病，不怕冷油薑①。"拍禪牀下座。

又，雲水率以十智同真，浩浩商量。體曰："朝暮三四 豈良狙哉？"乃大書於僧堂曰："陽春白雪非難和，藻鑑水壺豈足觀。一把柳絲收不得，和烟搭在玉闌干。"

有居士愛問諸禪，曰："夫婦相打，通兒子作證。且道證父即是，證母即是？"江湖對者，不滿其意。體寄以語曰："小出大遇。"居士從此不問話。

淳熙己亥八月示疾，召衆言別曰："先師結子之讖，今其時矣。"衆涕哀不已，體揮其手，復彈指曰："鐵樹開花，雄鷄生卵。七十二年，搖籃繩斷。"遂趨寂。

---

①薑（jī）：古同"韲"。本意是指搗碎的薑、蒜、韭菜等，也指混雜、調和。

先一日，手書并硯寄別侍郎曾公。逮曾公奔至，以偈慟曰："翩翩隻履逐西風，一物渾無布袋中。留下陶泓將底用，老夫無筆判虛空。"

贊曰：千峰合嶽，嶽影自崇，萬籟靈秋，秋光自迥。蓋理之必然也。顧瞎堂索或庵於寂寞窮海之心，豈閑相識哉！然或庵一出，天下英靈霍然左袒，揆厥所由聲頭之禪峻矣。乃其後葉與瞎堂遠公齊鳴，豈非漢家子弟盡隆準乎！

（補輯） 文殊心道禪師（南嶽下十五世　臨濟宗）

禪師名心道，眉州人也，生徐氏。性剛毅，矜氣節。施德於人，使人不知。赴人之厄，如救己溺。然厭世法，布衲芒鞋，出入古招提，意趣純一，苦行頭陀也。以三十歲出家，自恨其晚。習教參禪，寒暑衣不解帶，遂爲佛鑑懃禪師之長子。襄守慕其節操，請主天寧。解包之日，一拂臨軒，龍象不啻子來。後遷常德之文殊寺。

宋道君皇帝，宣和初，尚方術，敕改僧爲德士，天下禪林剎竿易號。一時我諸老宿皆結舌而遁，惟道公與祖鏡英禪師受詔。英仍住太梅，道仍住文殊。人譏之，道束髮加冠，陞座曰："祖意西來事，今朝特地新。昔爲比丘相，今作老君形。鶴氅披銀褐，頭包蕉葉巾。林泉無事客，兩度受君恩。所以道，欲識佛忹義，當觀時節因緣。且道即今是甚麼時節？毗盧遮那頂戴寶冠，爲顯真中有俗。文殊老叟身披鶴氅，且要俯順時宜。一人既爾，衆人亦然。大家成立叢林，喜得群仙聚會，共酌迷仙酎，同唱步虛詞。或看《靈寶度人經》，或説長生不死藥。琴彈月下，指端發太古之音。棋布軒前，妙著出神仙之外。進一步便到大羅天上，退一步却入九幽城中。祇如不進不退一句，又作麽生道？直饒羽化三清路，終是輪迴一幻身。"

英公則恣筆注《老子》以進道君。道君嘉悦，命頒道藏流行，乃賜英冠佩壇誥。人復譏二公爲佞。

次年復僧，道公陞座曰："不挂田衣著羽衣，老君形貌頗相宜。一年半内閑思想，大抵興衰各有時。我佛如來預識法之有難，教中明載，無不委知。較量年代，正在於兹。體得其便，惑亂正宗，僧改俗形，佛更名字，妄生邪解。删削經文，鐃鈸停音，鉢盂添足，多般矯詐，欺罔聖君。賴我皇帝陛下聖德聖明，不忘付囑，不廢其教，特賜宸章，頒行天下。仍許僧尼重新披剃，實謂寒灰再焰，枯木重榮。不離俗形而作僧形，不出魔界而入佛界。重鳴法鼓，再整頽綱。迷仙酎變爲甘露瓊漿，步虛詞番作還鄉曲子。放下銀木簡，拈起尼師壇。昨朝稽手擎拳，今ヨ和南不審。祇改舊時相，不改舊時人。敢問大衆，舊時人是一箇兩箇？"良久曰："秋風也解嫌狼藉，吹盡當年道教灰。"

英公獨不改服，仍冠佩逍遥，山居大梅，人益譏之。道閭而嘆曰："大梅老真不忝雲門之裔也。"後果於南宋紹興間，擊鼓集衆，捐冠佩象簡於地，乃露頂披伽黎。拈拄杖説妙法竟，擲下拄杖，斂目而逝①。

道居文殊既久，時南北烽燹競發，宇內叢社率苟簡安衆而已。道獨不然，有以翰墨隨身，常嗔訶之。或問其故，道嘆曰："嗟乎取捨情存，是非鬥亂。行未一尺，説便一丈，不足取信於天下。使血氣之屬，偷心不息者，皆此輩也。而握造化之柄，能辭其責乎！"言訖潸然。

建炎三年春，示衆曰："正法眼藏瞎驢滅，臨濟何曾有是説。今古時人皆妄傳，不信但看後三月。"

至閏三月，賊鍾相叛，其徒請南避之。道叱曰："學道所以了生死，何避哉！"賊至，道端坐木榻，若不知。賊疑，舉槊殘之，血皆白乳。賊衆大駭，引席覆之。及靖火化，顔不少異，香烟如雲。

門人慧方，聞道嬰難，則隱於潭州，不肯應世。其繼文殊席者，乃思業也。業世爲屠宰，因戮猪忽徹心源，弃刀走文殊，呈偈曰："昨日夜叉心，今朝菩薩面。菩薩與夜叉，不隔一條線。"道公笑曰："你正殺猪時，見箇甚麽？"業作鼓刀勢，公頷之。

贊曰：戈矢播廣長之音，梟獍説殊勝之法。處違常順，履險常安，道公得之矣。公詞華閎放，望蓋天下，不許參徒馳騁翰墨，蓋亦三折股而知醫者，乃云："學道所以了生死，豈虛言哉！"又與大梅脱印同文，所謂其利斷金也。

----

①原本夾注：英嗣九峰韶，爲雲門六世。

（補輯）宏智正覺禪師（青原下十三世　曹洞宗）

禪師名正覺，姓李氏。李氏爲隰州善族。覺公生則肉環特起於臂，蓋其母孕時，夢感之徵也。七歲日誦數千言，佛陀遜禪師見而大異，以法室祥麟記之。又四載，公果得度。

年十八遊方，決誓而行，親友俱賢之，遂依枯木成禪師於香山。香山多佳士，成獨器公。公受嚴折不發。聞誦《法華經》有省，即陳所悟於成。成指臺上香盒曰："裏面是甚麼物？"對曰："是何心行？"曰："你悟處又作麼生？"公畫圓相呈之，又拋向後。成曰："弄泥團漢有甚麼限？"曰："錯。"成曰："別見人始得。"公諾諾而去。

造丹霞，時丹霞淳禪師居焉。淳爲芙蓉楷之子。揩①嗣投子青。青嗣太陽玄。玄公神觀奇偉，慎其付授。年至八十，嘆無可繼者，乃以皮履直裰，寄浮山遠錄公，使爲求法器，兼識以偈，偈曰："楊廣山頭草，憑君待價焞②，異苗翻茂處，深密固靈根。"遠既任荷兩宗，居聖巖，出洞下宗旨示青，青悉妙契。遠以大陽頂相皮履直裰，令青續其宗系，故青爲淳之祖，而淳爲青原思下十二世也。

淳受公展訖，即問曰："如何是空劫以前自己？"對曰："井

---
①揩：應爲"楷"。
②焞（tūn）：光明，盛大。

底蝦蟆吞却月，三更不借夜明簾。"曰："未在更道。"公擬議，淳以拂打曰："又道不借。"公大悟其旨，便作禮。淳曰："何不道取一句？"對曰："某今日失錢遭罪。"淳輾然曰："未暇打得你。"自此丹霞白椎日，非公莫敢發響。淳移大洪，命公居七衆之首。四年，又分同門真歇了之座於圓通。六年，出住泗州普照。歷舒州太平、江州圓通能仁、真州長蘆，俱爲禪衲區藪，而洞上之風大廓。

有問五位宗旨，公以頌示曰：

"正中偏，霽碧星河冷浸天，夜半木童敲月户，暗中驚破玉人眠。

偏中正，海雲依約神仙頂，婦人鬟髪白垂絲，羞對秦臺寒照影。

正中來，午夜長鯨蛻甲開，大背摩天振雲翼，翔游鳥道體難該。

兼中至，覿面不須相忌諱，風化無傷的意玄，光中有路天然異。

兼中到，斗柄橫斜天未曉，鶴夢初醒露葉寒，舊巢飛出雲松倒。"

建炎初，又住天童。屋廬湫隘，衲子結草樹居，常數千指。未幾所廢俱成，而宏勝冠南國焉。有羽客私進乾汞之術，公曰："我輩非不能也，顧欲檀家有所植福耳，爲汝驗之。以汞納口坐，踰時吐白金於地。"客駭謝而去。

公之再住天童，適金人陷明州，諸刹皆毀。及窺小白嶺，見谷積陰雲，疑有伏甲，懼而退。時江聲絶渡，千二百衆俱安狀藉，知事憂之。頃之嘉禾錢氏致穀千斛。歲雖艱，遠施無厭，贍粢之餘，存活白衣老少數萬人。有詔移靈隱，未越月解歸。公於天童計三十載，而名號所彰，萬方革面。

上堂曰：「黃閣簾垂，誰傳家信。紫羅帳合，暗撒真珠。正恁麼時，視聽有所不到，言詮有所不及，如何通得箇消息去？夢回夜色依稀曉，笑指家風爛熳春。」又曰：「諸禪德，吞盡三世佛底人，為甚麼開口不得？照破四天下底人，為甚麼合眼不得？許多病痛，與你一時拈却了也。且作麼生得十成通暢去？還會麼？擘開華嶽連天色，放出黃河到海聲。」

僧問：「清虛之理，畢竟無身時如何？」曰：「文彩未痕初，消息難傳際。」僧曰：「一步密移玄路轉，通身放下劫壺空。」曰：「誕生就父時，合體無遺照。」僧曰：「理既如是，事作麼生？」曰：「歷歷纔回分化事，十方機應又何妨。」僧曰：「恁麼則塵塵皆現本來身也。」曰：「透一切色，超一切聲。」僧曰：「如理如事，又作麼生？」曰：「路逢死蛇莫打殺，無底籃子盛將歸。」僧曰：「入市能長嘯，歸家著短衫。」公曰：「木人嶺上歌，石女溪邊舞。」又僧問：「如何是向去底人？」公曰：「白雲投壑盡，青嶂倚空高。」「如何是向來底人？」公曰：「滿頭白髮離巖谷，半支穿雲入市廛。」「如何是不來不去底人？」公曰：「石女喚回三界夢，木人坐斷六門機。」公提唱語句，湖海爭馨炙之，均以為因公得見青、楷二尊宿也。

公雖年老，日常過午不食。縷絲不衣，有巨賈獻奇製新錦，公堅却之，曰：「為老僧一人，勞千里信施，老僧不忍居也。」必不已，估直以供衆。是以廉約成風，天下效之。

紹興丁丑九月，出隊言別於越帥趙公令詪①及諸檀信。次月七日還山，遂作書請妙喜主我法門後事已，而沐浴更衣，告衆曰："夢幻空花，六十七年。白鳥烟没，秋水連天。"俄報妙喜至，公泊然蛻去。妙喜爲公剃髮，舍利隨指而下，龕留七日，顏不少異，塔於東谷。諡曰宏智，塔曰妙光。

贊曰：觀覺公唱教，當乾坤鼎沸之秋，闢啓東南，縝言密行，爲湖海傾歸。妙喜尚左遜之，其餘欲并駕争驅，知其孰可也。嗟乎！洞上宗風，微公孰慰浮山之望，而足太陽之心哉！

真歇清了禪師（青原下十三世　曹洞宗）

真歇禪師，諱清了，蜀之左綿安昌雍氏子也。生有慧根，眉目疏秀，神宇静深，見佛則欣戀不捨。年十一，依聖果寺俊僧受業。又七歲，試《法華經》得度。具戒聽講，玄解經論，以爲言説終非究竟。

出峽直抵沔漢，扣丹霞子淳禪師。淳問："如何是空劫時自己？"師擬對，淳掌之，師契旨。翌日淳上堂曰："日照孤峰翠，月臨溪水寒。祖師玄妙訣，莫向寸心安。"師趨進曰："今日瞞某甲不得也。"曰："試舉看！"師良久。淳曰："將謂你瞥地。"師便出。輒北遊五臺、京汴。南抵儀真，謁長蘆祖照，一語契合，

---

①詪（hěn）：通"很"或"狠"。

命爲侍者，踰載分座。照常以老疾擬閑退，夢人告曰："蜀僧可代。"照未決蜀僧爲誰。至宣和壬寅，照病篤，恍省前識。蜀僧即了首座也。乃囑經使陳公，請了繼席長蘆。

開法，以香酬丹霞淳，語曰："我於丹霞先師一掌下 伎倆俱盡，覓箇開口處不可得。如今有恁麼快活不徹底漢麼？若無，銜鐵負鞍，各自著便。"於是洞宗大振，禪流如歸，亦多照公遜席之力也。及照歿，師以父禮行喪事，亦宜矣。師居七載。建炎二年戊申，南遊普陀，以漚和機，引導海山七百餘家皆弃綱業。

庚戌，應天台國清寺，尋受閩之雪峯。紹興五年丙寅，奉旨補明州育王寺。育王院務曠販，不易承理，因遞代逋①負幾二十萬貫，咸爲師憂。而師居未幾間，償舊逋負十有八九矣。戊午詔遷蔣山，疾辭不赴。明年，朝旨以溫之龍翔、興慶二院合一禪林，詔師主之。僧集如雲，齋粥不繼，朝以法田千畝賜之。又詔主雙徑，慈寧太后建崇先寺居師，賜金襴銀絹法物，隆渥殊甚，師以爲可作歸休計。

上堂，"轉功就位，是向去底人，玉韞荆山貴。轉位就功，是却來底人，紅爐片雪春。功位俱轉，通身不滯，撒手無依，石女夜登機，密室無人掃。正恁麼時，絕氣息一句作麼生相委？"良久云："歸根風墮葉，照盡月潭空。"尋示疾，中使問候，師從容敘謝，乃呼首座曰："吾行矣。"跏趺瞑目而逝。時紹興二十二年壬申十月朔日也，越世六十有二，坐四十五夏。

凡七處說法，五承紫泥之詔，得度弟子四百，嗣法者宗珏等

①逋：拖欠。

三十餘人。所編《語錄》二集若干卷行世。其語曰："窮微喪本，體妙失宗。一句截流，玄淵及盡。是以金針密處，不露光芒。玉線通時，潛舒異彩。雖然如是，猶是交互雙明。且道，巧拙不到，作麼生相委？"良久云："雲蘿秀處青陰合，巖樹高低翠鎖深。"師之語句精妙，約類如此。

僧問："不落風彩，還許轉身也無？"師曰："石女行處不同功。"曰："向上事作麼生？"師曰："妙在一漚前，豈容千聖眼。"僧禮拜，師曰："祇恐不恁麼。"

師一日入廚看煮麵次，忽桶疿脫，衆皆失聲曰："可惜許。"師曰："桶底脫，自合歡喜，因甚煩惱？"曰："和尚即得。"師曰："灼然可惜許一桶麵。"臨機勘辨，約類如此。

贊曰：師初於丹霞掌下，洞徹根源，便乃遨遊南北，衡抗時機，不無離師太早之譏。殊未知真龍不借涓滴，而能霖霈九天，豈與點額鈍鱗同日量論哉！況師夙承弘願，以英偉之操，深明的旨。宜請假觀方，非分外也。不期際長蘆推代之風雲，卒爾廣澤，宜矣。故曰："得時而動，則功成百世。"其師之謂乎！

南宋元明禪林僧寶傳卷三

虎丘紹隆禪師（南嶽下十五世　臨濟宗）

禪師和之含山人也，名紹隆。機投佛果勤禪師，出世開聖。次遷彰教，果還□，移居虎丘。時佛果門賢雖有妙喜輩尚庵居，楚吳衲子惟趨虎丘，故虎丘法筵之盛，無異佛果之住蔣山也。

師凡見學流，必以湛堂死心諸宗匠而龜鏡之。蓋師初爲大僧，輒知有於長蘆信公言下因慕佛果老人，造夾山，而道由寶峰，見器於湛堂。又過黃龍，抗機①於死心。抵夾山，適佛果移道林，師從其行。佛果問曰："見見之時，見非是見。見猶離見，見不能及。"竪拳云："見麼？"對曰："見。"曰："頭上安頭。"師脫然契證。佛果復召曰："見箇甚麼？"師曰："竹密不妨流水過。"佛果深肯之。於是二十載，侍從於果。而隆睡虎之名，飫驚叢社矣。

宣和間，辭歸省親，因住褒禪山。靖康改元，領開聖。爲建炎之擾，退隱銅峰。尚書李公光，起師居彰教。間有老宿，聞而笑曰："瞌睡虎今插翅矣。"

紹興癸丑，遷平江之虎丘。虎丘爲南國衣冠之藪，懷香請益外，掀禪牀喝。大衆之輩，騰騰不絕。僧問："爲國開堂一句作

---

①抗機：對機。

麼生道?"師曰:"一願皇帝萬壽,二願重臣千秋。"曰:"祇如生佛未興時一著,落在甚麼處?"師曰:"吾常於此切。"曰:"官不容針,更借一問時如何?"師曰:"據虎頭,收虎尾。"曰:"中間事作麼生?"師曰:"草繩自縛漢。"曰:"毗婆尸佛早留心,直至如今不得妙。"師曰:"幾行巖下路,少見白頭人。"問:"九旬禁足,意旨如何?"師曰:"理長即就。"曰:"祇如六根不具底人,還禁得也無?"師曰:"穿過鼻孔。"曰:"學人小出大遇。"師曰:"降將不斬。"曰:"恁麼,則和尚放某甲逐便也。"師曰:"停囚長智。"問:"如何是大道真源?"師曰:"和泥合水。"曰:"便恁麼去時如何?"師曰:"截斷草鞋跟。"問:"古人到者裏,因甚麼不肯住?"師曰:"老僧也恁麼。"曰:"忽然一刀兩段時如何?"師曰:"平地神仙。"問:"如何是截鐵之言?"師曰:"滿口含霜。"曰:"何必如此?"師曰:"闍黎又作麼生?"曰:"痛領一問。"師曰:"也須吐却。"

諸方以師之機,類於五祖。其上堂曰:"凡有展托,盡落今時。不展不托,墮坑落塹。直饒風吹不入,水灑不著,簡點將來,自救不了。豈不見道,直似寒潭月影、靜夜鐘聲,隨扣擊以無虧,觸波瀾而不散,猶是生死岸頭事。"拈拄杖一劃,云:"劃斷古人多年葛藤,點頭石不覺拊掌大笑。且道笑箇甚麼?腦後見腮,莫與往來。"又曰:"目前無法,萬象森然。意在目前,突出難辨。不是目前法,觸處逢渠,非耳目之所到,不離見聞覺知。雖然如是,也須踏著它向上關棙子始得。所以道,羅籠不肯住,呼喚不回頭。佛祖不安排,至今無處所。如是則不勞斂念,樓閣門開。寸步不移,百城俱到。還委悉麼?路逢死蛇莫打殺,無底籃子盛將歸。"

　　諸方又以師語類於白雲。白雲端和尚嘗立祖堂，昭享旡澤師追繹其事，圖其像而安奉之。故有語曰："天子之廟九，諸候①之廟七。"況金輪世譜，寧甘草草飲水，遽昧其源，於義安乎！於是叢林咸遵行焉。師前後據室，嚴展化儀，不以獅乳暴迸非器。所以得法於師者，氣宇如王。

　　丙辰五月，佛果訃始至。師乃白衆曰："當以第一座宗達承虎丘院事。"復索筆書最後法語，儼然化去，壽六十，坐四十五夏，塔於本山。有門人應庵華禪師。

應庵曇華禪師（南嶽下十六世　臨濟宗）

　　應庵禪師，諱曇華。北宋徽宗崇寧癸未，生於楚黃江氏。神彩炳異，識度持重。年十七，具決定志，津濟群品，棄家徇道於虎丘隆公。隆先妙喜受印於佛果，佛果嗣法東山演禪師，而應庵爲東山之四世也。當時推二甘露門，謂楚西有應庵，浙東有妙喜。妙喜謫梅楊，有傳應庵法語至者，妙喜譽不容口，以偈柬曰："坐斷金輪第一峰，千妖百怪盡潛踪。年來又得真消息，報道楊岐一脉通。"應庵之語曰："九年面壁，壞却東土兒孫。隻履西歸，鈍置黃面老子。"以拄杖畫一畫云："石牛橫古路，一馬生

---

①候：應爲"侯"。

三寅。"

又曰:"十五日以前水長船高,十五日以後泥多佛大。東海鯉魚打一棒,雨似盆傾,直得三千大千世界,一切衆生悉皆歡喜。謂言打者一棒,不妨應時應節,山僧不覺通身踴躍。"遂作詩一首,舉似大衆:"蜻蜓許是好蜻蜓,飛來飛去不曾停。被我捉來,摘却兩邊翼,恰是一枚大鐵釘。"

又曰:"飯籮邊漆桶裏,相唾饒你潑水,相罵饒你接嘴。黃河三十年一度清,蟠桃五百歲一次開花。鶴勒那咬定牙關,朱頂王呵呵大笑。歸宗五十年前有一則公案,今日舉似諸人。且道是甚麼公案?王節級失却帖。"

又曰:"參禪人切忌錯用心。悟明見性是錯用心,成佛作祖是錯用心。看經看教是錯用心,行住坐臥是錯用心。喫粥喫飯是錯用心,屙屎送尿是錯用心。一動一靜一往一來是錯用心。更有一種錯用心,歸宗不堪與諸人説破。何故?一字入公門,九牛車不出。"其前後語要,約類如此。

僧問:"祇者是埋没自己,祇者不是孤負先聖。去此二途,和泥合水處,請師速道!"曰:"玉箸撐虎口。"僧曰:"一言金石談來易,萬事鴻毛脱去輕。"曰:"莫謾老僧好!"

侍郎季浩擬達所畜,應庵驟起,揕①其胸曰:"死後向甚處去?"浩噤不能發,應庵叱退之。浩不旬日,徹見臨濟宗旨。其妙密鉗錘,又類如此。故一時無表裏貴賤,耆艾飽參,經其爐鞴②,無不汗下心死。

---

①揕(zhèn):擊。
②鞴(bài):古代用來鼓風吹火的皮囊。

隆興改元五月，虎丘忌晨。應庵拈香曰："平生没興撞著無意智老和尚，做盡伎倆，湊泊不得。從此卸却干戈，隨分耆衣喫飯。二十年來坐曲録牀，縣①羊頭賣狗肉，知它有甚憑據？一年一度燒香日，千古令人恨轉深。"已而以叢林囑累教授嚴康朝，以潭沱正宗分付密庵咸傑。次月將告寂，猶挂牌入室。或以偈請，應庵呵曰："吾長笑諸方所爲，而自蹈之耶！"區分院事，洪纖不遺。趺坐遷化，世齡六十一，僧夏四十三，塔於玲瓏巖之外岡。未踰月，妙喜亦遷化。

初，應庵道既通，聞此庵元布袋住連雲，深山廣澤，衲子難近。徒步訪之，故爲分座，而連雲之風立震。已而主明果，則雪堂每過，盤桓永夜。間有竊議者，雪堂叱之。應庵凡八歷名刹，兩住歸宗。始明果，終天童。其居天童時，妙喜亦生，還住育王焉。

贊曰：臨濟宗枝，若無首山，幾到大風吹止。虎丘命脉，一有應庵，家聲始不寂寥。如珠中如意，花裏優曇，色色改觀。但圓悟爲一睡虎，發其千片之弩，豈有鼹鼠怏怏負其所望哉！

（補輯）大慧宗杲禪師（南嶽下十五世　臨濟宗）

禪師宗杲者，字曇晦，別號妙喜，大鑑十五世圓悟勤公之嗣

---

①縣：通"懸"。

也。妙喜出宣州寧國奚氏，年十三就鄉校，不旬而弃之。親奇其志，乃許衣緇成大僧。遍探諸家語録，於雲門睦州尤篤意焉，竟有五家淺深門庭之疑。遂請益於廣教珵公，珵示其節目，妙喜輒領意。珵私嘆曰："杲乃再來人也。"妙喜又弃之，遂至真如喆座下，入慶藏主賢蓬頭之室。因之過黃龍謁晦堂，跨東林參昭覺，俱雅珍愛。妙喜又弃之，往見心印詢。詢與語連三日，大奇之，欲留不可。因指見湛堂準公於寶峰，機辨縱橫，準漠然不諾，妙喜始伏膺事之。及準疾革，妙喜惶啓曰："某向後當見何人？"準曰："有箇勤巴子，當能了子事。"準殁，乃繭足千里，請塔銘於張公無盡。無盡時爲禪室領袖，契之，囑妙喜必見川勤老也。

會東京天寧席虛，詔起蔣山勤禪師爲住持。妙喜心慶曰："此天賜我也。其禪若不異諸方，妄相許可我，則造無禪論去也。"遂入勤公之室，聞公拈提，期年不敢犯其機。一日，公舉"東山水上行"公案以示衆，妙喜躍然，急呈所得於公。公曰："未未，懸崖撒手，自肯承當，絶後再蘇，欺君不得。"令居擇木寮，爲不厘務。侍者日同士大夫入室，公每舉"有句無句，如藤倚樹"話，妙喜擬對，公輒禁之，乃至握箸忘食。公笑曰："者漢却參黃楊木禪也。"妙喜益茫然無措，乃堅請公在五祖時問答。公良久曰："我問有句無句如藤倚樹，先師但向我道，描也描不成，畫也畫不就。又問樹倒藤枯句歸何處？先師則云相隨來也。"妙喜豁①然大徹，連呼曰："我會也！"於是隨聲酬對，勢如涌泉。公拊掌稱善，舉以首衆，宿衲皆下之，士紳争相從遊。

---

①豁：原本爲"谿"。

丞相吕公舜徒尤悦之，奏賜紫衣，號佛日禪師。是時已有詔，移勤公住雲居，賜號圓悟。圓悟又以妙喜首雲居之衆。其秉拂小參，萬指軒騰。昭覺元禪師出，問曰："眉間挂劍時如何？"妙喜曰："血濺梵天。"圓悟於座下以手約曰："問得極好，答得更奇。"於是海衆争頌老東山之再見也。

圓悟還蜀，妙喜始庵居古雲門，遷湖南，轉江右，入八閩，又結庵洋嶼。僧曇懿者，久依圓悟，自謂不疑。紹興初，出住祥雲，法席頗盛。妙喜知其所見未實，致書令來。懿故不起，妙喜鳴鼓痛斥，榜告四衆。懿乃破夏來洋嶼，妙喜鞫①其所證，大笑曰："汝恁麽見解，敢嗣我圓悟老人耶？"懿愧汗浹背，即退院求侍於妙喜。入室次，妙喜曰："我要箇不會禪的做國師。"懿對曰："我做得國師去也。"妙喜喝出，復召曰："闍黎香嚴悟處，不在擊竹邊。俱胝得處，不在指頭上。"懿失聲橫趨而去。妙喜笑曰："懿闍黎此回堪住院子也。"

又僧彌光，字晦庵，流譽諸方，趨風來見，妙喜命坐而商略，光一一具對。妙喜曰："雖有落處，只是不著所在。今諸方浩浩説禪者，見解衹如此，何益也？其楊岐正傳三四人而已。"語訖呵呵大笑，光愠而起去，妙喜即搥鼓入室，光顰額而至。妙喜曰："喫粥了也，洗鉢盂了也。去却藥忌，道將一句來！"光遽對曰："裂破。"妙喜震威喝曰："汝又説禪也。"光乃得旨。遂以書招其友鼎需曰："洋嶼庵主手段，與諸方別。"需乾笑而已。

需字懶庵，乃閩人，幼登進士，絶婚爲比丘。一錫湖湘，遍

---

① 鞫（jū）：古同"鞠"，審訊罪人。

參名宿,以爲法無異味。歸隱羌峰絕頂,久不下山。佛心才禪師已挽出,首衆於大乘。需嘗以"即心即佛"問學者,毅然無可意。光强速其至,會入室鼓鳴,需隨喜焉,妙喜以拂指曰:"即心即佛作麽生?速道!"需從傍下語,妙喜訶之曰:"汝見解如此,敢妄爲人師耶?"即普説,訐其生平珍重得力處,排爲邪解。需涕泪交頤,不敢仰視,乃歸心決擇。一日垂問:"内不放出,外不放入,正恁麽時如何?"需擬對,妙喜連擊之,需釋然厲聲曰:"和尚已多了也。"曰:"今日方知,吾不汝欺。"妙喜之精猛開發,約多類此。時及門者五十三輩,期未半得法者十三人。

丞相張公浚在蜀時,圓悟爲言:"杲真得吾宗之髓。"張公還朝,遂以杲補徑山。徑山之席,常隨二千餘輩。方來無地以容,乃搆千僧閣安之。侍郎張子韶、狀元汪聖錫、少卿馮濟用,悉預其列。當是時,秦檜居權,司諫詹大方阿之曰:"鼓唱浮言,謗訕朝政,張九成爲之首,徑山僧宗杲和之。"乃坐編置。

九成毀衣焚牒,寓妙喜於衡陽,起遣日而惻聲載道。識者曰:"日月無私成其明,聖賢無擇成其大。"豈杲公之化應南,故天假之以示現於衡陽者耶!且法門正氣,表燭千秋。又以群願所係,公必壽還,何憂①哉?凡十載,徙梅楊,雖瘴癘之鄉,而妙喜堅拂不倦,緇素騰騰,仍光風霽日也。

又五載,有旨賜還復僧衣,四方虛席迎之,皆不就。最後有旨,强起主育王,築塗田數百頃,以繼衆食,賜其莊,名般若。

又二年,改移徑山,徑山益盛。雖龍象互相蹴踏,而上堂每

---

①憂:原本爲"夏"。

贊猶子應庵深得先人機用，於是天下益稱其公。妙喜臘高，屢求退居明月堂，告謝方來，莫可禁止。

先是孝宗居藩時，遣内監至徑山，見妙喜獻以偈，孝宗大悦。及在建邸，復遣近侍請上堂，親書妙喜庵額，并贊真製賜之。及即位，又錫法號大慧禪師。洎召對，妙喜已示疾。一夕忽大星隕地，流光四散，鳥獸皆鳴。遂乃告寂，於明月堂親封遺疏。侍僧請留偈，妙喜厲聲曰："無偈便死不得也？"乃大書曰："生也只恁麼，死也只恁麼。有偈與無偈，是甚麼熱大！"擲筆長往。時隆興改元八月十日也，世壽七十五，坐夏五十八。上覽遺語淒然，製詞奠曰："生滅不滅，常住不住。圓覺空明，隨物現見。"詔以明月堂爲妙喜庵，全身瘞於庵後，謚曰普覺，塔曰普光。入其全録八十卷於大藏焉。

贊曰：端祖云："悟了須是遇人始得。"余虛度林間數十載，每耳目所有諸道者，莫不據高廣座，自稱曹溪正脉少室真傳，但惜未遇大慧老人耳，若遇，自當別有壺天。而端祖之言豈謬哉？嗚呼！馬逢伯樂，薪遇中郎，吾宗之大幸也與。

徑山大禪了明禪師（南嶽下十六世　臨濟宗）

禪師了明者，不知何許人，長身大腹，所至驚衆，衆皆禰之曰："大禪，大禪！"機鋒敏疾，儀度豪朗，爲妙喜杲禪師會中之龍象。當妙喜住育王時，室中不許下喝。大禪每入室，必振聲一喝而退。妙喜榜示曰："下喝者罰錢一貫。"大禪乃密袖千錢，先頓於地，高聲連喝而出。妙喜曰："奈者漢何！"再榜曰："下喝者罰當日堂供一中。"大禪即往言庫司和尚要金十兩，主事者不疑與之。隨袖以入，復頓於地，高聲一喝。妙喜大駭，徐問知之，爲之一笑。

一日妙喜謂大禪曰："你者肥漢，如是會禪，驢年未夢見在。"大禪曰："靈山授記，何異今日？"妙喜乃以德山托鉢因緣，徵其節目。大禪對曰："凜凜吹毛照膽寒，不容擬議豈容傳。擡眸已是身三段，此是吾家紅鐵團。"妙喜嘆曰："此話它日大行去在。"於是出赴投子，叢席改觀。

次遷長蘆，百廢俱修。嘗過徑山，省妙喜。妙喜送以偈曰："人言棒頭出孝子，我道憐兒不覺醜。長蘆長老恁麼來，妙喜空費一張口。從教四海妄流傳，野干能作獅子吼。孰云無物贈伊行，喝下鐵團顛倒走。"大禪既主長蘆，頗著異迹，雖萬指周旋，而檀施如山，故旹①以布袋和尚擬之。

晚年繼席徑山室中，惟以臺山婆子話驗學者。遁庵以偈嘲曰："一按牛喫草，一與賊過梯，早知燈是火，飯熟已多時。"大禪答曰："干戈中有太平基，不用干戈始得之。若無舉鼎拔山力，千里烏騅不易騎。"

徑山當妙喜遷化之後，其法政大禪爲之再新。然歲計浩大，知事以將來不給爲諫，大禪獨以龍天常住慰之。楊和王夢一異僧長大皤髯，坦腹緩行，言欲化蘇州一莊。王異之。次旦大禪杖屨

①旹：古"時"字。

而至，閽人不能止，急啓王。王立見大襌，奇偉與夢合，乃炷香設禮。大襌首言："大王莊田至廣，可施蘇州一所，以供佛僧，無窮之利也。"王未可否。大襌齋畢，便出，無他語。是時內外訇①傳："和王以蘇州莊田，施徑山大襌布袋和尚。"王入朝，孝宗聞王捨業，爲王助喜。王謝歸，遣使至徑山請大襌，而大襌前二日無疾別衆示化矣。自是和王宴居瘝瘵，或少交睫。即見大襌在前語曰："六度之大，施度爲先。善始善終，則爲究竟。"王嗟慕，即以莊隸徑山。此莊歲計十萬，舟庫皆備，乃大襌之遺光也。

初妙喜謫梅州，防送甚嚴，或爲禍在不測。大襌挺力，荷枷從行，而師資儀禮，旦夕益慎。至貶所，衲子追隨者，率二三百輩。妙喜以齋用不給，復慮生議，嘗勉之令去。大襌曰："不可。衲子所抱者道也，所履者義也。況重繭千里，咨決爲事。縱拮据辛勞，風波不定，聽之龍天，安忍棄之。"遂身任齋粥，每日肩栲栳②，行乞至晚，則數十人爲之荷饙③，成列而歸。衲子雖多，無不具足，如是十六年似一日。顧妙喜法嗣之盛，在貶所接者居其半，大襌明之力也。

贊曰：襌師明公，於盤錯之際，執禮凛若冰霜，可法也。及讀其生平語句，如神鋒出匣，截鐵如泥。稽其行事，順逆普應，靈異叠出，一時疑爲慈氏下生，抑何神也。經云："譬如心王寶，隨心現衆色，衆生心淨故，得見清淨刹。"信哉！

---

① 訇（hōng）：形容聲音很大。
② 栲栳（kǎo lǎo）：由柳條編成的容器，形狀像斗，也叫笆斗。
③ 饙（fēn）：蒸熟的飯。

（補輯）育王端裕禪師（南嶽下十五世　臨濟宗）

禪師名端裕，會稽人，吳越錢王之裔也。年十四，驅烏於境之大善寺。目光外射，有異量。每聞燈籠露柱、佛殿山門之語，則罔然。行脚經宿淨慈，有僧擊露柱云："如何不說禪？"裕有省。謁諸名宿，皆以特邁見推，裕終歉然。別見佛果勤和尚於鍾阜，勤每瞬目顧之，裕不領。一日，勤問曰："誰知正法眼藏，向瞎驢邊滅却。即今是滅不滅？"裕對曰："和尚合取口好。"曰："此猶未出常情在。"裕擬進語，勤擊之，裕頓去所滯，自此當機敏絶。

會朝廷加勤圓悟師號，主天寧。裕以毫彩典記室，價傾一時。初出住丹霞，衆盈千輩。每挂牌入室，罕有攢機者，裕垂涕長嘆不已，衆俱憤發自新。及遷虎丘雙徑，成大器者數十人。嘗示衆曰："德山入門便棒，多向皮袋裏埋踪。臨濟入門便喝，總是聲塵中出沒。若是英靈衲子，直須足下風生，超越古今塗轍。"卓挂杖，喝云："祇者箇何似生，若喚作棒喝，瞌睡未醒。不喚作棒喝，未識德山臨濟。畢竟如何？"復卓挂杖，喝云："總不得動著。"

又曰："動則影現，覺則冰生。直饒不動不覺，猶是秦時䂎[1]

---

[1]䂎：音"duó"，轉動。

鞞鑽。到者裏，便須千差密照，萬戶俱開。毫端撥轉機輪，命脈不沉毒海。有時覺如湛水，有時動若星飛，有時動覺俱忘，有時照用自在。且道正恁麼時，是動是覺，是照是用，還有區分得出麼？鐵牛橫古路，觸著骨毛寒。"

又曰："行時絕行迹，說時無說踪。行說若到，則朵生招箭。行說未到，則神鋒劃斷。就使說無滲漏，行不迷方，猶滯殼漏在。若是大鵬金翅，奮迅百千由旬，十影神駒，馳驟四方八極，不取次啖啄①，不隨處埋身，且總不依倚，還有履踐分也無？剎剎塵塵是要津。"

又曰："盡大地是沙門眼，遍十方是自己光。為甚東弗於逮打鼓，西瞿耶尼不聞，南閻浮提點燈，北鬱單越暗坐。直饒向箇裏道得十全，猶是光影活計。"撼拂子云："百雜碎了也。作麼生是出身一路？"擲拂云："參！"

紹興庚午十月，示微疾，尤示眾，諄切異往時，眾多涕下。門人法全請垂遺訓，裕振色曰："盡此心意，以道相資。"語訖而逝。茶毘，目睛齒舌不壞，其地發光終夕，得舍利者無計，瑜月不絕。弟子分塔於鄮峰、西華兩處。

有黃冠羅肇常，頻經問道於裕，適遠歸，獨無所獲，慕念誠切，方與客食咀嚼間，若有物吐哺，則舍利大如菽，色如琥珀。遂再拜於茶毘所，聞香盦有聲，函開所獲如前，而差紅潤。

裕凡十歷名剎，賜號佛智禪師。終於育王，謚曰大悟。

---

①啖（dàn）啄：又寫為"淡啄"。

（補輯）道場法全禪師（南嶽下十六世　臨濟宗）

　　法全禪師者，姑蘇人也，姓陳氏，號無庵。早歲父携見東齋川和尚，川熟視曰："若能從我乎？"全欣然膝地請名，其父奇之，遂捨斷髮。

　　及遊方，所至正大，人不易就。依佛智於虎丘，每入室，智以狗子無佛性話問之。全結舌。但見棒如雨，喝如雷，益迷悶，不知所以。頻背衆求示，佛智叱之。

　　一日，聞僧舉五祖頌云"趙州露刃劍"，忽驚汗下。趨呈智曰："鼓吹轟轟祖半肩，龍樓香噴益州船，有時赤脚弄明月，踏破五湖波底天。"智乃肯之。然全所抱慎重，人莫知者。

　　及佛智補靈隱，以全首衆，林下知名。或以大刹請全主持，不應。每蹙額嘆曰："古斷臂以求安心，今賣身以要續祀。吾道殆哉，明矣。"久之，佛智以年邁，歸西華舊隱。全始說法安吉道場，乃拈拄杖云："汝諸人箇箇頂天立地，肩橫榔栗，到處行脚，勘驗諸方。更來者裏覓箇甚麼？纔輕輕拶著，便道天台普請，南嶽遊山。我且問汝：還曾收得大食國寶刀麼？切忌口銜羊角。"

　　又曰："欲得現前，莫存順逆。"以杖橫案云："三祖大師變作馬面夜叉，遊遍四大部洲，却來山僧手裏呈身，元來只是一條黑漆拄杖，還見麼？直饒見得，入地獄如箭射。"

乾道己丑秋有疾，醫至，全乃讓之曰："爲一幻軀求良醫，覓佳穴，是可忍乎？"竟爾告寂。衆泣求偈語，全大書無無二字，弃筆而化。火浴設利五色，塔於金斗峰。

初，全居靈隱首座時，有權道者久參無證，請益於全。全以無住本建一切法徵之，權有省，乃私笑曰："暗裏穿針，耳中出氣。"遂定師資焉。

（補輯）華藏有權禪師（南嶽下十七世　臨濟宗）

禪師名有權，臨安祁氏子也，號伊庵。雖機契無庵全首座，而權益自砥礪。常兀坐如木石，因過堂忘展鉢，隣僧以手觸之，有偈曰："黑漆昆侖把釣竿，古帆高挂下驚湍。蘆花影裏弄明月，引得盲龜上釣船。"佛智大稱賞之，乃召權問曰："心包大虛、量廓沙界時如何？"權對曰："大海不宿死屍。"智拊其座曰："此子他日當據此訶佛罵祖去在。"於是諸山請權出世，不就。以竿木隨身，遊戲湖江，來往應庵、妙喜之庭。

會全公殁，華藏虛席，物色求權，權仍却之。或曰："无庵老人法道，寧不在公乎！公今拘小節，樂林泉，即潔如巢由①，信如尾己，何足貴也！"權感起就之。

次遷萬年，諸刹常隨萬指，肅如公府，日與衆均其勞逸。或

① 巢由：巢父和許由，相傳皆爲堯時隱士，堯讓位於二人，皆不受。因用以指潔身自好、隱居不仕者。

曰：「住持安坐演法，何自苦耶？」權曰：「法末憍慢，未得謂得，借位自恣，身帥之且不從，敢自逸乎！」

淳熙庚子秋示寂，茶毗齒舌不壞，舍利無數，塔於橫山，又分諸不壞塔萬年山寺。

權爲人剩剛毅，法不容私。有貴人入寺施財，衣冠不整，權終不受。又僧充化主，歸納厚疏，頗有矜色，權叱還之，故門下不易出入，俱以氣節自化。權暮年法令森嚴益甚，有語曰：「今朝結却布袋口，明眼衲僧莫亂走，心行滅處解翻身，噴嚏也成獅子吼。栴檀林，任馳驟，剔起眉毛頂上生，剜肉成瘡露家醜。」

贊曰：佛智三代以穩實起家，當時禪風爲之一轉。觀其前後垂迹，如蟲書鳥篆，體勢雖殊，諦理則一。使非亞聖大人，曷克臻此。矧止啼饒黃葉之方，而濟譏絕懸沙之秘哉！

南宋元明禪林僧寶傳卷四

（補輯）道場明辨禪師（南嶽下十五世　臨濟宗）

禪師諱明辨，吉安州俞氏之子，説法於郡之道場山，以正堂自號，據令端方，毫不苟貸。每緇素入山請法，必令先具香設，拜佛眼遠和尚，然後受謁，謁者悚然。

有問："語默涉離微，如何通不犯？"辨曰："橫身三界外，獨脱萬機前。"

曰："祇如風穴道，長憶江南三月裏，鷓鴣啼處百花香。又作麼生？"辨曰："説者箇不唧𠺕漢作麼？"

曰："嫩竹搖金風細細，百花鋪地日遲遲。"曰："你向甚麼處見風穴？"

僧曰："耳裏眼裏絶蕭灑。"曰："料掉没交涉。"

又問："如何是佛？"辨曰："無柴燒猛火。"

"如何是法？"曰："貧做富裝，裏如何是。"

僧曰："賣扇老婆手遮日。如何是一喝如金剛王寶劍？"曰："古墓毒蛇頭帶角。"

"如何是一喝如踞地獅子？"曰："虛空笑點頭。"

"如何是一喝如探竿影草？"曰："石人拍手笑呵呵。"

"如何是一喝不作一喝用？"曰："布袋裏猪頭。"

"如何是向上事？"曰："鋸解秤錘。"

"如何是和尚栗棘蓬？"曰："不答此話。"

曰："爲甚麼不答？"辨大笑曰："吞不進，吐不出。"

辨機要精悍，每經句掩室，即近侍罕得見進。然其章訓，痛絶名根，不把翫，不暴用。故及門皆三二十載，韜神晦穎。諸方有盛名者，率聞而欽畏之。

暮年上堂云："猛虎口邊拾得，毒蛇頭上安排。更不釘椿搖櫓，回頭別有生涯。婆子被我勘破了，大悲院裏有村齋。"

又上堂，以杖左卓云："三十二相無此相。"右卓云："八十種好無此好，僧由一筆畫成志公，露出草稿。"又卓杖顧衆曰："莫懊惱，直下承當休更討。"下座，歸方丈，跏趺而化，火後得舍利，塔於仙人山。

雪堂見辨《達磨贊》，乃嘆曰："當今滿目珠璣，慰我白首獨有此耳。"其詞曰："昇元閣前懡㦬①，洛陽峰畔乖張。皮髓傳成話欛，隻履無處埋藏。不是一番寒徹骨，怎得梅花撲鼻香。"

贊曰：辨公初至少林，覽立雪遺跡，乃至隕涕。及出世，必指人知，其得法源委，昧者往往以世諦失之，蓋擇乳在鵝王也。當時佛眼門下，作略逸群，獨於辨公，俱嗟不及。嗚呼！熠熠赤幟，皎皎白眉，千秋節合，其揆一也。

---

①懡㦬（mǒ luó）：羞愧的樣子。

（補輯）烏巨雪堂道行禪師（南嶽下十五世　臨濟宗）

　　禪師名道行，號雪堂，處州人也。其父葉公常遊禪社，自稱見獨居士，以積厚流光而生行。行生而岐嶷，壯克節儉絕笑，俚愛博施。葉公嘗謂行曰："中無主不立，外不正不行，此語宜終身踐之，聖賢事業備矣。"

　　行茂年不樂與諸子伍，乃依普照英禪師得度。英有鑑裁，舂汲樵爨①，必使行董之，行乘間參請不倦，無所得辭。英參佛眼，因與高庵、竹庵，同得究竟法。方是時，佛果、佛鑑人滿大江南北，而佛眼下諸賢，多馳化於浙水東西，是以東山法道大闡於三佛。

　　高庵初在龍門時，骨鯁寡交，獨喜行，盤桓不問。嘗嘆曰："稠人廣衆中，鄙者多，識者少。鄙者易習，識者難親。果能自奮於其間，如一敵萬，庸鄙之習，力盡真挺特，没量漢也。"行感佩其言，如雪峰之事巖頭，故終其身未嘗不舉高庵之爲人。行居薦福，謂衆曰："我佛眼老人住龍門時，龍象滿席，尚自潸然太息，以爲終愧老東山也。今山僧復愧老人倍倍耳，其流涕太息，可勝道哉！"

　　行雖寓名山，去就如流雲，聞妙喜之子博山本有賢操，遂達

---

①舂汲樵爨（cuàn）：舂米、抽水、砍柴、做飯。爨，燒火煮飯。

郡守吴公，以本住持薦福。行遷烏巨，爲終焉計，及門者有且庵仁、退庵休、晦庵光輩，俱爲懿範。

行老且病，汪喬年、王十朋來往問道，行答不厭頻。嘗謂十朋曰："金堤千里，潰於蟻壤。白璧之美，罷於瑕玷。況無上妙道，非特金堤白璧也，而貪欲非特蟻壤瑕玷也。要心之端謹，行之精進，守之堅確，修之完美，然後可以自利而利他也。"又示喬年曰："識則識自本心，見則見自本性。識見本心本性，正是宗門大病。"一日，召喬年囑以後事，沐浴更衣，跏趺而寂。闍維，齒舌不壞，五色舍利，烟所至處，人皆獲之。塔於西寺。

贊曰：濟下宗師，如巨鹿鏖兵，萬夫辟易，壯矣。行公去臨濟，其世十三番，爲名葩秋月，人人得而就之。經云："具足優婆夷，得菩薩無盡福德①藏解脫門。能於小器中，隨諸衆生種種欲樂，出生種種美味珍奇，悉令充足。"② 其行公之謂耶！

慈化普庵印肅禪師（南嶽下十六世　臨濟宗）

普庵禪師，名印肅。政和乙未冬，生於袁州宜春，余姓。肅生，祥光燭天。蓮生道周，異香遠馥。襁褓中即善世言，夢異僧

---

①德：原爲"得"，據經文改。
②此段在《華嚴經》中爲："爾時，善財既見具足優婆夷已，頂禮其足，恭敬圍遶，合掌而立，白言：'聖者！我已先發阿耨多羅三藐三菩提心，而未知菩薩云何學菩薩行？云何修菩薩道？我聞聖者善能誘誨，願爲我説！'彼即告言：'善男子！我得菩薩無盡福德藏解脫門，能於如是一小器中，隨諸衆生種種欲樂，出生種種美味飲食，悉令充滿。'"

點其胸曰："汝他日當自省去在。"即寤，白母王氏，視胸有赤點，如含桃狀。王氏恍悟初徵，遂捨肅於壽隆寺。

師事沙門賢公，賢嘗授以《法華經》。肅曰："諸佛玄旨，貴悟於心。數墨循行，何益乎道？"賢大驚，以大器期之，遂遣行脚。侶戒修謁牧庵忠於潙山，度嶺，望叢谷中有跨黃犢人，近之則忠公所跨者虎也。修擬避，肅下腰包，進前不審，忠微笑以手西指，令其前行。將及寺門，回望，惟忠公策杖而來，失虎所在。二人具威儀，請益於忠。忠曰："何遲乎？望汝久矣。"肅進曰："萬法歸一，一歸何處？"忠以拂示之，肅有省，時年二十九矣。

歸壽隆，袁州尹夢金甲人告曰："普庵大士，行道時至。"言訖，天光五色，尹驚異。適劉長者亦感異徵，捐資鼎建大伽藍。袁尹俾物色於壽隆，請肅主之，號曰大慈化寺。肅既居慈化，楮衣糲食，脅不沾席，十有二年。

一日，誦《華嚴論》，至"達本忘情，知心體合"，通身汗流。乃大聲示衆曰："我今親契華嚴法界矣。李公長者，於此大經之首，痛下一椎，擊碎三千大千世界，如湯消雪，不留毫髮。許於後進作得滯礙，普庵一見，不覺吞却五千四十八卷，化咸一氣，充塞虛空，方信釋迦老子出氣不得之句。然後破一微塵，出此《華嚴》大經，遍含法界，無理不收，無法不貫。便見摩耶夫人是我身，彌勒樓臺是我體，善財童子是甚茄子。文殊普賢是我同參，不動道場，遍周法界。悲涕歡喜，踊躍無量。大似死中得活，如夢忽醒。"良久云："不可說，不可說，又不可說。"即說偈曰："捏不成團擘不開，何須南嶽又天台。六根門首無人用，惹得胡僧特地來。"復謂心齋圓通二子曰："達本情忘知心體，合汝作麼生會？"二人各以頌呈。肅不諾，乃引聲長吟，以示之曰："先天先地，何名何樣，阿曼陀無物比況。觸目菩提，自是人不肯承當。且輪迴滯名著相，圓融法界無思無想，廬陵米不用商量。血脉纔通，便知道擊木無聲，打虛空盡成金響。"又曰："柏庭立雪，一場敗缺。了無爲，當下休歇。百帀千圍，但只者孤圓心月。不揩磨鎮常皎潔，無餘無欠，無聽無説。韶陽老只得一橛，十聖三賢聞舉著，魂消膽裂，惟普庵迥然寂滅。"

俄有異僧，名稱道存，冒雪而來。肅大喜，互相徵詰，棒喝交馳，心心密契。存合爪嘆曰："師再來人也，大興吾道，非師而誰。"乃指雪書頌而別。於是肅大唱佛眼宗旨。蓋其師牧庵忠觀水磨，發明心要於佛眼拂下。後嘗以白木劍迫死心禪師，死心引頸而笑，忠作舞而出。故馮濟川曰："佛眼磨頭悟法輪之常轉，死心室內容慧劍以相揮。"忠出入江湖，人莫測之。

宣和間，湘潭大旱，禱雨不應，忠躍入龍淵，呼曰："業畜當雨一尺。"雨隨至，時以佛僧目忠。肅既見忠後，亦以神異和濟含靈，藏污耐垢，不知有己。演釋談章咒，旋天地，轉陰陽。世盛傳之，布於弦譜，而弭災焉。至其異迹，不可勝紀。

有問曰："師修何行業而得此三昧？"肅當空一畫云："會麼？"曰："不會。"肅曰："止止，不須説。"歸宗賢禪師曰："慈化乃吾黨黃鍾也。惜哉，時流獨傳其迹耳。"

肅道滿異邦，義學竊疑，其宗趣莫詳。肅憫而説偈曰："蒼天蒼天，悟無生法，談不説禪，開兩片皮，括地該天。如何是佛？十萬八千。"

一日，書偈方丈西壁云："乍雨乍晴寶象明，東西南北亂雲深。失珠無限人遭劫，幻應權機爲汝清。"乃結跏趺坐，令侍者鳴鐘衆集，瞑目而逝。時乾道己丑年，七月二十一也。

贊曰：荻葦之間，病鳥栖焉。六合之外，曲士藐焉。故肅公現三頭六臂，而傳持祖道，其心良苦矣。悠悠者獨以神通炅推，則公之大慈悲願足乎否邪？

天竺佛堂守仁禪師（南嶽下十五世　臨濟宗）

禪師名守仁，號佛堂，洛陽人也。少持重，寬夷好學。初依東京奉先沙門，宣和間試經於慶基殿得度。往來三藏譯經所，諦窮經論。每游刃膠結之隊，恢有餘地，故互稱曰："酥酪仁焉。"於宗門語句，則曰："按黑豆法也，何足爲奇。"然疑周金剛蜀之傑士，胡得蘁苴①之甚耶。

當是時，佛果勤公居天寧。天寧參頭則有宗杲、端裕、曇玩等。擇木寮則有樞密徐俯、侍郎李彌達輩。禪風大盛，仁益疑，乃攝衣探之。值挂牌入室，仁默自計曰："若有所長則得，倘違吾教乘，自當別有議論在。"佛果知仁在側，乃召仁問曰："依經解義，三世佛冤。離經一字，即同魔說。你還湊泊得麼？"仁擬引對，佛果以鐵如意迅擊之，因墜一齒。仁以手抹血，大悟。因

---

①蘁苴（yuè chá）：漂浮的枯草。

太息曰:"一人發真歸源,十方世界悉同消殞。以爲一時表法之詮,安知實有此等境界。至於清淨本然,云何忽生山河大地。不是其人,大難承當。"由是師資契合。住後,每瞋學者滯於奇妙言句,獨以毒棒出没,江湖著其聲。

嘗易服過武林,訪《圓覺》講主。值其陞堂,勾引經文,反覆浩浩。仁從傍失笑。講主下座,請仁曰:"上座高隱何處?"仁曰:"長行粥飯僧,安有定處?"曰:"適來上座致笑,非我説與經有違乎?"仁曰:"違雖未違,合則未合。"曰:"上座能明此義否?"仁曰:"明則不明,背却不背。"講主即請仁陞座剖判,仁即躡履而登。舉經中道:"居一切時,不起妄念。於諸妄心,亦不息滅。住妄想境,不加了知。於無了知,不辨真實。"以手空指曰:"會麽?庭前栽萬苣,萬苣生火箸。火箸生蓮花,蓮花結木瓜。木瓜纔劈破,撒出白油麻。参!"講主徹見《圓覺》宗旨不從人得,即散席南行。

仁爲人,不務名,不苛察。輪蹄輳集,罕見其面。衲子至,不時進謁。然機要險絕,且過堂無宿客。

淳熙甲午,召入内廷。上問曰:"朕嘗披法典。襄州龐藴奇士也,問馬祖:'不與萬法爲侣是甚麽人?'祖云:'待汝一口吸盡西江水,即向汝道。'藴於言下領會。爾師圓悟頌云:'一口吸盡西江,栗棘蓬殺老龐,當陽若也吞得,管取海内無雙。'禪師可中更出手眼,剖朕夙衷。"仁對曰:"秤錘搦出油,閑言長語休。腰纏十萬貫,騎鶴上楊州。"上大悦。

癸亥丹書復至，仁集衆①說法畢，即法座而逝。

贊曰：寶覺云："一塵飛而翳天，一芥墮而覆地。安樂處切忌許多骨董，直須死却無量劫偷心乃可耳。"蓋仁公以經論鳴世，偷心正熾。及遇本色作家，一擊而絕骨董，即家珍也，忌云乎哉！但其前後垂機，所謂浪子憐鄉客，杯翁愛醉人者，非也。

（補輯）瞎堂慧遠禪師（南嶽下十五世　臨濟宗）

瞎堂禪師者，名慧遠。生眉山之彭氏，爲圓悟禪師之晚子也。圓悟復領昭覺時，年老，乃以化柄屬之門賢，其門賢已播海內矣。以故摩竭之令，復行於昭覺。而遠新從靈崖來，靈崖爲徽禪師所居，得起鐵拂爲首座，敲唱黃龍宗旨。遠事之二載，於徽言下得其概焉，然起首座屢誘掖之。遠無留意，乃抵昭覺。侯②十日，始得通謁於悟公。公與語，大奇之，嘆曰："吾道未衰也。"許遠得非時入室。遠每大跪請益，公但笑曰："將謂吾老矣，故如此著急耶？"遠屏氣自失，不敢進言。

一日，聞舉龐居士"不與萬法爲侶"因緣，大徹其旨。越衆進問曰："淨躶躶空無一物，赤骨立貧無一錢，戶破家殘，乞師賑濟。"公曰："七珍八寶一時拏。"曰："賊不入謹家之門。"公曰："機不離位，墮在毒海。"遠便喝。公以拄杖擊禪牀曰："喫

---

①衆：補入"衆"字。
②侯：疑爲"候"。

得棒也未？"遠又喝，公連喝兩喝，遠作禮趨而去。自此機發莫禦，叢林共加其號爲鐵舌，遠遂與元布袋輩齊名。

紹興間，嵋守請居象耳山，不赴。未幾圓悟順世，遠勃然起曰："芳躅云亡，繼之者誰？高臥北窗，顧可得耶？"扁舟出峽，抵淮南開化龍蟠。遷琅琊，由琅琊遷普濟，由普濟遷定業，由定業遷光孝。歷十八載，名輩歸之。

僧問："即心即佛時如何？"遠曰："頂分丫角。""非心非佛時如何？"曰："耳墮金環。""不是心，不是佛，不是物，又作麼生？"曰："禿頂修羅舞柘枝。"

又問："浩浩塵中，如何辨主？"遠曰："木杓頭邊鐮切菜。""莫便是和尚爲人處也無？"曰："研槌撩飣飥。"

又問："不與萬法爲侶，是甚麼人？"遠曰："脚踏轆轤。"曰："庵裏人爲甚不知庵外事？"遠曰："拄杖橫挑鐵蒺藜。"

又問："昔有一秀才作《無鬼論》。《論》成，鬼叱曰：'爭奈我何？'意作麼生？"遠以手斫額曰："何似生？"曰："祇如五祖以手作鵓鳩嘴曰：'谷孤孤。'又且如何？"遠曰："自領出去"。曰："東山水上行，明甚意旨？"遠曰："初三十一不用擇日。"曰："十二時中如何用心？"遠曰："蘸雪喫冬瓜。"其機海無涯，約多類此。

又過南嶽，寓南臺。是時璉禪師住龍王，與方廣行公皆月庵高弟，道著湖湘，私相語曰："此間壁立萬仞，遠來何所措足乎？"故請陞座，設三十餘問，皆從上誵訛，險節關棙。遠畢酬之，辭旨超倫。璉等屈服，欲以名刹居遠。遠不顧，東隱天台，來往國清、護國、鴻福三寺。

乾道丁亥，平江守以虎丘迎遠。又奉旨歷崇光、靈隱二處。孝廟常召見，咨詢法要，加號佛海禪師，名儒日遶座下。以居士身而嗣法者，則有内翰曾開、知府葛郯。

郯號信齋，聞遠發揮即心即佛之案，有省，而呈頌曰："非心非佛亦非物，五鳳樓前山突兀。艷陽影裏倒翻身，野狐跳入金毛窟。"遠曰："公見處只可入佛，難入魔在。"郯愕曰："何也？"遠曰："何不道金毛跳入野狐窟？"郯乃領旨。

曾開字天遊，久升圓悟大慧之堂。聞風來訪，故問曰："如何是善知識？"遠曰："露柱燈籠，猫兒狗子。"曰："為甚賓即歡喜，毁即煩惱？"遠曰："侍郎曾見善知識否？"開變色曰："三十年參方，何言不見？"曰："向煩惱處見，向歡喜處見？"開擬議，遠喝之。開復擬進語，遠搖手曰："開口底不是。"開愧汗透重襟。遠召曰："侍郎向甚處去也？"開猛省踴躍，説偈曰："咄哉瞎驢！叢林妖孽，震地一聲，天機漏泄。有人更問意如何，拈起拂子劈口截。"遠笑曰："也祇得一橛。"

妙喜在嶺南，因閲遠語録，大駭曰："老師暮年有子如是耶！"遂以圓悟所付法衣寄贈之。於是，江湖以爲遠公見超妙喜云。

一日忽示衆曰："淳熙二年閏，季秋九月旦，鬧處莫出頭，冷處著眼看。明暗不相干，彼此分一半。一總作貴人，教誰賣柴炭。向你道，不可毀，不可贊，體若虛空没涯岸，相唤相呼歸去來，上元定是正月半。"時都下喧傳，頗疑之。遂達上聽，至期無疾，陞座如常。然士庶競集，上亦密遣中使伺起居。遠命侍者并赴堂，及齋畢，寢室窅然①，白氣氤氳。侍者入帷，見猿行者手捧卷莊立榻前，遠已化矣。急取行者手卷視之，乃辭世偈也。偈曰："拗折秤錘，掀翻露布。突出機先，鴉飛不度。"四衆殷留十日，受朝廷最後之供，其顏不少異也。年七十四，坐五十九夏。

遠公素蓄一黑猿，馴知人意，名曰猿行者，亦悠然脱去。其小師道濟及緇素，奉遠公塔於寺之烏峰，亦葬猿行者於其側焉。

贊曰：姬氏曰："貞，勝者也。"余考佛海提唱，如赤帝子斷蛇，而神姥夜號。其出没縱横，與五祖演公類也。此妙喜寧不望風而駭焉！

湖隱濟顛書記（南嶽下十六世　臨濟宗）

書記禪師，出浙東天台李氏貴族，名道濟。母夢吞日而孕，娩時紅光燭室。國清本禪師以爲法中之寶，摩頂而識之。

濟年十八，走靈隱，見瞎堂遠公，遠即爲濟斬髮。未逾年，神悟絶倫，遠爲印可。然濟性狂簡，出入僧堂，每大言忤衆。衆以濟犯規，白遠。遠曰："禪門廣大，豈不容一顛僧耶。"自後常出冷泉亭，與少年撲跤。或狂歌酒肆，或去呼猿洞，引猿同翻觔斗。或攜葷酒，污看經處。主事復白遠，遠惟以顛僧保護之，是

---

①窅（yǎo）然：幽暗。

以呼爲濟顛云。

遠公歿,濟之顛酒愈甚,寺不容住,遂挂搭淨慈。淨慈德輝長老,奇濟行履,以書記延之。然終不能忍酒,淨慈之衆亦短濟於輝前,輝之曲護亦如瞎堂。

書記常私遊十六聽朝官之門,毛、陳二太尉日以香醪饋之,人不敢非。

書記醉則賦詩千百言,言超意表,識者尚之。

一晚,醉臥十里松寺,主令人扶歸,憨睡厨下。初夜分,忽起遶廊,狂呼火發,衆以爲顛。中夜,羅漢堂瑠璃火延幡脚,寺毀。輝公乃留偈,承光化去。書記遂請嵩少林主方丈,嵩之賢書記亦如輝公。書記則曲設靈機,而夢感朝廷。不二載,葺礎千楹,頓還舊觀。又以兩廊影壁未就,欲達臨安新任王安撫而成之。嵩止曰:"不可。我聞王公微時,常投齋僧寺,業被寺僧所賣。王公怒,題寺壁曰:'遇客頭如鼈,逢齋項似鵝。'今凡見僧皆恨,汝干之可得耶?"衆亦阻之。書記笑而唯。徑投府前,值王公陞堂。書記則探頭引望,王公大怒,令陰執擬笞之。書記曰:"吾乃淨慈書記濟顛僧也,有段因緣,惟閣下能省,特來計較耳。"公亦微聞濟顛詩酒之名,意稍解。書記遂以王公昔年題壁事,造妙語諷之。王公大笑,留濟公,宿内衙。濟公徐以影壁意扣之,王公遂捐鈔三千貫,以懺前非。濟公之演化無礙,約類如此。

至若釋結弭災,遊戲三昧,異迹饒剩,不勝述也。一日入城訪舊,與張提點飲酒賦詩,歸便臥疾。嵩下安樂堂問公,公撫榻謝曰:"慚愧。"乃請嵩爲沈萬法披剃。萬法爲人誠重,冀公有年，公隨命萬法報諸詩酒故檀，即沐浴跏趺書偈，瞑目而逝。

太尉朝官俱赴淨慈，諸山宿德畢集會，送者千萬人。至虎跑寺前，茶毗，獲無數舍利。回至淨慈寺前，有二行脚僧謁嵩曰："某甲適從六和塔過，遇濟公寄書一緘、僧鞋一雙。"嵩大驚曰："濟公終時，我以此鞋易其敝屣。"對衆啓緘，其辭懇切，計二百零九言。紙餘又附頌曰："看不著，錯認笊籬是木杓。昨夜三更月正西，麒麟撼斷黃金索。幼年曾到鴈門關，老少分明醉眼看。憶昔面前當一箭，至今猶是骨毛寒。只因面目無人識，又往天台走一番。"

又旬餘，有錢塘差使過天台山下，會濟公復寄來詩二首。又後五十年，有范村人送木料於淨慈，言近屬濟公所化。

贊曰：濟公徹樞旨於瞎堂言下，遂以格外玄機，混俗同塵，或嘲風弄月，發明佛祖心宗。時不怪，以顛僧目之，幸也。及示化天下，始同稱公爲不可測人。豈非末後實效光明之被於萬物也博矣。於戲，鑑公生平，若非賢聖應世，求不巧盡拙生亦不可得也。

南宋元明禪林僧寶傳卷五

密庵咸傑禪師（南嶽下十七世　臨濟宗）

禪師名咸傑，號密庵。其先福州世族也，姓鄭氏。母夢廬山皓鬚頭陀入室而生。生之夕，境內皆聞天樂，不知何祥，其親亦秘之。師幼穎悟，氣宇深沉。事親以孝聞，親有賢行，勖①之遠遊，遂得度受具。不結侶，不備衾，寒暑一衲。遍扣諸方，諸方敬之。晚依應庵，屢遭訶詈，不假一詞，默師默契其機。

一日，應庵晚參垂問："如何是正法眼？"師遽趨對曰："破砂盆。"應庵頷之，命入侍，大擁衆心。及辭歸省親，應庵送以偈曰："大徹投機句，當陽廓頂門。相從今四載，徵詰洞無痕。雖未付鉢袋，氣宇吞乾坤。却把正法眼，喚作破砂盆。此行將省覲，切忌便踜跟。吾有末後句，待歸要爾遵。"

師閩還，應庵乃上堂，舉師分座曰："一棒一條痕，一摑一手血。臨濟老瞎驢，至今猶未瞥。須彌頂上浪拍天，大洋海水無一滴。偉哉本色人，頂門亞三隻辨龍蛇。百草頭，擒虎兕②，一毫力穿大地人鼻孔，坐斷衲僧搖舌。雖然，猶未撥動向上一竅在。且作麼生是向上一竅？問取堂中首座傑。"

未幾，開化衢之烏巨，其節概大類應庵，應接渾如妙喜。一

---

①勖（xù）：勉勵。
②兕（sì）：古代指犀牛。

時厭飫叢林者，皆起而歸之。秘閣張鎡，矢向宗風，改宅爲慧雲寺，請師據室。師憐其正信，示以趙州"無"字。鎡得旨，及師應祥符蔣山，歷華藏雙徑，而鎡皆隨侍。又遷靈隱，牀曆無所容，乃舉破庵先，分座接納焉。

師嘗被召入禁庭，或留宿內觀堂。天子屢欲加贈，師屢以疾辭。教授嚴康朝曰："窮則獨善其身，達則兼濟天下，理固然也。況良時莫再，聖主難逢，法兄每用藏六之機，不顧從上縣絲之脈，朝不取也。"師曰："汝之所見，本爲通論。但弘道設教也以時，當此際，京畿宮觀金碧交輝，古德高風杳不聞矣。而躁進孟浪之病，庶幾老成持重者有以振之。且華亭渡、西山隱，獨非兼濟天下乎哉！"力請退休平江。

淳熙甲辰春，天童使至。師告衆曰："去年八月間，得旨與安閑，擺脫水雲性，縱步到陽山。元宅諸子弟，忻然力追攀。庵居三箇月，開懷宇宙寬。忽接四明信，來書意盤桓。天童虛法席，使君語猶端。迢迢遣尙使，不問路行難。山僧臨晚景，不敢自相瞞。搥鼓樂與行，四衆亦忻歡。先師未了底，應是起波瀾。敢問大衆，如何是先師未了底？一回飲水一回咽，臨濟德山俱汗顏。"

入寺，以應庵遺規結制。陞座曰："數十年前舊公案，今日拈來重剖判。任是鐵眼與銅睛，也須曳入紅爐煅。衆中忽有箇不受瞞底出來道：'盡大地是箇紅爐，也煅某甲不破。'只向他道：'也知你在鬼窟裏作活計。'"

淳熙丙午，無病示寂，塔於寺東。其嗣法者，破庵先等一十二人，而澄照自鏡，復住天童。

贊曰：應庵廓虎丘之風，時出入其庭者濟濟耳。以其燅鉤繩而取曲直，故竊諱之。及密庵開化，山不束嶽，海不束濤。豈非過師之智，自與齊眉共躅者異歟！不然，則臨濟宗風何能西咸四七而東登二三也！

育王妙堪禪師（南嶽下十七世　臨濟宗）

禪師出四明毛氏，名妙堪，號笑翁。十歲授以世典，過目成誦，不悅也。乃從野庵欽，潛心釋訓，竟爲大僧。受無用全禪師之囑，住後以持綱不屈，聲達朝廷。朝廷屢以名山居堪，堪去就自若淡如也，一時爭慕之。

堪初參松源於靈隱，不契。偶禪者讀全無用自贊曰："匙挑不上箇村夫，文墨胸中一點無。曾把虛空揣出骨，惡聲贏得滿江湖。"堪悚然，欲見全。未及發，會全公訪靈隱，堪心幸之。松源引座，全乃曰："適來松源和尚舉竹篦話，令天童納敗缺。諸人要知麼？聽取一頌：'黑漆竹篦握起，迅雷不及掩耳。德山臨濟茫然，懵底如何插嘴。'"堪於此信入，即隨至天童，告香入室。全公以趙州"無"字徵堪，堪擬對，全驟擊之，堪大悟曰："大塗毒鼓，轟天震地，轉腦回頭，橫屍萬里。"全公可之。

堪後出世妙勝，遷金文，又廣孝，始終不務姑息，誠感徵應。紹興乙亥，禱雨。有司欲援徽宗事例，以道居僧之左而專其符水之術。堪力言不可，遂退歸雪竇，天竟不雨。童叟謠曰：
"以右爲左，天曰不可。四月五月，池潭起火。"聞於朝，復舊
序，雨乃大通。衛藩遂以台山報恩請堪，堪以台山舊無律宗，乃
議十寺爲壇，弘施毗尼。於是四衆雲合，化行南國，乃至屠父行
慈，狗盜弭節。

奉詔住虎丘，未幾陞靈隱。衛王特建大慈寺，請堪爲開山首
祖。既而退隱上柏，台郡陳使君邀居瑞巖。居無何，又遷江心
寺，乃淳熙壬寅年也。當是時，孝宗留神內典，常製《圓覺》
《楞嚴經》注，普賜文臣。又嘗召對諸禪宗，如佛照光者，出入
禁廷，以內觀堂爲禪師邸，甚盛典也。俄有奏，令僧道買紫衣師
號，爲大刹住持。堪駭嘆曰："審是，則商賈皆可主法耶，吾道
危矣。"即詣闕抗疏，切直數千言議寢。

紹熙癸丑年，佛照再赴壽皇詔，而育王席虛，以堪補之。堪
歷主名坊，機不虛發，深憐根有利鈍而法無小大。

嘗以頌示諸學流曰："車牛腦後痛加鞭，弃却黃金抱碌磚。
逐惡隨邪至今日，即非心佛錯流傳。"

又曰："覺城東際老婆婆，白髮鬖鬖①意氣多。與佛同生嫌見
佛，惡人無奈惡人何。"

又曰："柳毅傳書只自知，得便宜是落便宜。親生愛子都拋
却，痛惜深憐乞養兒。"

猶以柬致石鼓夷曰："先師法道，惟我與公。我既日就衰頹，
無足道者。公今應迹靈隱，利生接物，去就當如秋葉春雲，任緣

---

①鬖（sān）鬖：毛髮、枝條等細長的樣子。

聚散。凡與公卿貴人相見，務翻其窠窟，絕其偷心。若稍有院子，一念挂在胸次，模棱苟合，便成流俗阿師。雖爲萬指住持，何足貴也！"詞甚激切。

慶元庚申春，書遺表上達，并作短語，挽張寺丞主後事，乃趺坐白衆曰："業鏡高懸，七十二年。一鎚粉碎，大道坦然。"再與曹通守訣別，斂目而逝，其僧臘六十也。後嗣無文燦，燦付愚叟鑑。鑑閩人，有實德，元世祖詔住攴①提，賜號通悟明印。明印去妙喜，其世有五。

贊曰：碩果不食，厥功偉也。當南遷後，司衡多建中之餘，至今方外以市名職，吾道微矣。公乃毅然撥亂而反之正，功孰大焉，謂之碩果，非耶。殊不知浩然綱領之節，又原於妙喜云。

（補輯） 華藏安民禪師（南嶽下十五世　臨濟宗）

禪師生於嘉定府朱氏，諱安民，字密印，有異表，聲若洪鐘。心契圓悟之機，圓悟舉民首衆，曰："休誇四分罷《楞嚴》，按下雲頭徹底參，莫學亮公親馬祖，還如德嶠訪龍潭。七年往返遊昭覺，三載翺翔上碧巖，今日煩充第一座，百花叢裏現優曇。"

蓋民初開講於成都，雅稱《楞嚴》獨步。因訪友過昭覺，適圓悟小參，舉趙州拈南陽三喚侍者話云："如人暗中書字，字雖

---

①攴（pū）：輕輕地擊打，古同"撲"。

未成，文彩已彰。且道那裏是文彩已彰處？"民聞疑之。次日擬行，躊躇未決。其友謂民曰："君既匡徒領衆，文彩日彰，倘有從上道理消不去處，直與堂頭和尚坐而商略，何不可耶？顧而蘊結胸次，無乃病乎！"民唯唯，遂告香入室。

圓悟徐舉《楞嚴》，徵其心之所在。民多呈義解。悟笑曰："座主他日入地獄，莫怨老僧不道。"民愕然折節，胡跪求說前旨。悟又笑曰："文彩已彰。"民俯首出而嘆曰："禪門委有長處，葉公之龍不足貴也。"即散講依栖焉。

一日白圓悟曰："和尚休舉話，待某說看。尋常拈椎豎拂，豈不是經中道：'一切世界諸所有相，皆即菩提妙明真心。下喝敲牀時，豈不是'反聞聞自性，性成無上道'。"悟唾之曰："你元來在者裏作活計。"民於此信入，復請曰："古帆未挂時如何？"悟曰："庭前柏樹子。"民積滯頓豁，踴躍趨出曰："古人道：'一滴投於巨壑。'殊不知巨壑投於一滴矣。"於是民之美譽溢叢林。佛鑑聞而笑曰："何日吹到蔣山門下，別有商量在。"

民後謁鑑，鑑問曰："佛果有不曾亂爲人說底句，曾向你說麼？"對曰："合取狗口。"鑑變色震聲曰："不是者箇道理。"曰："無人奪你鹽茶袋，叫作甚麼？"鑑曰："佛果若不爲你說，我爲你說。"曰："和尚疑時，退院別參去。"鑑呵呵大笑，以殊禮延之。

民遂開法保寧，而建康緇素强民至華藏，陞座，以篆鑰委之，座下各趨而去。民知中計，嘆曰："三十年弄馬騎，今日却被驢子撲。"是時海内宗風大盛，叢林最小者，千指聚集。民獨嚴持風裁榻，無雜賓舂爨之役，常躬爲之。至法鼓鳴時，龍蛇競勢，民不禁也。

示衆曰："衆賣花兮獨賣松，青青顏色不如紅，箏來終不與時合，歸去來兮翠藹中。可笑古人恁麼道，大似逃峰赴壑　避溺投火。争如隨分到尺八，五分鑵頭邊，討一箇半箇。雖然如是，山僧半箇也不要。何故？富嫌千口少，貧恨一身多。"

又從華藏退居故里之中峰，乃以圓悟白拂付之寶印。會圓悟歸蜀，民遣印省之。悟問曰："從上諸聖以何接人？"印堅拳悟曰："此是老僧用底，作麼生是從上諸聖用底？"印以拳揮之，悟亦舉拳，相交大笑，一衆改觀，而民公之望益重。民竟無疾，終於本山。闍維，心舌不壞，舍利無數。細民穴地尺許皆得之，尤光明瑩潔焉。

（補輯）徑山寶印禪師（南嶽下十六世　臨濟宗）

寶印禪師者，嘉州人，號別峰。初業儒，弃儒剃染，業華嚴。又弃華嚴，從華藏民禪師悟明心要。其祖圓悟每譽之，謂印有超師之略，印之名遂著。乃通謁於妙喜，自稱西川法侄，恃徑山多士竊笑之。妙喜問曰："未出劍門關，與你三十棒了也。"印遂展拜曰："不合起動和尚。"妙喜忻然，顧左右曰："你們騎馬趁不及。"是日萬指叢林爲之震動。於是西還開法，而兩川素稱義虎之雄者皆從印遊。印仍慰其開講曰："宗教無二致，而公自岐耳。公以無欺心而演教，教中之宗也。我以無欺心而弘宗，宗中之教也。我佛初轉四諦於鹿苑，而憍陳如乃無欺之首也。後拈枝花於靈峰，而迦葉乃無欺之終也。故其間談經三百餘會，皆以無欺法而利無欺衆。公但自反能無欺乎？既無欺矣，以無欺舌而流無欺教，則教與宗是一是二乎？惟諸公勉之。"

印又出峽，住持保寧，次遷金山，自金山移雪竇，自雪竇補雙徑，其衆盛矣。嘗示衆曰："世尊初成正覺於鹿野苑中，轉四諦法輪，憍陳如比丘最初悟道。真淨拈云：'今日新豐洞裏，祇轉箇拄杖子。'遂拈拄杖卓左邊云：'還有最初悟道者麼？若無，丈夫自有衝天志，莫向如來行處行。'遂喝一喝，下座。若是印上座不然，今日向鳳凰山裏，初無工夫轉四諦法輪，亦無氣方轉拄杖子。祇教諸人行須緩步，語要低聲。何故？欲得不招無間業，莫謗如來正法輪。"

又曰："三世諸佛，以一句演百千萬億句，收百千萬億句只在一句。祖師門下半句也無，祇恁麼合喫多少痛棒。諸仁者，且諸佛是、祖師是？若道祖是佛不是，佛是祖不是，取捨未忘。若道祖佛一時是，佛祖一時不是，顢頇不少。且截斷葛藤一句，作麼生道？大蟲裏紙帽，好笑又驚人。"又曰："將心除妄，妄難除。即妄明心道轉，紆桶底趯穿，無忌諱等閑，一步一芙蕖。"

印年邁，日常宴坐，匡牀頹然。一老比丘士夫訪拜牀下，愛慕倍於父母，孝宗皇帝知而召之。印以足疾，辭不奉詔。帝賜肩輿，於東華門內，迎入選德殿。初禮臣議朝儀，及見印直登榻跏趺，群臣皆失色。帝喜其真率，乃問《圓覺》之旨。印隨機酬對，帝默有契，輒注《圓覺經》，命印撰經首之序。自是東華門置禪師輿，以備顧問。十五年冬，力請庵居。

紹熙改元，過訪智策禪師，兼與言別。策問行日，印曰："水到渠成。"歸索紙書："十二月初七夜鷄鳴時。"如期而化。奉蛻質，返寺之法堂，留七日，顏色明潤，髮長頂溫。又七日，擇退居之西岡而閟①焉。謚慈辨禪師，塔曰智光。

　　贊曰：民禪師義壇之翅虎也。一入昭覺之門，翻然易轍，與夫抱英敏之姿，負昂藏之表，甘若捉月之猿、趨陽之鹿者。豈非日劫相倍乎哉！師以已愈之方，施之別峰，印自然水乳合而針芥投，爲萬古我慢之正鑑，是則西山亮何足爲多耶！

道林淵禪師（南嶽下十六世　臨濟宗）

　　淵禪師者，失其里氏。木訥寡文，爲人無競。嘗點胸自警曰："參方須具擇法眼。不然，踏碎鐵鞋，何益哉！"

　　是時吳楚法席，以物色相勝，獨大潙月庵果公峭甚。室中惟置一方木榻，兀坐如鐵橛，霜雪不釋。每誡知事，不可以軟語誘人。學流見輒引去，惟淵堅依決擇。每受訶責，株立弗避，月庵每切齒熟視而休。有檀家入山求法，月庵因起謂衆曰："奚仲造車一百幅，拈却兩頭除却軸。"驀打圓相曰："切莫錯認定盤星。"淵於此盡脫廉纖。

　　後出世潭州道林，法嗣月庵。月庵嗣開福寧，寧入五祖演禪

---

①閟（bì）：古同"閉"，隱避。

師之爐鞴①，故淵爲演克肖之孫也。同出月庵之門有八人，各化一方。獨淵瞿然，以卑自牧，群賢競起成襯之，故道林聲價甚邁。窮谷璉嘗曰："道林領下有逆鱗，不可攖他。"有僧挺身曰："便攖時如何？"璉曰："橫屍萬里。"僧傳語道林。淵曰："窮谷瞎禿，錯下名言。"僧請別置一答。淵曰："只恐不是玉，是玉也大奇。"於是禪流往來，馨炙其語。

僧問曰："雪峰一問德山，低頭便歸方丈，意旨如何？"淵曰："奔雷迸火。"曰："巖頭道其未會末後句，又作麼生？"淵曰："相隨來也。"曰："未審那裏是巖頭密啓其意處。"淵曰："萬年松在祝融峰。"曰："三年後果遷化，還端的也無？"淵曰："摩尼達唎吽㚆②吒。"

淵令不易出，出則風行草偃，而便懶之獘，靡然易向。然復不馳刺檀家，日以鋤钁爲佛事。普請歸，忽拈拄杖，告衆曰："離却色聲言語，道將一句來！"衆無對。淵曰："動靜色聲外，時人不肯對。世間出世間，畢竟是誰會？"言訖倚杖當軒，莊立而逝。

贊曰：余讀《東山演祖語錄》，則青山白雲，開遮自在。嗣後尊宿肖之者幾幾。豈碧潭明月，撈攦方知乎！今揀道林數語，頗類之，不可不傳之也。然月庵悞於孤硬，而道林繼之。青陽解凍矣，萬類不獲榮，願者未之有也。

---

①爐鞴（bèi）：古代火爐鼓風的皮囊，亦借指熔爐。
②唎吽㚆（lì hōng bá）：佛教咒語用字。

白楊法順禪師（南嶽下十五世　臨濟宗）

　　法順禪師者，綿州文氏子也。弃家行脚，觀寶輪藏迅轉，頓徹教外別傳之旨，得受記於龍門佛眼。同出佛眼門者，有高庵悟、竹庵珪、雪堂行輩。順住白楊時，其同門俱播令名矣。獨白楊敗屋數楹，東傾西壓，以木丫支拄焉。順日携鉢袋，走撫之鄉城，至晚或負斗粟而還。及門，數十人樂與之俱。每夜參，必端據木牀，徒屬或栗足側耳而聽曲折。順曰："好事堆堆叠叠來，不須造作與安排，落林黃葉水推去，橫谷白雲風捲回。寒雁一聲情念斷，霜鍾纔動我山摧，白楊更有過人處，盡夜寒爐撥死灰。"忽有箇衲僧出來道："長老少賣弄得恁麼窮乞相。"山僧祇向它道："却被你道著。"

　　又曰："鷄啼曉月，狗吠枯椿。只可默會，難入思量。看不見處，動地放光。説不到處，天地玄黃。撫州尺六狀紙，原來出在清江。大眾，分明話出人難見，昨夜三更月到窗。"又曰："風吹茅茨屋脊漏，雨打闍黎眼睛濕，恁麼分明却不知，却來者裏低頭立。"

　　順住白楊既久，激勵學者，妙有方略。雖枯淡不堪，有青原紹燈輩始終侍從，後俱出世，大顯其聲。

　　順老疾，一日諸山趨詢。順起示眾曰："久病未嘗離木枕，人來多是問如何。山僧據問隨緣對，窗外黃鸝口更多。只如七尺之軀，甚處受病？衆中具眼者，試爲山僧指出病原看！"衆爭下語，順乃拊掌一下，作嘔吐聲曰："好箇木枕子！"便趨寂。依法闍維，收五色舍利，并諸不壞者，曰目睛齒舌數珠，瘞於寺西。

　　初順在龍門時，雲居虛席，聞高庵悟表裏端勁，趨龍門聘之，悟固辭。佛眼勉其出住，悟仍不就。順告悟曰："先知覺後知，先覺覺後覺，蓋素分也。況雲居爲江右名刹之首，安衆甚便，沾沾小節，奚足喜焉。君應之，順雖不敏，願請爲輔。"悟乃欣起。於是順自爲藏主，邀賢真牧任維那，通烏頭典知客，應庵華莅副寺，德用爲監寺，自圓爲首座，故佛眼之風大振焉。

　　贊曰：余初閱師行實，疑其爲踽凉①之士。逮味師語句，乃政黃牛端獅子之上也。高庵最勁挺，不近人情。師降尊招賢，闡揚一代時教，其迹豈可測哉！然其示枯淡於一時，流膏腴於百代，於戲尚矣。

徑山塗毒智策禪師（南嶽下十五世　臨濟宗）

　　塗毒禪師，名智策，祖籍天台陳氏。幼入塾強記，父携游桐柏宮，策見古石相，問曰："此爲誰？"其父曰："周之義士伯夷叔齊也。"策低首，良久曰："審如是，則人世富貴不足取矣。"父奇之。又過護國寺，遍觀僧寮佛舍，恍憶前因，堅求脫白。父

①踽（jǔ）凉：孤獨冷清，形容孤獨寡合的樣子。

亦不阻其志，遂爲大僧。

首謁國清光，光指見萬壽圓。圓曰："甚處來?"策對曰："天台。"曰："見智者大師麼?"策曰："即今亦不少。"曰："因甚在你脚跟下?"策曰："當面蹉過。"圓曰："上人不耘而秀，不扶而直，欸之不可。"

聞雲巖游老人退居武寧，策趨求依，道經雲居，阻雪月餘，偶聞板聲，大悟。不俟霽，達武寧。適游庭坐，乃指策曰："何處見神見鬼來?"策曰："打破虛空，全無把柄。"游搖手曰"未在。"策曰："東家暗坐，西家廝罵。"游大喜曰："他日起家，一麟足矣。"於是親侍。久之，辭應雙徑，游謂策曰："闡揚一代時教，必須福與慧齊。汝福不逮慧，吾爲汝憂。"策對曰："惟愁己眼不明，己眼若明，即獨對聖僧喫飯，何歉焉?"游以爲賢。既而果策一人大唱黃龍之道。

蓋游初爲儒生，不屑貢籍，弃名，出成都。道遇黃山谷，山谷見游風骨不凡，乃同舟下江陵。竟染衣匡廬，而投機於湛堂準。準之師真淨文，文師黃龍南，是南爲游之四世祖也。

游年九十三，退休武寧，扁曰典牛。典牛之户，無冗履閑，和《牧牛頌》寄張無盡居士。其頌曰："兩角指天，四蹄踏地，拽斷鼻繩，牧甚屎屁。"無盡發笑曰："狂翁故態也。"

策主叢席，其拈提大類湛堂，操重堅勁，又似黃龍。故黃龍三關之旨，至策爲之一新。嘗舉教中道："'若以色見我，以音聲求我，是人行邪道，不能見如來。'雖然恁麼，正是捕得老鼠，打破油甕。懷禪師道：'汝眼在甚麼處？雖則識破釋迦老子，爭奈拈䭔①舐指。'徑山則不然，色見聲求也不妨，百花影裏繡鴛鴦，自從識得金針後，一任風吹滿袖香。"又曰："一見便見，猶隔鐵圍。玄沙老漢，腦後痛錐，名高豈在鐫頑石，路上行人口似碑。"

　　慶元庚申秋，上堂撫法座曰："此牀子我不復臨矣，汝等當以文祭我。"明日沐浴，更衣端坐，命供頭設祭。弟子如命，鞠躬拜跪，宣其文。策傾聽至"尚饗"，爲之一笑，遂引聲曰："四大既分飛，烟雲任意歸，秋天霜夜月，萬里轉光輝。"竟化。

　　贊曰：眇視報緣，獨尊道眼，盛衰之迹，何足浼焉。此蓋中峰贊公生平之略也。或怪公大泄典牛之氣，門士如雲，全不肯諾，豈王刀有異耶？抑精金躍冶乎！雖然，不肯諾中即肯諾矣。末法覓人肯諾，起自雌黃，哀哉！

---

①䭔（duī）：古代的一種麵食，現代稱爲麻圓、麻團、油堆、芝麻球等。

南宋元明禪林僧寶傳卷六

松源崇嶽禪師（南嶽下十八世　臨濟宗）

禪師名崇嶽，號松源，乃龍泉吴氏子也。師事密庵，得法後，凡七竪刹竿，有嗣一十二人，人各有名。

嶽爲人重嘿，每見貴客，則問曰："大力量人，因甚擡脚不起？"見禪流，則問曰："明眼衲僧，因甚脚跟紅線不斷？"有對者輒哂而顧之。時稱嶽得應庵之機、得密庵之用云。

蓋嶽早歲厭塵弃家，以白衣參靈石妙，不契，即上徑山。徑山萬指軒騰，嶽隨衆末聽妙喜杲和尚説法，蒙無所知，但聞杲盛贊。當今應庵真得臨濟正傳，嶽輒走參應庵。應庵益難近，嶽乃奮勵，垢面露肘不暇恤。應庵憐之，示嶽曰："世尊有密語，迦葉不覆藏。"嶽隨聲進曰："鈍置和尚。"應庵喝之，嶽有省。應庵笑曰："者俗漢成得甚麽？"嶽乃求剃髮，時年三十矣，既受滿分戒。

入閩見木庵永，永諦視曰："樹倒藤枯，知落處麽？"對曰："裂破。"曰："琅琊道，好一堆柴，聻！"對曰："矢上加尖。"永休去。於是嶽益自負。永曰："公每下語，老僧不能過。其如未在，他日拂柄在手，爲人不得，驗人不得。"嶽曰："爲人者，使博地凡夫，一超入聖，固難矣。驗人者，打向面前過，不待開口，已知骨髓，何難哉。"永舉手反覆曰："明明向你道，開口不在舌頭上。"嶽憤去之，出嶺，逢二道者耦坐評論諸方。嶽所舉心肯者，道者皆拂之。嶽曰："如是，則誰可君意？"道者以指書"密庵不凡"四字。嶽已知密庵爲人，遂至衢之西山，折節事之。幾進商略，密庵幾笑之。嶽復心疑，乃至密庵移居雙徑，於入室時，始徹木庵道開口不在舌頭上。久之，出世澄照，演唱宗乘，以報密庵。湖海以嶽言行無欺，多從之，遷光孝，遂有大名。

慶元間，詔移靈隱，蓋晚年也。是時門弟有文禮輩，已闡化大方。嶽仍陞堂入室，從未以風晨雪夕不打參鐘。嘗以秘魔擎叉語，接謙頭陀。以有賊無贓語，接肇道者。以心學無聞語，接陸游樞密。游得證後，隱鏡湖，自稱放翁。

嘉泰壬戌秋，嶽年七十有一，忽召衆言別。有偈曰："來無所來，去無所去，瞥轉玄關，佛祖罔措。"跏趺脫去，塔於北高峰。

嶽居靈隱時，與密庵尊嚴無異。初密庵居靈隱，嶽首衆僧。密庵常稱疾，闔戶不許通謁。潛上座竊議之，嶽曰："不然。師嚴道尊千古，明鑑當今。汲引豪貴者，將謂行道建立爲心。殊不知，禮輕則慢易生，辭繁而情識長。塵勞卜度，安有了期！緇俗既爲道而來，必發露真心，至誠激切。然後一言入耳，永爲道種，兜率悅之，待張無盡、葉縣省之接浮山遠是也。若區區老婆禪，何足重哉！"

贊曰：嶽公以白衣有省，於應庵語下固非草草矣，終乃死心於密庵。其祖父壺奧，如樊將軍擁盾入鴻門，孰得而禦之！故驅耕奪食，於分座靈隱時，班班著聞見焉。不然，彼天目禮輩，各抱奇志，其甘入公彀中哉！

淨慈義雲禪師（南嶽下十六世　臨濟宗）

　　禪師義雲者，號退谷，福州閩清黃氏子也。黃氏世以詩禮傳家，雲有異姿，一目數行。然侗儻不善浮沉，每病其宗不達聖原，各執隅說，疑誤後學，乃淹貫性理，先輩重之。

　　時有胡嫗，居烏石山，年將百歲，精術數，眇忽不遺，人爭謁之。雲亦詣嫗，嫗大喜，欸留數日，乃謂雲曰："君，福人也，當有大遇。我目下即歸國，有一敝裘奉贈，聊表殷勤。"雲受歸，怪其重，折綫路，皆珍珠碎金。雲失足嘆曰："嗟乎七尺丈夫，乃爲胡嫗所買也。"遂沉弃其裘於江而北遊，國學群士俱出其下。

　　因釋《中庸》，有所悟入，裂縫掖而去，問道於山堂淳禪師。淳曰："子以聰明之質，枉顧山野。山野毫無所長，試言子之見處，爲子證據。"雲論靜定工夫，娓娓千餘言。淳曰："子所說道理，似不違背。更有一問：譬有一人正走後面，百千虎狼趕來。又有一人扯住，要問靜定工夫。若答它，後面虎狼迫至，則喪身失命。若不答他，則靜定工夫安在？汝於此時畢竟如何施設？"雲茫然，淳公大笑而起。雲徹夜慚惶，撫膺嘆曰："塗路之學，終非實著。"乃求落鬚髮，擇絮務以自勵，且勇不自矜。

　　行脚至吳，見鐵庵。鐵庵與語，大奇之。雲又辭去。鐵庵曰："抱道衲子，須以己度人，不可矯激其行，自居清白地上，以駭聾俗。於此行去，形卜於影，毫不生慚，斯可爲人師範！"雲書其語於襟，遂造靈隱，機契佛照。佛照移住育王，雲爲首衆。佛照命其秉拂，以爲宛如雪堂，惜妙喜先師未及見也，遂以妙喜所付袈裟披雲。

雲出世香山，次繼育王。育王以佛照遺風規摸①闊大，歲計浩繁，雲獨以樸儉爲先，中多引去者。宗印禪師過訪，雲奉蔬食之外，焚爐對坐，永宵清淡而已。印心笑之，間謂雲曰："冰淡家風，千秋美典。至若尊宿士夫過我山門，禮體似不可簡也。"雲良久謝曰："我非不知也。老人住世，德尊寰宇，歲計動滿千萬，諸方相習成風，非錦屏大碗不見客。雲嘗竊怪，以爲過當。據蒙見，如尊宿惠慈山門，有幸住持，則當率衆翹勤恭請，普施法利，此待尊宿禮體也。至於士夫爲道，相訪住持，面無謟色，心無求事，直辭開導，俾貴人知有林下氣象，其禮體也不亦優乎！否則古風凌夷，必爲明眼取笑。"印大然之。

慶元間，詔雲居淨慈。杖履渡江，同禪徒數十，皆敝衣楚楚，意貌翛然。武林吏佐併紳士迎於途，私相慰諭，易其華服，而尊禮如一佛出世焉。既主淨慈，規制畫一，與育王時無異，惟提唱綱宗，以爲供養。

其上堂曰："奔流度刃，疾焰過風。啐啄同時，崢州萬里。有的道，如人學射，久習則巧。殊不知，未殼以前中的，早涉紆迴了也。趙州到茱萸，靠却拄杖則且置，只如孚上座道聖箭子折也，作麼生？"喝云："若不同牀睡，安知被底穿！"又曰："昔僧

---
①摸：應爲"模"。

問雲門："殺父殺母，佛前懺悔，殺佛殺祖，甚處懺悔？"雲門曰："露！"還會麼？斗轉風雷吼，星移海嶽昏。誰知席帽下，元是昔愁人。"

開禧二年示疾，侍僧以榻施褥，雲叱去之，曰："吾末骨立也，安用此？"遂卓杖別衆曰："意烏猝猝，萬人氣索，佛法向上，何曾踏著。臨行業識茫茫，一任諸方卜度。"投杖斂目而寂。

贊曰：昔高庵聞成枯木住金山侈甚，嘆曰："比丘法貴清儉，豈宜如此？此與後生習輕肥者何異？得不愧古人乎？"按退谷處可爲之秋而能簡約乃爾，其清操真足龜鏡將來。

靈隱之善禪師（南嶽下十七世　臨濟宗）

禪師名之善，吳興人也。其先劉姓，世歷膴仕①，善自視欿②。然年十三，志決出塵。其親謂之曰："吾家欸唾青雲之上，若更何慕而欲爲之？"善對曰："欲爲佛耳。"其親惻異，知不可禁，乃許受業於齊政沙門，内行純粹，人敬愛之，出入經論，胸無宿義。乃遍扣禪坊，未得究竟。

晚謁佛照光禪師，辨論風旛公案。光不諾，善固求明破。光示曰："非風旛話露全機，千古叢林起是非。咄者新州賣柴漢，得便宜是失便宜。"善厲聲曰："啊哪，却只恁麼！"光以杖擊曰：

---

①膴（wǔ）仕：高官厚禄。
②欿（kǎn）：不自滿。

"今日與君通一線，斬釘截鐵起吾宗。"光自此旬月不下堂。問其故，光曰："吾妙喜先師擔子幸卸肩矣。"

善歷衡湘，游廬嶽，保養聖胎，於妙高峰下，叠柴爲室，不謀宿舂①，一住十載，時以妙峰尊宿稱之。嘗咏曰："廬陵米價報君知，浩浩塵中識者稀。回首不知何處去，白雲流水共依依。"又曰："有時笑兮有時哭，調高和寡難拘束，一派清音徹九天，風前誰解聯芳躅。"

隣山有座主，自負妙悟《楞嚴》，携數徒屬訪善，善揖坐相視。移時，座主曰："昨見大慧有八還頌曰：'春至自開花，秋來還落葉，黄面老瞿曇，休搖三寸舌。'語雖工俏，但未出經意耳。"善驀召座主，座主應諾。善曰："經意且止，還出得大慧老人意麼？"座主咿唔莫措。善呵呵大笑而起。座主歸，避席數月。復具師弟禮請益於善。善示偈曰："没弦琴上無私曲，一曲彈來轉轆轆。斷崖流水少知音，六六不成三十六。"

善東遊雁山，闡法於臨海慧因，歷洪福，遷萬年，乃示衆曰："久參高士，眼空四海。鼻孔撩天，見也見得親，説也説得親，行也行得親，用也用得親，只是未識老僧拄杖子在。何故？將成九仞之山，不進一簣之土。"是時善之名滿江南。卒退休皋亭，道俗仍以明州瑞巖居。善居無何，平江晉陵請符叠至，善任緣而應，不執可否。善既久領衆事，法令益略，衲子益新。及却天童赴靈隱，蓋暮年也。雖檀旋憧憧，善仍蕭然一衾，室中長物竹篦、禪杖而已。

---

①舂：疑爲"舊"。

端平二年，自題小像，遺龍濟宗鍪。復誡諸弟子曰："像法垂秋，名利根深，如象没深泥，珠沉巨海，識浪塵緣，終無了日。我爲僧七十餘載，目之所到，耳之所聞，衛護法門，隱忍受垢者，間或有之。求其不奉明詔，不接公卿，如寒巖枯木，確不可回者尠矣。人但知法門由顯而盛，殊不知由盛而衰。故有緣之功於法門者，其功一時也。無緣之功於法門者，其功萬世也。諺云：'庭前生瑞草，好事不如無。'又豈謬哉！"

九月二十八日，書偈趺坐，瞑目而寂。壽八十四，僧夏七十有一。火浴，舍利無數。門人善珍，號藏叟，丐清之鄭公爲銘，塔於靈隱之西岡。

龍濟宗鍪禪師（南嶽下十八世　臨濟宗）

宗鍪①禪師者，號友雲，姓王氏，廬陵人也。幼不茹葷，年十九，辭親修大僧事，長者多器之。既而遍見大有道者。不事宗乘章句，獨以睡夢時不能作宰爲憂。

晉陵華藏善公遷靈隱，鍪南渡依之。踰年機不合，擬别參。未發，偶見僧讀珍藏叟自贊，鍪亦隨翫，乃咀嚼其語，始駭靈隱門賢非泛泛也。其詞曰："參禪無悟，識字有數。眼三角，似燕山愁胡。面百折，如趙婆呷醋。一著高出，諸方敢道飯是米做！"

①鍪（móu）：1. 古代打仗時戴的盔。2. 古代的一種鍋。

鍪遂堅志請益於善，而兄事於珍。久方契旨。辭去，道由佛頂峰下，倦行，憩山莊磐石，愛其山林蓊蔚①。指問莊叟，叟告曰："內有龍濟古寺，先係修山主故址，今廢。"鍪曰："居之可乎？"莊叟曰："彼中狼虎甚多，師能居之，何不可。"鍪竟剪棘，縛茅以居，木食澗飲。或雪寒無宿火，日啖菖歜②數寸而已。有時長笑而吟曰："山僧有分住烟蘿，無米無錢莫管它。水似琉璃山似玉，眼前儘有許來多。"

靈隱善公知之大喜，自題小相，以贈鍪曰："妙峰孤頂草離離，橫按竹篦三尺鐵，只許佛頂龍濟知，父子不傳真妙訣。"於是有志之士，飡風而嚮之。因人建立叢社焉，鍪嘗書門曰："除却眼耳鼻舌，那箇是你自己？若也道得，許你親見龍濟。其或未然，且居門外。"有對者，鍪皆叱逐之。珍藏叟聞而笑曰："恁麼爲人，其靈龜曳尾乎？雖然，也是六月霜花。"乃遣僧問曰："和尚曾接得幾人？"鍪曰："山僧失利。"僧回舉似藏叟，叟唯唯，乃疏辭徑山，推鍪代之。鍪曰："先師壘土未乾，遺訓在耳。矧我龍鍾無似之人，更何所圖甘言軟語，而與朱紫爲隣哉！"稱病不起。

鍪年八十，日不停務，夜據匡牀。合衆環聽垂訓，孜孜不倦。一日告衆曰："先師春秋八十有四，吾年雖得企及，但法運衰矣，罪在我躬。"言訖涕下，已而彈指一聲曰："祇此是別衆話也。"僧問："臘月三十日時如何？"鍪曰："門無索債人。"衆淒然，請開末後方便。鍪曰："一燈在望，更無言説。大地平沉，

---

①蓊蔚（wěng wèi）：草木茂盛貌。
②菖歜（chāng chù）：菖蒲根的腌製品。菖蒲，多年生草本植物，生長在水邊，有香氣，地下有根莖。古代有端午節食菖蒲葅與飲菖蒲酒之俗。

虚空迸裂。"泊然而化，塔於佛頂峰上。初道俗請建壽塔，鎣固止之曰："何哉？老僧朝死夕埋，獨污龍濟一塊土，不必尋山擇地也。我每笑溺信形家，圖穴興旺，使聖賢法緣媚於黃土。顧而爲之，豈初心乎？"

贊曰：妙峰父子，始末行藏，不彙而符。所謂水月交羅，鏡燈互入，豈可以孤峻而病之！《易》曰："十年乃字，反常也。"

淨慈自得慧暉禪師（青原下十四世　曹洞宗）

自得禪師，名慧暉，乃會稽張氏之寵子也。自少割愛辭親，得度於澄照寺。孤錫雲遊，見長蘆真歇，以爲有所證。於閃電機下，竟南歸。所遇叢社如逆旅，一閱而弃之，遂投謁於覺宏智和尚。宏智威德自在，道望隆當世，當世見者，皆爲神悚。暉獨心負所畜，不藉通詞，特擬觀光於座下，宏智熟視暉而容之。暉微疑其所以，乃自請挂搭。宏智召暉至榻前，詰以《寶鏡頌》，暉驟進語，智正色遣出之。暉乃折節自悔，從前寶惜一齊放下。一夕，正往聖僧前燒香，適宏智來前，暉見之，頓悟大旨。自爾問答無滯，得授記莂焉。

紹興丁巳，開法補陀，馳其提唱，語於宏智，宏智大悦。其語曰："朔風凛凛掃寒林，葉落歸根露赤心，萬派朝宗舡到岸，六窗虛映芥投針。本成現，莫他尋，性地閑閑耀古今，户外凍消春色動，四山渾作木龍吟。"又曰："釋迦老子窮理盡性，金口敷宣一代時教。珠回玉轉，被人喚作拭不淨故紙。達磨祖師以一乘法，直指單傳，面壁九年，不立文字，被人喚作壁觀婆羅門。且道作麽生行履，免被傍人指注？衲被蒙頭萬事休，此時山僧都不會。"

又曰："巢知風，穴知雨，甜者甜兮苦者苦。不須計較作思量，五五從來二十五，萬般施設到平常。此是叢林飽參句，諸人還委悉麽？野老不知堯舜力，鼕鼕打鼓祭江神。谷之神，樞之要，裏許旁參，回途得妙。雲雖動而常閑，月雖晦而彌照。賓主交參，正偏兼到。十洲春盡花凋殘，珊瑚樹林日杲杲。"於是補陀風範與天童并峙。其遷萬壽，次吉祥，又雪竇，皆名公巨卿爲之勸請。

淳熙丙申，有詔補淨慈。上堂曰："皮膚脱落絶方偶，明了身心一物無，妙入道寰深静處，玉人端馭白牛車。妙明田地，達者還稀，識情不到，唯證方知。白雲兒靈靈自照，青山父卓卓常存。機分頂後光，智契劫前眼。所以道，新豐路兮峻仍韣①，新豐洞兮湛然沃。登者登兮不動搖，遊者遊兮莫忽速。亭堂雖有到人稀，林泉不長尋常木。諸禪德，向上一著，尊貴難明，琉璃殿上不稱尊，翡翠簾前還合伴。正與麽時，針線貫通，真宗不墜，合作麽生施設？滿頭白髮離巖谷，半夜穿雲入市鄽。"

當是時，大振曹洞宗風者，多出宏智之門。瑞巖有石窗恭，光孝有了堂徹，常州善權有法智，而聞庵居翠巖，法真居清凉，乃至大洪長蘆皆屬焉。以故淨慈典職班序者，半皆諸方弟侄，酬唱叶諧，稱爲新豐正韵也。

庚子秋，退歸雪竇。白髮垂肩，逍遥怡懌。愛携禪客，談空

---

①韣（dú）：同"韇"，藏弓箭的器具。

白日，而笑落青山。常作偈曰："重重去盡自平常，春暖風和日漸長。戶外鳥啼聲細碎，巖花狼藉滿山房。"以癸卯冬月二十九，沐浴而逝，瘗於明覺塔右。

贊曰：暉公以奇雋之，姿英發銳。上睹影響，於掣電光中，便肯承當。及入天童爐鞴鎔成大器，輒能振大聲，以達九皐。其境何順也！細簡今古，匪流則亢矣。公乃履滿不溢，順而能節，抑何謙以退也。芳型在望，不禁高山仰止之思云。

北磵居簡禪師（南嶽下十七世　臨濟宗）

禪師名居簡，出潼川王姓，號敬叟。又稱北磵，蓋居北磵之日久也。

簡姿秀而文當世尚之。遊廣福，讀出世典，輒弃冠具戎。參別峰，別峰指見塗毒。塗毒示其心要，簡以從前所學湊泊不可，疑情猛切，常立達旦。偶過擇木寮，閱萬庵語云："欲識諸佛心，但向衆生心行中識取。欲識常住不凋性，但向萬物遷變處會取。"簡於此忽省，以爲萬庵與佛照同條。遂別策造靈隱，機契佛照光禪師。於是往來妙喜下尊宿，一十五年，激揚宗旨，大有力焉。乃辭佛照，經甌閩，歷江西，過羅湖，訪仲溫。仲溫與論　大喜曰："妙喜之後一人也。"乃以妙喜居洋嶼庵竹篦爲贈，且曰："公之後必大。"

未幾，出住台州紫籜，遷報恩，及廣孝，名大振。退居武林飛來峰之陰，卿士猶物色之，不顧。當是時，出佛照之門者，有靈隱善、徑山琰、天童派、東禪觀、上方銛，交章勸簡應旴江刺史之命，又不顧。而江州使者以東林雲居力致之，簡亦不顧。乃壽《北磵集》行世，宿儒附之。葉水心曰："簡公話柄特驚人，六反掀騰不動身。説與東家小兒女，塗青染綠未禁春。"簡嘆曰："狼虎之害，世人易知也。文章害世，則難知矣。狼虎在山，藜藿不采。文章欺世，耳目沉淪。余比見近流施爲闊略，非先聖之言不言，非古哲之迹不舉。然境風乍飄，榮辱無主，取快一時，名節掃地，則向之所言所舉，皆爲飾詞，以欺世者也。欺世之害，甚於狼虎。余頼躬不逮，深爲是懼。所見所聞，偶筆成集。若稍存心，欲以詩文鳴世，則又吾教之罪人也矣。"遂毀板。

晚居淨慈，其門人大觀以高庵《楞嚴綱要頌》，請簡發其旨。簡向慕高庵爲人，乃聯和而序之。

淳祐丙午春，示衆曰："識得一萬，事畢了事。衲僧一字不識，直饒恁麼，未稱全提。禹力不到處，河聲流向西。"歸方丈，大書"四月一日珍重"六字。至期，言語移時，斂目而逝。

簡初在紫籜，委羽有二姓，爭竹山竭産不已。仙居丞啓簡諷之，簡示以《種竹賦》，二姓之訟遂止。台氓謡曰："簡公筆，甜如蜜。"

贊曰：齊桓侯有疾，在腠理以忽扁鵲。終至骨髓，雖司命無奈之何。而末造衆生言行參差之，疾不啻在骨髓間也。故北磵生平行李，惟恐針石之不逮。然以文字得度者，則北磵法化，寧當有別論也，否乎？

南宋元明禪林僧寶傳卷七

徑山無準師範禪師（南嶽下十九世　臨濟宗）

　　無準禪師者，諱師範，蜀都雍氏子也。九歲依陰平山沙門，試經，目不遺照。紹熙五年，具戒訪道。乃求坐禪，訣於老宿堯公。有信入，即出峽謁佛照光禪師。光曰："生緣何處？"對曰："劍州。"曰："帶得劍來麼？"師便喝。光笑曰："者烏頭子也亂做。"

　　又過靈隱，參密庵禪師。密庵不易見，乃入破庵先首座之室。先與語，陰奇之。一日要師遊石筍庵，有道者問："胡猻子捉不住時如何？"先答曰："如風吹水，自然成紋。"師恍然大徹，失聲曰："諾！"先大喜而歸，師遂事先公，赴穹窿。蓋先以邠深得玄要、主賓之旨，可倚重正宗也。先公移居臥龍，師辭，遊天台。尋開法明州清涼，以香酬破庵先公，於是吳越知名。

　　師初寓瑞巖，夢偉衣冠者持茅授師，及至清涼，見伽藍像，即向所夢者也，茅乃神之姓焉。三年遷焦山。次三年遷雪竇，有大名者皆歸之。乃示眾曰："面面相看，眼眼厮覷，衣外別傳，有甚憑據。到却門前剎竿著，鳳栖不在梧桐樹。"又曰："兀兀地思量，無可得思量。無可思量處，真箇好思量。大庾嶺頭逢六祖，鰲山店上見曾郎。"又曰："賊火相逢恰五更，現成臟物不須爭。暗中多少都分了，天曉依然各自行。"又曰："日面月面，突出難辨，擬欲擡眸，空中兩片。"

師居雪竇三年，詔補育王。又三年，住徑山，居無何。徑山毀，知事者懼，師引咎自歸，一衆咸安。師整頓荒基，說法如故。仍請希叟爲副寺，退耕爲監院，別山智爲化主，雪巖欽爲座元。未久寺成，朝旨召入慈明殿陞座。師舉賓頭盧尊者赴阿育王宮因緣，乃曰："君王一語出如綸，尊者眉毛八字分，四海風清烟浪靜，碧天無際水無垠。"上大悦，賜金紋袈裟，號佛鑑禪師。

六年徑山復毀。毀之夕，風雨暴作。師端座別舍，漠然不問，且笑且吟曰："雨散雲收後，崔嵬數百峰。王維雖妙手，難落筆頭踪。"仍結茅安衆，寺復成。又去四十里，別築萬年，正續以憩。雲水不遠，復建精舍爲歸藏所，藏前後所賜宸翰，敝室左右奉祖師與先世香火。或期誕諱，必爲飯僧佛事，以贊冥福。蓋蜀亂，師之先祀絕矣，故祠之。上聞嘉嘆，賜名圓照庵。淳祐戊申，又小築於明月池上，爲退休計。

師臘既高，綸音次序，存問不間。師惟歷書古德機緣，謝對而已。或大賓過山，師獨揭心宗要領，間咨南比國運，師俯首一默而已。

己酉三月望，陞座曰："山僧既老且病，無力得與諸人東語西話。今日勉强出來，從前所說不到底，盡情向諸人面前抖擻了也。"乃起抖衣曰："是多少？"遂區囑後事，復手書達上言別。上遣中使慰問後事，師曰："來時空索索，去時赤條條。更欲問端的，天台有石橋。"移頃而寂，塔於圓照庵。嫡嗣有雪巖欽禪師。

贊曰：南堂謂："師居五峰，法席之盛，不下妙喜時也。衆多糧少，而重罹回禄，不無奔走四方之勞。想見其曲折，苟非以荷負正宗爲心，則安能籧篨①若此！"嗚呼！南堂其知言矣。

別山祖智禪師（南嶽下二十世　臨濟宗）

別山祖智禪師者，蜀人也。其先楊姓，世有顯任。智既生正信之家，幼絶世緣。七歲紹印沙門化爲行童，授以圭峰《圓覺敘》，脱口成誦。宋嘉定癸酉，試所習得度，其年十四矣。又五年，參佀牛全於昭覺。經二載，苦制話頭，不敢展衾。每至後夜，或假寐而已。偶聞姑蘇僧誦殺六巖法語，字字皆點著自己禪病。時巖住姑蘇之穹窿山，智逕走見，以古德因緣求指。巖惟瞑目端坐，展掌示之，不決請益。巖如前無它語，於此又二載，智所求益哀。巖竟不換機，智乃擬簡藏經融會本參。因閱《華嚴》善財入彌勒樓閣，見閣中有無量不可思議諸佛境界，有省，默舉祖師公案皆會節目，舉似於巖。巖方啓齒曰："靈雲見桃意在甚處？"對曰："萬緑叢中紅一點，幾人歡喜幾人嗔。"巖以爲然．乃可之。

智復遍歷名席，俱獲美譽。渡錢塘，游天台，友斷橋倫。見無準範禪師於雪竇。範棒喝風馳，智結舌不能仰對。範每受參垂

---

①籧篨（qú chú）：粗竹席。

問，智每擬當機瞻視範公，不能進措一辭。乃私嘆曰："我生平所參所悟底，皆死法也。死法何濟哉？"乃盡捐宿負，堅依範公。久之，於範公棒喝中，大通妙旨。遂呈偈曰："用盡工夫夜欲闌，東挑西撥見還難。無端豆爆寒灰裏，便把柴頭作火看。"

範公遷育王徑山，智皆負包與俱。徑山毀，知事者多懼，勸範弃之。智曰："不可。昔南禪師住歸宗，歸宗被火，有司責其咎，南尚順而居之，以故南公之名大重。今徑山雖火，而時清道泰，且堂頭和尚以咎自歸，無弃去之心。我輩為人子臣，當仰體君父之心。父子君臣道合，反廢為新，庸何慮焉。"智於是自充化主，而殿閣樓臺，從鼓舞中涌起五峰矣。

嘉熙二年，出住洞庭之天王寺，以真言實踐，接納方來。然好貶剝諸方，江湖以智天王哂之。癡絕冲嘗問洞庭來僧："曾見智天王否？"對曰："學人適從天王來。"曰："尋常有何言句？"僧舉天王示衆語曰："帶鎖擔枷招罪犯，安禪入定坐深坑。兩頭踢脫無依倚，一箇閑人天地間。"冲笑曰："恁麼，則智天王罪過不少"

丞相遊公侣以西余虛席，請智補之。未久，智自西余荷策遷金陵之蔣山，參徒蟻聚，名滿淮南。

悦堂誾道者初遊吴，聞智尋常怒氣嗔人不減。居天王時，乃謁智。智問曰："是何法諱？"對曰："祖誾。""近離何處？"對曰："江西。"曰："馬大師安否？"對曰："起居和尚。"智拽杖便起，誾躡履便行。侍僧問曰："適來者僧未知留否？"智笑曰："是必去也。"侍僧出訪，且過堂，果去矣。誾住後乃曰："我當時只肯別山收，不肯別山放。"

寶祐四年，天童火，無少剩。州帥吳公潛以疏聞上，二以智居天童。智曰："携吾白骨以伴青山足矣，興復之事，豈吾望也？"遂於瓦礫堆中搆草廬，以安衆。三載之間，松關盡處，青山捧出梵宮而壯甲東南焉。

智處衆，能耐小節，深得衲子之心。衲子互相頌曰："吾師諱祖智，即弘智再來也。"

景定改元九月朔，示衆曰："雲淡月華新，木脫山露骨。有天有地來，箇箇眼睛活。"乃掩室。復令傳語曰："不及相見，各自努力。"越十日，珍囑後事，叉手捐世。壽六十一，坐四十七夏，塔於中峰。

贊曰：我師翁悟老人新天童時，修輯歷祖石塔。余得兒智公之塔，圮於荊棘叢中。及攷天童中興圖志，惟公大有功於天童者也。公初事無準，居徑山，以大義鼓舞，遽成五峰樓閣。後公居天童，不三載而重興莫大之精藍，亦座下有其人而鼓舞之。嗟乎！非忠於事上，誠以接下，曷克有此哉！

淨慈斷橋妙倫禪師（南嶽下二十世　臨濟宗）

斷橋和尚，名妙倫，姓徐氏，台之黃巖人也。弱冠欲入瑞巖隣寺出家，其父兄不許，強倫治生產。倫不樂業，乃遁永嘉圓頂，於廣慈寺受戒歸省，得問道於瑞巖谷源禪師。源以麻三千話示倫，倫大疑之，如面千尺鐵墻。因隣僧讀《楞伽經》曰："蚊蟲螻蟻無有言説，而能辨事。"倫有省。

　　會無準範公中興雪竇，雪竇風峻，禪者不易上謁。倫下包，直趨方丈，左右莫能止。範公怒曰："甚處來底？"對曰："瑞巖。"曰："到此何爲唐突若是耶？"倫從容進曰："實爲己躬事切，來呈似耳。"曰："有甚驢事馬事，試舉看！"倫乃陳其所得。範曰："狗子因何有業識？"倫進語，範不顧。如是滾滾不住，連進三十語，範俱不顧。擬再進語，無可湊泊者，乃跪泣請曰："師寧無方便乎？"範公憐之，以古頌示曰："言有業識在，誰云意不深，海枯終見底，人死不知心。"倫悚栗沉吟，忽聞板響，通身汗下，連拜範公足下。範笑曰："我不汝欺也。"倫弗吐一詞而出。

　　範公移居育王徑山，倫皆從而相之。是時出公門者，雪巖欽、別山智等，各化一方，稱有道焉。倫亦領祇園小刹，據室燒香，甚有大體，一時名衲趨其座下。院窄無所容，移居瑞巖，又移國清。

　　倫爲人徑直無諱，好采群言，評量古今，議論既出，如束濕薪。然皆援經據史，如披曉鏡，人以爲博物宗匠。若智若愚，争識一面而後已。

　　晚居淨慈，嘗謂衆曰："荆山有玉，獲得者不在荆山。赤水有珠，拾得者不在赤水。衲僧有無位真人，證得者出入不在面門。"橫按拄杖曰："會麼？幽州江口石人蹲。"又曰："德山低頭，夾山點頭，俱胝竪起手指頭，玄沙築破脚指頭。"拈拄杖云："都來不出山僧拄杖頭，何以見得？"卓一卓曰："一葉落天下秋。"又曰："達觀穎云，七佛是性隸，萬法是心奴。且道主人翁在甚麼處?」自喝云:「七佛以下出頭。」又自喏云:「各自祇候唤七佛作性隸,指萬法爲心奴。達觀自謂有出身路,及其自喝自喏,又是奴隸邊事,主人翁何曾夢見?在要會麼?」揮拂云:「曉來一陳春風起,開遍園林百樹花。」

倫晚年罷上堂。一日忽挂牌入室,已而謂衆曰:「斯乃老僧末後一場搬弄也。」復問闍上人曰:「臨濟三遭黃檗痛棒,是否?」對曰:「是。」曰:「因甚大愚肋下築三拳?」對曰:「得人一牛,還人一馬。」倫怡然撫几曰:「後當有人據此爲你證明在①。」遂以後事分付門人方山寶、竹屋簡。又裁書,別諸方知己。魏國公閱倫書,大驚,即遣使問曰:「師生天台,爲甚死在杭州?」倫微笑,以手指左右曰:「日出東方,夜落西。」其使擬拜,倫已化去。

贊曰:斷橋和尚以英偉之姿,入雪竇範公之門,始知肘後靈符不從人得。及出世而簸揚淘汰,可謂精於得人矣。以故方山寶輩數傳而世其家,諸方稱之曰:「斷橋一脉有以也。」不然,則如世暴流,朝盈夕涸,而斷橋一派嘉聲何從而挹之?

徑山道冲禪師(南嶽下十九世 臨濟宗)

禪師名道冲,字癡絕,出武信荀氏。少爲書生,精通六藝有

---

①原本夾注:閬號悦堂,後嗣介石朋。

聲,然數困棘圍。冲自解曰:"無憂也,非當成我出塵之志乎!"竟剃落於梓州妙音院,具戒,出蜀放浪於吳楚間,覿諸宗匠而不願見也。

當此之時,曹源生禪師唱密庵之道於妙果。冲幾擬進謁,復中止。流連講肆,惟見禪者接足往來妙果,且頌妙果之機用。冲心計:"生公若無長處,何得人心若是耶?"乃奮起往見。與生酬對數語,深畏之,求侍左右,不去者一年,生公宗乘玄旨冲俱領會,但於拳棒交馳,似有所滯。且屢呈伎倆,生屢拂之。冲恨,辭去曰:"尚餘一雙窮相手,要向諸方癢處爬。"竟去歷諸保社信宿。即行,又見靈隱嶽。嶽又不諾,冲又擬去。乍遇故友挽之,住經八餘月。或告嶽曰:"冲君才華非易得也,不以方便接之,其失士乎!"嶽曰:"我已八字打開,渠當面錯過,却怪阿誰。"冲聞之,口耳俱喪,徹見生公妙用。乃北面妙果而拜之曰:"幾負吾師,幾負吾師!"住後嗣法曹源生。

初,江湖衲子觀望不歸,及其開堂接納,星飛電捲,老師宿德稱善,於是衆歸如雲。

上堂,有僧問:"心佛及衆生,是三無差別,如何是過去心?"曰:"放待冷來看。""如何是現在心?"曰:"你問我答。""如何是未來心?"曰:"後次上堂向你道。""如何是過去差別智?"冲以拂子擊禪牀左。"如何是現在差別智?"冲擊禪牀右。"如何是未來差別智?"冲向中間一點。僧乃禮拜曰:"心佛衆生無向背,十方剎海一毫收。"冲曰:"過去心不可得,現在心不可得,未來心不可得。三心既不可得,喚甚麼作差別智?若人見得徹去,三世諸佛無一時不在諸人頂顙上轉大法輪。更來者裏挨肩并足，討甚麼椀？"以拄杖一時趕散。

冲初住嘉禾光孝，次遷蔣山。蔣山瀕江，多惡歲，艱於行乞，一衆有菜色。冲振起謂之曰："我佛祖門風，處違常順，且饑寒凍餒，獨非佛事乎！況法喜之食，食無窮也。"即自携布袋，日走街坊，不以風雨自間。每回必命鼓集衆，提持不倦。如此一十三載如一日，叢林不窘。

有詔移居天童，會育王又虛其席，以爲冲善荷大衆，請冲攝理之。乃小參曰："天童用底來，育王用不著。育王用底來，天童用不著。用不著處用有餘，一箭雙鵰隨手落。"

晚遷徑山，一日上堂曰："世尊生平用盡伎倆，及其摩胸告衆，求生不得生，求死不得死。山僧則不然，要行便行，要去便去，八臂那吒攔不住。"移時坐寂焉。

冲善書，暮年尤好之。然所書者，皆先覺古德警策偈頌，無雜言也。有學士求書，欲冲自撰詩文。冲諾，即命引紙，乃大書"摩訶般若波羅蜜"七字。學士笑曰："仍是舊底。"冲以手婆娑曰："我不敢輕慢你等，你等皆當作佛。"

贊曰：田單持不二心以守節，即墨不逾年，下七十餘城，還之於齊，可謂壯矣。冲公以妙年持不二心入道，蹶然紹生公一脉於將絕未絕之際。且處違常順，奠蔣山一衆於風雨飄搖中，俾曹源生公之道復振於時，不亦偉哉！

天目文禮禪師（南嶽下十九世　臨濟宗）

　　天目禪師文禮者，字滅翁，生阮氏，爲臨安籍也。得度於真相寺智月沙門，得道於薦福松源嶽禪師。出世於郡之廣壽，次則雁山能仁。復詔居南屏淨慈。終於天童者，蓋赴暮年之詔也。四會談禪，兩赴明詔。於其西丘福泉，乃退閑之所也。

　　禮居雁山時，南國衣冠君子多從之遊。禮杖拂蕭然，清風迫人，松下雲間，泉聲石色，無尊卑，目遇而已。然卒不樂，乃退居梁渚西丘。自述曰："我自南山退席回，懶將藤杖接方來。有時拄到晴坡上，簡點梅花幾樹開。"方是時，晦庵居士朱熹者，以道學開館台南，訂有司挽禮，再居能仁。不起，乃作偈簡雁山耆宿曰："我拋一語墮龍湫，逗石穿雲幾度秋。白髮詎那看不透，月寒高挂冷猿愁。"禮既休閑於梁渚，道俗相尋不絕，禮多兀坐繩牀，熟視搖手而已。或格外相愜，禮自理瓶鐺，談笑連朝夕不厭也。

　　節齋趙公慕禮高行，微服過訪，坐語竟日。節齋去，禮竟不問其姓名。適淨慈席虛，節齋起禮補之，不赴，節齋乃言於上。上强命之入院，禮曰："九重命下，四海同欽。山嶽歡呼，禽魚起舞。且物外道人因甚也被轉却？順是菩提。"四衆稱善。

　　未久又杖策宵遁，退居福泉。上惜之，復敕天童居禮。禮启天童，常以南山笻筀①、東海烏鰂話驗。方來擬對，禮輒啓牙三下，識者驚焉。一時及其門者，非智過於師，不易放行。改自書曰：無韶陽來扣門，終不捘人脚折。有德山至詰問，方纔欬滅紙燭。堪嗟狐媚，妄相嗣續，寧教草滿法堂，苔封古屋。楊岐不得保寧白雲晦堂，若非死心靈源，其餘碌碌，難爲接足。

禮住天童，不久又弃，歸西丘舊隱，然方賓益勝。朱晦庵嘗詣禮，禮以格外瀟灑示之。晦庵則彬彬然有容，整冠進問毋不敬。禮驀起叉手。晦庵退語人曰："碧落碑果無贋本也。"楊慈湖亦問不欺之力，禮答曰："要明兔象全提句，看取陞階正笏時。"

禮四歷住持，僅八九載。而退居之日，多其風調高古，見者神肅。然敘及法道體勢，則慷慨太息，或繼以涕。故嗣其志者，皆著大名於當時。

淳祐十年冬月，忽晨起，謂衆曰："誰與我造箇無縫塔？"侍者曰："請師塔樣。"禮微笑曰："盡力畫不出。"即蜕去，年八十有四矣。闍維，頂骨牙齒不壞，舍利如燦珠，附天童應庵祖塔之左而悶焉。

贊曰：余核公道行，垂手三十餘齡，四遷五退。如白雲影内神仙，可仰而未可攀也。再味其説法，若志公之容謾，許僧由描摹。當時君子以公之名齊於妙喜應庵，誠不謬矣。

---

①筀（guì）笋：笙竹之笋。

天童如淨禪師（青原下十六世　曹洞宗）

　　如淨禪師，字長翁，奇逸有遠大志，受可印於足庵。不屑肥遁，廣諸方便經。其笑罵者，皆脫略成器。故嘗開會浙江左右，六坐名坊，而淨慈天童最久焉。其陞座曰："有問有答，矢尿狼藉，於是眉毛慶快，鼻孔軒昂，直得大地平沉，虛空迸裂。正當恁麼時，且與宏智古佛相見。"豎拂云："相見已了，合談何事？從前汗馬無人識，只要重論。"蓋代功開爐打圓相，召衆曰："箇是天童火爐，近前則燒殺，退後則凍殺。忽有漢出來道作麼生？囦！火爐動也。"又曰："螟蛉子殪①而逢蜾。祝之曰，類我類我。天童門下莫有類我者麼？萬里不挂片雲，天地一團猛火。"又曰："陸修靜、陶淵明、文殊、普賢。"作圓相云："咦，一欵具呈。且道憑誰批判？若是孔夫子，吾無隱乎。"

　　爾有覺禪者，親依年久，夜分請決於淨。淨曰："我困倦，且去，明日爲你說。"覺念日月蹉跎，含涕而出。露立待旦，整威儀入室。淨憐之，乃上堂曰："一箇烏梅似本形，蜘蛛結網打蜻蜓。蜻蜓落了兩邊翼，堪笑烏梅咬鐵釘。"覺傍失聲曰："早知燈是火，飯熟已多時。"淨便喝。識者稱淨險要，頗類雲門。其縝密實如洞山，但未見稟承何人。或問請曰："師唱道多年，名

---

①殪（yì）：殺死。

滿叢林，高足已闡化，方得法源委，乞明指示。"淨良久笑曰："涅槃堂裏向汝道①"

又示衆曰："古人大雪滿長安，天童賣却者心肝。無神通菩薩猛劈，一椎千手眼大悲。捏怪多端。還會麼？獅子教兒迷子訣，老婆心切不相瞞。"

淨年六十六，忽命侍者設香案，聲鼓集衆，拈香嗣足庵焉。其語曰："如淨行脚四十餘年，首到乳峰，失脚墮於陷穽。此香今不免拈出，鈍置我足庵大和尚。"足庵名智鑑，鑑法嗣天童珏，珏嗣長蘆清了。了字真歇，乃丹霞子淳入室之子也。是淨爲青原下十七世之正裔。初足庵鑑公爲兒時，母與洗手瘍，執鑑手曰："好似箇甚麼？"鑑曰："似佛手。"親歿，即從長蘆真歇禪師得度。珏首座器其進止端莊，以方便示鑑。鑑即隱象山，屏絕諸緣，一鑊爲伍，廓達玄旨。復就珏，珏可其見處。鑑住後，以枯淡集方來。晚年徙居雪竇座下，明眼衲子皓首相依。如淨以柏子話請益鑑，鑑本色策之。淨乃領悟曰："西來祖意庭前柏，鼻孔寥寥對眼睛。落地枯枝纔踔跳，松蘿亮格笑掀騰。"鑑曰："老成持重，爲人天眼。聲光暴耀，非我所望。"淨既受記莂，乃重其師訓。半生開化，不邀虛名。又疾時輩冒稱越繼，故臨末際，方示法源。乃召衆曰："六十六年，罪犯彌天。打箇踔跳，活䧟黃泉。咦！從來生死不相干。"奄然長往。

贊曰：丹霞大隆洞宗之後，而冒濫之弊，駸駸有矣。長翁舉措風規，無乃塗毒鼓不容側耳，抑識法者懼乎？但其入理深談，

---

①原本夾注：有本云：涅槃堂裏看。

不滯玄微。真洞下獰龍，而雲行雨施，詎可量哉！

（補輯）上都華嚴全一至溫禪師（青原下二十三世曹洞宗）

禪師名至溫，字全一，邢州郝氏子。爲天童如淨禪師八世之裔也。性敏捷，不易出語，語則合度。六歲從萬松秀禪師，祝髮爲大僧。是時萬松之庭多俊傑，會僞金章宗明昌四年①，召秀説法於内廷。其王親貴戚羅拜求示，秀俱無言説，惟合爪當膺而已。溫大疑其所以，乃請問於秀公，秀公拂之。溫益疑，遂心計曰："至道雖玄，非言莫顯。師於佛法，得無吝乎？"一日見僧問秀曰："是處是慈氏無門無善財，爲甚道琉璃殿上無知識？"秀厲聲曰："折却殿了，與你相見。"溫不覺失笑。秀顧溫曰："笑甚麽？"對曰："可惜打破瓦。"秀曰："打破後如何？"溫又無語。

然溫博學強記，與雪庭裕公往還辯論，裕每譽之。

秀公遷大都仰山之栖隱寺，丞相耶律楚材常問道栖隱，因與溫甚善。

會同學林泉倫上座出住萬壽，溫以大事未了爲愧，且憂憤成疾。久之乃得秀公之旨，於是機不可攖。

秀公暮年常課華嚴，門下得法者雖一百二十人，惟溫最愜公

---

①原本夾注：即南宋光宗紹熙四年癸丑。

意，其金都應酬，悉以溫代之。秀公歿，會元主伐金。溫開法華嚴，林泉倫繼席報恩，其道價齊重於京都。

元主研究三教典籍，以爲宋徽宗不業三教正經，佞於方士丹昇之説，以至亡國。詔有實學之士，較諸道藏僞撰，除《道德》《南華》外，盡行燒毀，命林泉倫於大都憫忠寺舉火。是日傾都傳聞，士庶畢集。倫乃以火炬打圓相云："諸仁者，只如三洞靈文，還能證此火光三昧也無？如斯會得，家有北斗經，枉教人口不安寧。其或未然，從此灰飛烟滅後，任伊到處覓天尊。急著眼看！"便燒之，衆口雜然稱正，時至元庚申也①。

元主將西征，有嫉我教者遂奏議曰："釋氏雖托方外，然多忠烈之輩。今五臺等處，僧徒有能咒術武略及膂力者，宜募爲部伍，扈從西征，可爲開國之一助也。"溫聞大驚，乃顧楚材而折其説。楚材亟白元主曰："釋氏之高行者，必守不殺戒，奉慈忍行，故有危身，不證鵝珠，守死不拔生草者。法王法令拳拳奉行，雖死不犯。用之從軍，豈其宜乎！若不循法律者，必無智行在，彼既違佛制，在此豈終王事哉！一舉兩失，實不可也。"元主遂然之。

太保劉秉忠以僧服而輔元主，元主甚敬之。忠曰："臣乃宇宙之廢品耳，何當聖眷？此有萬松秀禪師之高弟，名曰至溫，唱曹洞宗旨於上都華嚴寺。其學兼内外，道貫天人。陛下若詔而賓之，必充擴仁風，爲蒼生之依賴也。"於是溫入内廷，與元主朝夕論道，元主嘗恨相見之晚。

---

①原本夾注：即南宋景定元年。

河北諸禪刹,自宋政和以來,加之遼金壬辰兵穢,祖庭未得興復。元主敕立禪僧爲主持,於是三河寺院沛然興矣。燕趙秦晉之間,洞室宗風大鬯,皆溫之力也。溫居內庭,三載如一日,辭還,錫號佛國普安大禪師。至元丁卯五月①示疾,沐浴更衣而逝,異香三日。茶毗,舍利無數,四衆分塔而祀之。

　　贊曰:朝生鳳雛,自與千歲玄鶴同途而異轍。余觀溫公驅烏於萬松之庭,其胸中固已吞雲夢八九耳。及演化大都,果遠出群賢之上。然兵火之餘,能使王公貴人信有此事,非冰霜潔行,不足以感之。今人獨味萬松評唱之語,而不聞公有回天之力。何哉?余故表而出之,爲洞宗之威鳳云。

---

①原本夾注:即南宋度宋三年。夾注中的"度宋"應爲"度宗"。

南宋元明禪林僧寶傳卷八

北平慶壽印簡禪師（南嶽下二十世　臨濟宗）

禪師名印簡，字海雲，山西寧遠人也，得道於慶壽璋禪師。

璋字仲和，乃天目齊之裔也。齊①參五祖演和尚，得演記莂，遂隱天目。當其時，出五祖之門者，化遍南州，而三佛之裔稱盛。獨齊公居天目，甚枯淡，法席寥然。暮年始有懶牛和上座紹齊之法而和之，枯淡尤甚，僅得竹林寶。寶得竹林安，安傳容庵海，海之名頗著，乃有中和璋，璋之下有印簡出焉。簡出，則齊之道大於北平矣。

簡本出儒家，有生知之質。其父宋氏授以《孝經·開宗明義章》。簡掩卷進曰："開者何宗，明者何義？"其父愕然，提其耳曰："孺子可教也。"時方七歲。於是古今經緯之學，一目輒知要領。然疑喜怒哀樂未發以前之理，不遑寢食，乃盡捐宿學，走事中觀沼禪師。每發問端，沼每止之。沼老，常命簡扶行，偶下階，簡掣沼公之手。沼咄曰："者野狐精！"簡恍然而諾。沼乃遣簡行脚。簡既飫遊，孤策過燕京，雨阻松鋪，中途夜宿巖下，因擊石火，劃然大悟，乃捫面曰："今日始知眉橫鼻直，天下老和尚信不寐語矣。"遂達慶壽，通謁於中和璋公。公先夕夢，異僧

---

①齊：疑爲"齊"字之誤。

策杖竟來方丈，據獅子座。晨起而心待之，簡果應期而至。璋大喜受展問曰："你曾到此麼？"簡對曰："印簡不來而來，作麼生相見？"曰："切莫打野榸①。"簡曰："石火迸裂，眉橫鼻直。"曰："吾此處別。"簡曰："如何表信？"曰："牙是一具骨，耳是兩片皮。"簡曰："將謂別有。"曰："錯！"簡喝曰："草賊大敗。"璋笑而休。

次日，璋公以臨濟兩堂首座下喝機緣，令簡下語。對曰："打破秦時鏡，磨尖上古錐。龍飛霄漢外，何勞更下椎。"曰："你只得其機，不得其用。"簡掀倒禪牀。璋曰："路途之樂，終未到家。"簡與一掌。璋曰："只得其用，不得其體。"簡曰："青山聳寒色，月照一溪雲。"曰："只得其體，不得其智。"簡曰："流水自西東，落花無向背。"曰："要且沒交涉。"簡震拍其兩掌，是時左右皆爲變色。璋公乃曰："如是，如是。"遂命掌記室，而師資如水乳也。

元世祖辛卯年，簡主慶壽，衲子不懼苦寒，趨歸法會，而禪牀幾至折脚，其都中貴人多雜遝門下。簡一以璋公真率之風應之，無不悅服。蓋璋居慶壽，受公卿之刺，從未以名姓干復之。然以祖意徵扣，則忉怛往返，不留餘地也。

一日，簡於廊下逢數僧，乃問曰："那裏去？"一僧對曰："賞花去。"第二對曰："禮佛去。"第三對曰："那裏去。"第四僧無語。簡俱以棒打之。復問第五僧，對曰："覓和尚去。"簡曰："覓他作甚麼？"曰："待他打時，還他一頓。"簡曰："將甚

---

①榸（zhāi）：枯木根。

麼來打?"曰:"不將棒來打。"簡連打曰:"者掠虛漢!"衆皆走散,簡召曰:"諸上座,衆同首!"簡曰:"是甚麼?"乃趨寂。謚曰佛日圓明大師。

贊曰:簡公據無師之智,出家行脚,遍閱尊宿。而後扣中和室投機之語,盤旋密運,稱可觀矣。公不假能事而起天目,齊幾湮之宗,則老東山之面目儼然,豈非巨冶無分金之體,而二江有得月之機乎!

徑山妙高禪師(南嶽下十九世　臨濟宗)

妙高禪師者,號雲峰,閩之長溪人也。其母夢池上出大蓮花,有嬰兒合爪坐華心,以手捧得之而娩,故小名夢池。幼明敏好學,諸老宿皆以奇童稱之,愛其吐詞,有關聖化。

年未及冠,忽記宿因,乃弃業爲大僧。一錫吳楚,首參癡絶冲。冲以道德文章傾動一時。高微露風采,冲大喜曰:"此子有冲霄之質,若堅其羽翮①,飽足秋風,實吾宗之望也。"因指見無準範。範公不近人情,及陞堂入室,高對語雍容,範甚器愛。已而復見偃溪聞禪師,聞住育王,使高司藏鑰。一日,聞公顧高曰:"不道子無見處,老僧只道未在。"高對曰:"未在底正是妙高受用處。"聞曰:"牛過窗櫺,頭角四蹄都過了,因甚尾巴過不

---

①翮(hé):鳥的翅膀。

得。"高連下語。聞但搖首曰:"未在。"高詞窮,愧汗橫流,仰面視聞。聞震聲曰:"過也!過也!"高忽徹,乃踴躍作禮曰:"鯨吞海水盡,露出珊瑚枝。"聞公笑曰:"子此回可以説禪也。"於是從聞遷南屏。適宜興大蘆虛席,勤舊請命於聞,聞以高主之。及行,聞乃謂高曰:"先師浙翁琰和尚嘗云,我自離佛照老人之門,一味因時度日,不敢過爲。蓋恐辱吾老人也。嗟乎!先師德業冠世,猶其競業若此。汝今此行,當體先人苦口,使大慧門風不濫則足矣,餘何圖哉!"高既居大蘆,四衆知名。遷居江陰之勸忠寺,又遷䨥①川之何山。

景定間,有詔移高居蔣山。上堂曰:"世界未形,乾坤泰定。生佛未具,覿體全真。無端鏡容大士鷹巢躍出,劈破面門,早是遭人描摹。那更缺齒老胡不依本分,遥望東震旦有大乘根器,迢迢十萬里來,意在攙行奪市,直得鳳堂鼓響,阿閣鐘鳴,轉喉觸諱,插脚無門,合國難追,重遭訐露。蔣山迫不得已,跨他船舷,入它界分,新官不理舊事,畢竟如何?戍②摟夜貯千峰月,塞草閑鋪萬里秋。"

元兵渡江,或請避其鋒。高曰:"盡大地是戈矛,汝擬向何處去避?山門否泰,在我一人,汝勿復言。"兵至,有迫高索金者以刃擬高。高延頸曰:"要殺便殺,吾頭非汝礪刃處,即有金乃十方物也,終不敢奉君以求生。"執刃者悚然目之,捨而去。丞相伯顏勾戟長鈹環錯而進,高趺坐繩牀,不涉言色,顏公甚致敬焉,乃捨牛百頭,糧五百石。後伯顏問道於靈雲定禪師,乃

---

①䨥(zhà)川:水名,在浙江,現在叫䨥溪。
②戍:當爲"戌"。

言："蔣山高公有德圓通之雅量，惜當時軍務在握，未及盤桓。"

元世祖庚辰歲，高遷徑山，席未溫，寺罹於火，衆有咨嗟下涕，惜其舊而難其新。高曰："興廢由人，法無定相。"於是整理火場，而安衆曰："五峰峭峙，到者須是其人。一鏡當空，無物不蒙，其照祖師基業，依然猶在，衲僧活計何曾遷變。著手不得處，正要提撕。措足無門時，方可履踐。直待山雲淡濘，澗水潺湲，一曲無私，萬邦樂業。正恁麼時，功歸何所？車書自古同文軌，四海如今共一家。"閱九年，徑山復舊。

戊子，有毀我宗於朝廷者，以爲禪説不合聖經。高聞而奮起曰："此宗門大事也，吾雖老尚強。"一行至京，得旨，集諸宗徒廷辯。元世祖問："禪以何爲宗？"高對曰："淨智妙圓，體本空寂，非見聞覺知思量分別所能到，惟悟得證。"宣問再三，高歷舉西東諸祖至德山、臨濟棒喝因緣，大抵禪是正法眼藏，涅槃妙心，趨最上乘，孰有過於禪。詞旨明徹，朝廷震動，乃宣高進便殿賜坐。

又宣《百法論》師仙林者，與高持論。仙林曰："昔佛始從鹿野苑，終至跋提河，於是二中間不曾説一字，五千餘卷且道自何而來？"高答曰："一代時教，如標月指，了知所標，畢竟非月。"仙林曰："如何是禪？"高以手打圓相。仙林曰："何得動手動脚？"高曰："上座講得千經萬論，且道者一圈，落在甚麼法門？"仙林不能對，乃避座稱謝。高曰："似則也似，是則未是。"世祖大悅，左右皆呼萬歲。於是天下禪風大振。

徑山復火，高曰："老僧宿負此山耳。"又力營建，不三載，以次落成，南北禪流大集。或請高説生平行實，高笑曰："衲被蒙頭萬事休，此時山僧都不會。"竟入滅。時世祖十四年癸巳也。閱世七十五，坐五十九夏。塔於寺西。

贊曰：妙高禪師出居雙徑，席未暖而寺遭毀，能以堅忍力而復新五峰樓閣，其事蹟灼類無準。年垂七十，尚抵京廷辯，又類淨因成之逢善華嚴、忠國師之驗大耳三藏。嗟乎！豈非蛟龍鬥則水勢洪，金石擊而火光烈，所謂小出大遇，千秋一合者耶？

靈雲鐵牛持定禪師（南嶽下二十一世　臨濟宗）

禪師，吉安王氏子也，名持定。久依雪巖，因陳頌，得號鐵牛。其頌曰："鐵牛無力懶耕田，帶索和犁就雪眠。大地白銀都蓋覆，德山無處下金鞭。"欽公曰："好箇鐵牛兒！"故人以是稱之。

定初得度於肯庵勤禪師處，常讀《雜華經》，以爲積功累行，修行曠劫，始得成佛。復自忖曰："審如是，衆生無有成佛之期耶！"乍聞教外別傳之旨，身心踴躍，疾走參雪巖欽公，乞居槽廠，喜作淨頭。欽憐之曰："禪者無太勞乎？"定對曰："欲求無上妙道，豈敢言勞！"欽示以偈曰："昭昭靈靈是甚麼？眨得眼來已蹉過。廁邊籌子放光明，直下原來只是我。"定不領旨。一日欽示衆曰："兄弟做工夫，若也七日夜，一念無間，目不交睫，無箇入處，斫取老僧頭去。"定益愧勵，曉夜參究。忽染疴，自取觸器，就坐屏處，單持正念，目睫不交者七日。至中夜，頓覺山河大地，覿露真常。良久如聞擊木聲，遍體汗流，其病亦瘳。舉似欽公，欽復憐之曰："百尺竿頭，進步爲奇。"定更加精進。經六載，欽公垂問："亡僧死了燒了，向甚處去？"無酬對者。欽代曰："山河及大地，全露法王身。"定乃洞徹言下，厲聲曰："和尚舉揚般若，驚得法堂前石獅子笑舞不休。"欽曰："試哮吼看。"定曰："劫外春回萬物枯，山河大地一塵無。法身超出山河舉，笑倒西天碧眼胡。"欽敲香几曰："山河大地一塵無，者箇是甚麼？"定作掀禪牀勢。欽公笑曰："一彩兩賽。"乃辭欽云，流覽名勝山水。有以巨刹相挽，定概不欲居，乃曰："人勞於前，我逸於後，其可乎？"

至衡州酃縣，過桃源山，眷其幽邃，刀廬於桃源。桃源深處人迹罕到，烟霧晦冥，而山君水王出沒無時。定以迷悟因緣示之，授其五戒，於是神靈呵護，未久叢席大成，號曰靈雲寺。

定爲人好培養衲子，四事周備，間與談論，靡所不至。然自受用處數十載，一折脚木榻而已。遇人無貴賤，危坐燒香，清茶對話，竟日夕無倦色。常有士夫過訪，顰嘆不堪而去。伯顏公入山問道，聯牀旬日，臨行，定倚杖門送曰："公今生失脚，墮於尊貴，一念不來，即來生也。再若失脚，山僧無奈公何矣。"會公除政府欲疏朝廷賜定衣號，定曉以偈曰："大地山河一鐵牛，多年忘把鼻繩收。堪嗟槐國人如市，旦暮笙歌鬧畫樓。"顏公發束以示僚屬，其挂冠歸田者數人，而在朝辦道者甚衆。

大德壬寅冬，手書長語示衆，其略曰："塵世非久，日銷月磨。桃源一脉，三十年後，流出一枝無孔笛，虛空吹起太平歌。"癸卯春，泊然坐化，閱世六十有四，坐三十三夏。函全身於陶器,瘞於寺北沙潭。三年後啓視之,爪髮俱長,顏色如生。

贊曰:余讀《中峰廣錄》,至題定公贊,有"茶陵千仞靈雲寺,聲播元朝數百州"之句。默想公之爲人,必大有可觀,中峰故歸重之如此。及簡《燈錄》,見公投機頌,如多寶佛塔涌起虛空,人人得而瞻仰,益知公悟處的當,與高峰齊名宜矣。

悅堂祖誾禪師(南嶽下十九世 臨濟宗)

禪師祖誾者,南康人也,號悅堂。宋端平改元,生於周氏。連眉秀目,神氣奪人。

年十二聞鐘聲,嗒然自失,即厭家居,乃辭親,求出世法,輙①受業於嘉瑞沙門,日閱大乘經論,夜則禪坐,或枯立終宵。栖賢法師誘誾入講筵,誾曰:"講經能了生死否?"曰:"代揚佛化,廣利群生,況自了乎!"誾曰:"誰是群生者?"法師駭嘆曰:"沙彌再來人也。"誾於是倍加精進。因閱《華嚴·入法界品》有所省發,乃受具足戒。

東游蔣山,見別山智語在智傳中。智嘗稱曰:"誾江西氣品,它日有過人處。雖然,也是六月梅花。"且指見斷橋,斷橋歿。別參介石朋禪師。朋曰:"道者何來?"對曰:"長橋分野岸,一棹舉湖心。"曰:"空山雲面合,何處覓形踪?"對曰:"一聲金磬

---

①輙:疑"輒"。

動，獨露萬機前。"曰："先賢無字語，不妨速道看！"闇擬對，朋便打，自此服勤於朋，見朋不敢仰視。

一日，朋忽召闇闍黎，闇趨諾，朋曰："趙州庭柏話，作麼生會？"擬進語。朋擊曰："何不道黃鶴樓前鸚鵡洲！"闇深契妙旨，乃西還隱廬山。

會東巖日住圓通，諸山以晚輩藐日話不行，闇故移杖就訪。值上堂，闇出大展，然後進問曰："如何是佛？"日曰："仁者問佛那？"曰："實是某甲疑處。"日呵呵大笑，闇喝，日便打。日尋知闇，乃設特位尊之，闇謙就半座。凡遇大參入室，必展拜，益重其禮。或竊笑其迂，日怒責曰："無我之風，杳不聞矣。非果地至人，難以至此。汝輩敢忽之耶！"是以圓通法席之興，多闇力也。

九江錢刺史以西林聘闇，説法廬山，宿衲多起就爐鞴。嘗勘僧曰："微塵諸佛在汝舌上，三藏聖教在汝脚底，何不瞥地去？"僧罔措，闇便喝。又勘一僧曰："釋迦彌勒是它奴，它是阿誰？"擬對，便打。又問："新到何處來？"對曰："閩中。"曰："彼中佛法如何住持？"對曰："饑餐困眠。"曰："錯。"僧："未審此間如何住持？"闇拂袖歸寢室。至於移開先，遷東林，衆滿五百人。

宗廓人①室，闇曰："溪聲盡是廣長舌，且道説的是何法？"廓大悟，闇乃以布衲授之。有僧進曰："明眼英靈滿師座下，未見肯可。今以大法頓授初參，可乎否耶？"闇展掌曰："會麼？"

---

① 人：當爲"入"。

僧默然。闇曰："將謂山僧多少奇特。"

元貞初，賜通慧禪師號，併紫法衣。大德間，補靈隱。年七十五，説偈而殁。其偈曰："緣會而來，緣散而去。撞倒須彌，虛空獨露。"宗廓繼席東林，聞訃，亦説偈殁。廓號無外，首住雲居，以自強著節，志士仰之。

贊曰：余簡介石朋公之語，不多得矣。獨見其因行掉臂間，遂使悦堂廉纖脱盡。信哉！魚腸匕首，立可斃人。宗廓之嗣悦堂也，顛末一致。可謂肖子區區，螺負而祝似我者，何足道哉！

匡廬一山了萬禪師（南嶽下十九世　臨濟宗）

禪師了萬者，號一山，臨川人也。其先金氏，爲江右顯族。

萬生貌瘠而秀氣格精厲。八歲指揮群小，肅若朝堂。又八歲好學，以淹博著聲，每嘆孟軻氏未達性理。同輩驚其狂，萬曰："聖賢亦猶人也，何無是非眼目乎！"乃毅然求佛爲師，竟於金溪常樂院弃髮。是夕，芝產戶樞，院主卜之，得乾之九五。占者曰："剛健中正，聖徵也，當爲法王。"萬遂遊方，遍見名宿，得旨於東叟穎。住後嘗謂及門者曰："我當時初參偃溪聞尊宿，聞以爲我齒牙超邁，每同商略古今間，謂我曰：'子姿質銛利，山僧實不及子。但有一著，若識得，山僧在子脚底。'我雖不測弃去，未嘗不珍味其語。又見靈隱荆叟珏禪師，亦蒙隆遇。珏曰：'近日法社淒凉，尠合中道。太過者生易，不及者生疲。疲病庶幾可振，易病難醫。何也？佛祖境界非世聰之可測度。'彼時雖銘其説，不能當下慶快。如是展轉，所歷非一。大抵遮前護後，遂乃撥妄求真。及到南屏，惟吾師東叟穎和尚，能捋下鐵面，當衆以如意指我曰：'萬書記文彩燦爛，應酬時機則不無，管取涅槃堂裹一字也用不著。'彼時我心識俱喪，乃強曰：'何也？'吾師曰：'別人根鈍不得利，子則根利不能鈍。'我對曰：'豈無方便？'師曰：'又恁麼去也。'自此啓口説不出，舉筆寫不出。一日偶經神祠，見紙錢灰旋風飛起，盡亡所執。吾師遂以妙峰師翁禪板如意交付於我。我今日舉著，大似一回喫水，一回咽矣。"妙峰名之善，妙喜之嗣也。

萬爲人鯁直，少含蓄，好樊勵後學。見有小善可録，必展轉發明，人亦不敢僞。或有過，則曰："人非聖賢，孰能免焉，改之爲貴。"人亦不敢飾。至若事關法化，知見差訛，則切直千餘言猶不已，當時以此憚而懷之。

初住天台之寒巖寺，三年移仙居之紫籜山，大闡法化。有僧問曰："紫籜山庭如錦繡，是誰按拍畫圖中？"萬曰："深沙休努眼。"僧顧左右曰："道甚麼？"曰："碧水浪吞鈎。"僧曰："將謂歌謠風日暖，元來鼓角陣雲深。"曰："八千子弟歸何處，消瘦秋空一笛霜。"僧曰："恁麼則山河無意屬英雄也。"曰："摘楊花。"僧次日復進曰："昨日公案未圓，乞師再垂方便。"萬曰："分付直歲，不得普請。"曰："古老頭巾，真難共語。"萬擲下拄杖。僧出大叫曰："紫籜老漢，今日方始瞥地。"萬便休。

十載遷疏山，疏山舊例，住持須通刺當道。萬輒不可，曰："孔席不暖，墨突不黔，誠各行其志也。況我圓頂之夫，何天不可翱翔。乃爲三間古院，委曲權門，是則法化未弘，僧風先掃地矣。"當道議不合，萬留偈法堂，飄然而去。偈曰："叠叠韶華一杖藜，白雲到處有山栖。等閑愛種蟠桃核，不把春紅賺馬蹄。"

江淮總統聞萬高標，會諸山於靈隱，直指堂議，以開先迎萬。或度其厭叢林不肯來，有耆宿曰："萬公必來也。彼雖起居蕭灑，然瞿瞿以法門綱目爲任。若致之以誠，即十字街頭肩，栲栳養閑漢，彼亦欣樂。況開先爲山林之勝，且便於衲子，公豈木強人乎！公必來也。"萬果携數禪衲，惠然而來。有偈曰："刹竿扶起本無心，教外金襴影自深。肯著三三前後力，波濤陸地起龍吟。"於是開先鼎新，英俊大聚。扣問之外，從未隻字干及豪貴。其時道俗蒙萬示語，如獲珙璧。笑隱來參，萬審其機緣，指往百丈，爲晦機嗣。無我之風，海內仰之。

又十載，住東甌江心寺，少不適意，又弃去。寺衆數百泣挽，隨至馮公嶺，不從。萬嘗曰："古人因學道，以立叢林，事事隨緣，法法周備。爲住持者，觀會中或有一箇半箇實心務本，則當不顧安危，竭力支撐。雖社廟神壇，亦可居而不愧。今人計叢林以學道，或三百五百，不顧日逐，何所用心？但云頭頭合轍，物物圓融，乃崇尚土木，鷺伺豪家，然後竊虛器傳子孫，與蚖蛇戀窟，明無少異，毫厘既差，千里懸隔，良可悲夫！"

晚年匡廬月澗明公迎萬歸東溪，萬翩然命棹曰："滿望春江興不違，一波纔動萬波隨。烟嵐調拍如相委，何待芳心托子規。"月澗殁，開先之衆復請萬。萬力却之，曰："我住持三十載而法化寥寥，更何所望而不休乎！且精神非壯盛之時也。"諸公不復言。

皇慶壬子十一月二十六日示疾。越七日，命浴更衣，據室危坐，書訣衆語，儼然而化。闍維，收五色舍利，大如菽，不可計，目睛齒牙頂骨不壞。

時改建豫章烏遮塔，江西行省丞相幹赤，命以舊藏釋尊舍利奉於中，遣使分一山萬禪師目睛舍利，以寶匣秘之陪葬焉。餘舍利塔東溪。

贊曰：名位虛器也，道德實迹也。據虛器而核實迹，則失矣。余觀萬公平生，住持獨持大體，熙於實迹不以名位自累，少不合，輒弃去。此其節概大過於人。應庵曰："衲僧當著草鞋住院。"良有以哉！

高峰原妙禪師（南嶽下二十一世　臨濟宗）

禪師諱原妙，出蘇州吳江徐氏，爲雪巖欽禪師入室之真子也。弘法於天目之獅子巖，因以高峰自號。關居三十載，橫拈倒施，而令行吳越。

南宋嘉熙戊戌年三月而公生。公生性遲重，寡言笑，行如瘦鶴，望之似懦弱，然其神氣精悍奪人。幼喜趺坐，凡見髡流，必合爪勞問成禮。

淳祐壬子，從秀水密印寺法住沙門得度。年十五，備知大僧事。及戒得滿分，於其律度，開遮進止，不期而咸合焉。尋習教觀於天台，其文句義，學弗可難也。公每忖達磨一宗不立文字，爲教外別傳，能了當人大事，爲之立地成佛，豈徒然哉！即呂杭州，參訪宗門知識。

入湖南淨慈，淨慈爲武林禪窟，倫斷橋居焉。公參僧堂，立死限三載，擬求妙悟，竟無所發。時雪巖欽禪師寓北磵，斷橋指公往謁。公謁雪巖，雪巖不許通謁，公益心切，乃告香通誠，雪巖許見。未作禮即連棒打出，公垂涕回惶。復入雪巖，便問："阿誰拖你死屍來？"又以拳打出之。於是疑團猛結，無所攀仰，乃擬避喧求靜，咬嚼話頭。於徑山禪堂及月，忽憶"萬法歸一，一歸何處"，匐戰胸次，目不交睫者六晝夜。忽睹演五祖眞贊云："百年三萬六千朝，反覆元來是者漢。"從前話頭一併打失，其年二十有四矣。

雪巖已赴南明，公即走覲。纔入雪巖，便問："誰拖你死屍來？"公便喝。雪巖拈棒，公把住曰："今日打原妙不得也。"曰："爲甚打不得？"公拂袖而出。次日雪巖召公問曰："萬法歸一，一歸何處？"對曰："狗舐熱油鐺。"曰："那裏學者虛頭來？"對曰："正要和尚疑著。"雪巖休去。公以爲妙契玄旨，自此隨問即答。久之，雪巖謂公曰："日間浩浩作得主麼？"對曰："作得主。"曰："睡夢中作得主麼？"對曰："作得主。"曰："正睡著，無夢無想，無見無聞，主在甚麼處？"公不能對。雪巖曰："從今日去，也不要你學佛學法，也不要你窮古窮今。但只饑來喫飯，困來打眠，纔睡覺來却抖擻精神。我者一覺，主人公在那裏安身立命？"公遂別入龍鬚，經五載，因隣僧推枕墮地作聲，大徹，乃曰："元來只是舊時人，不改舊時行履處。"

咸淳甲戌年，住湖之雙髻峰，禪者登峰益衆。公即入西天目山之獅子巖，巖絶躋攀，其來決擇之者，又滿百許人。公乃別居巖西石洞。石洞之險，非梯莫陞，大書死關二字爲額。盡屏給侍，日用一食，以甕爲鐺，斷緣撤梯，巖中弟子罕見其面。或垂語以驗方來，不契即拒關。其垂語曰："大徹底人，本脱生死，因甚命根不斷？佛祖公案，只是一箇道理，因甚有明與不明？大修行人，本遵佛行，因甚不守毗尼？杲日當空，無所不照，因甚被片雲遮却？人人有箇影子，寸步不離，因甚踏不著？盡大地是箇火坑，得何三昧不被燒却？"

元世祖丁亥年，雪巖遣白拂囑公，偈曰："上大今已無人，雪巖可知禮也，虛名塞破乾坤，分付原妙侍者。"始陞座開導，其語懇切，中古尊宿未之有也，叢林謂之禪經，抱道老成之士并歸焉。一日民間訛謠，官選童男女。本小師問曰："忽有人來問和尚，討童男女時如何？"公曰："我但度竹篦子與他。"本大徹於言下。或問諸弟子優劣，公曰："若初院主等一知半解，不道全無如義。首座固是鐵根老竹，其如七曲八曲，惟本維那却是上林新篁，它日成材，未可量也。"

元貞乙未季冬朔日，命鼓告衆曰："西峰三十年，妄談般若，罪犯彌天。今日①有一句子，不敢累及平人，自領去也。大衆還有知落處者麽？"良久云："毫厘有差，天地縣隔。"復曰："來不入死關，去不出死關。鐵蛇鑽入海，撞倒須彌山。"跏趺泊然而寂，七日容色益明潤，舍利結於爪髮。越三七日，塔全身於死關。坐四十三夏，歷世五十有八。仁宗戊午，謚普明廣濟禪師。

贊曰：古以滹沱機用，如塗毒鼓，聞者皆立死，或先後於近

---

①原文夾注：或云末後。

遠稍異，迨密庵後，幾不橫死矣。幸雪巖得無準藥授之師，師復塗而擊之以立死。中峰輩至今，聞其餘響，猶自胥喪。吁何偉也！非師玄要戈甲，吳越正令曷克臻此？

南宋元明禪林僧寶傳卷九

中峰普應明本國師（南嶽下二十二世　臨濟宗）

中峰普應國師者，諱明本。其先臨濟玄，玄七傳楊岐會，會八傳無準範，範傳雪巖欽，欽傳高峰妙。妙之嗣四人，師居其首。師自臨濟，其世十八，臨濟自少林，其世十一，是師爲少林二十九世之正胤也。

師出錢塘孫姓，母李氏夢無門開道者，持燈至其家而生。師生之時，内室五色光明者三晝夜。襁褓即具大人相，坐則跏趺，嬉戲則爲佛事。

既冠，閱《傳燈録》，至"明知生是不生之理，爲甚却被生死之所流轉"，大疑，乃求依獅子院高峰妙禪師。妙公喜度之。三載觀流泉有省，求妙公印證，被打趂出。自此日作夜侍，常至晨鐘鳴不去，妙公不顧。久而洞徹玄旨，妙公大悦。書自相贊與師曰："我相不思議，佛祖莫能視，獨許不肖兒，得見半邊鼻。"

泊十載，妙公告寂時，以大覺寺屬師，師推首座祖雍主之。遂一笠吳楚，西至皖山匡廬，乃東還，結幻住庵於吳雁蕩，遂成叢席。霆發瞿公請主大覺，不就，舉定叟泰應之。泰嘗受職於一山萬矣，乃欲改嗣於師，師大不然，以書却之曰："昨者坐語，未及它論，而首以住院承嗣扣之者，惟恐足下苟循世諦故也。本與足下納交十六年，彼此心懷，洞然明白，豈意足下不諒愚情，反欲相及，何臨事反覆若此耶？古人於法嗣嫡傳，所以深明宗係者，大法源委，不可誣也。世漓俗薄，奉金請拂，以院易嗣者有之，本嘗痛心於此。夫大覺雖先師開山，然十方叢林儘有尊宿，捨彼不取，而必欲本尸，何識量之不廣也？本非畏住持，實畏嗣法於開山也，故退避力辭。而舉足下爲之主政，以足下自師一山禪師，豈可苟循世俗而易其所師哉？由此言之，本猶不欲以先師座下人迭尸大覺，而況牽枝引蔓，欲爲本之嗣乎！聞命駭然，專浼①逆流。塔主預此拜聞，望以玉峽之音，直與拈出。或欲循俗易嗣，則本斷然不敢與足下一日相聚也。至扣至扣！"

師還天目廬高峰塔，至大戊申，仁宗在青宮，聘之不就。賜金紋衣，加號法慧禪師。師隱去儀真。己酉，即船以居，乃吟曰："懶將前後論三三，端的船居勝住庵，爲不定方真丈室，是無住相活伽藍。烟村水國開晨供，月浦花汀放晚參。有客扣舷來問道，頭陀不用口喃喃。"

庚戌，又還天目。辛亥，復船居。吳江陳子聰爲師建幻住庵，師又去之，北隱汴梁，吟曰："鄽市安居儘自由，百般成現絕馳求，綠菘紫芥攔街賣，白米青柴倚户收。十二時中生計足，數千年外道緣周。苟於心外存諸見，敢保驢年會合頭。"

明年，又結幻住庵於六安山，吟曰："胸中何愛復何憎，自愧人前百不能，旋拾斷雲修破衲，高攀危磴閣枯藤。千峰環遶半間屋，萬境空閑一箇僧，除此現成公案外，且無佛法繼傳燈。"

丞相脫驩公望風訪師，師又弃庵，去之東海州，吟曰："道

---

①浼（měi）：古同"浼"，污染。

人孤寂任栖遲，迹寄湖村白水西，四壁烟昏茅屋窄，一天霜重板橋低。驚濤拍岸明生滅，止水涵空示悟迷，萬象平沉心自照，波光常與月輪齊。"

驪公戒邑吏强師至私第，乃與中書平章并諸山必致師於靈隱，師固辭曰："夫住持者，須具三種力，庶不敗事。一道力，二緣力，三智力。道體也，緣智用也，有其體而缺其用，尚可爲之，但化權不周，事儀不備耳。使道體既虧，便神異無筭，雖緣與智亦奚爲哉？或體用并缺，冒然居之，曰因曰果，寧無慊於中乎！貧道無其實，故不敢尸其名。"竟稱病還天目。

延祐丙辰，上諭宣政院，簡采名山宿德以聞，承旨者期入天目。師聞，遁去。南徐丹陽蔣均爲建幻住庵。戊午，又還天目。明年九月，朝旨褒號佛慈圓照廣慧禪師，改獅子院爲正宗禪寺。駙馬瀋王王璋，又賚御香紫衣，即所居而修敬慕焉。宣政又以徑山請師，師不就，乃結幻住庵於中佳山。中佳去西峰三十里，巖磴險絕，緇素跋涉甚難，求師歸院。

至治癸亥，西峰凍涸，大木摧折，師自敘曰："余初心出家，志在草衣垢面，習頭陀行。以冒服田衣，抱愧没齒。平昔懶退，非矯世絕俗。蓋以文字則失於學問，參究則缺於悟明，尋常爲好事者之所稱道，亦報緣之偶然耳。"

秋示微疾，有省候者，師皆曰："幻住庵漏且朽矣，不可久住也。"有僧告歸吳門，師曰："何不過了中秋去？"十三日，手書屬弟子曰："幻者朝死夕化，骨便送歸三塔。依清規儀式，不許循世禮也。"次日白虹貫山巔，師跏趺，書偈而化。停龕三日，顏益和悅，道俗奔集踰萬，奉全身塔於寺西望江石。閱世六十一,坐夏三十七。明宗己巳賜謚,曰智覺禪師,塔曰法雲。

元統甲戌,追尊爲普應國師。乃以《廣錄》三十卷,頒入大藏。更命重臣,銘國師道行於碑。南詔五比丘,繪師頂相還國,四衆迎相,入中慶城,相放五色異光。由是傾信禪宗,奉師爲南詔第一祖。時皆曰:本公圓辯不閟,針砭多方。哀講士之趨岐,傷禪流之混繼。乃推大覺以嗣開先,接玄鑑而化南詔,允有大愚安龍潭信之高風。至於大功不宰,至讓無名,杖履蕭然,雲行鶴舉,視聲名而若浼,甘肥遁以如飴,楷芙蓉訥圓通不足過之。以其瀚海餘波烟屯雨驟,提鳳閣之儒臣,醒天潢之貴戚,而永明壽明教嵩,庶可并駕云。

贊曰:人人抱荆山之璧,箇箇得赤水之珠,何難兄釋迦而弟彌勒。及讀本祖自敍之語,愧汗橫流,俯仰無地矣。嗟乎!非真祖師心語不吐,非正嫡裔背汗不流。心語不吐者,昧後也。背汗不流者,欺先也。昧後欺先,互相唊唊,則本祖隱現堪忍世界,何日而休哉?

仰山佛智元熙禪師(南嶽下十九世 臨濟宗)

禪師姓唐氏,豫章人也。稱元熙者,西山明覺院得度之名也。晦機者,其師物初觀和尚所贈之字也。號佛智者,御製也。臨江通判從文丞相靖難死國唐元齡者,熙之胞兄也。廬山一山萬禪師者,熙之益友也。大中大夫廣智全悟釋教宗主笑隱大訢禪師者，乃熙嗣法弟子也。

熙爲人事親以孝，事師以誠，昆仲之間以義，道友之間以直。訓誨門弟，則嚴且慈。熙嘗與一山萬行脚，萬不耐叢林，好譏諸方，熙每抑之。且曰："明眼衲子出言爲叢林，輕重豈可易乎！"

物初觀公時居玉几，公爲浙人，每操鄉音，晝夜批削學者，學者畏其口不敢近。熙强萬上謁觀公，觀與熙語，大驚，默計曰："澆漓末世有此人也。"又指萬問熙曰："此老爲誰？"熙對曰："乃元熙同行某甲也。"觀素聞萬名，故深愛熙得友之正，乃留夏，朝夕警誨，熙輒深入玄奧。

久之出住百丈，萬嗣東叟，住廬山開先寺，兩山法席大振，衲子絡繹西江。訢禪人嘗掌開先内記，請益參究，達旦不卧。萬每示之，訢不領。萬曰："百丈熙堂頭當能了子大事，亟行勿遲，但勿可言從開先來。"訢謁百丈，熙問曰："何來？"對曰："廬山。"曰："曾見萬聲頭否？"訢不語。熙指曰："果遭渠賣弄矣。"訢悚然，莫知所以。

熙居百丈十二載，遷淨慈七載，遷雙徑。居雙徑未久，退隱南山之陽。江右叢林聞熙退閑，争啓請之不已。熙領仰山，仰山久廢之餘，熙至，衲子不厭枯淡，從之者數百輩。其堂廡朽敗不堪，主事僧歷請充修造，熙歷止不許。一夜雷雨暴作，方丈後壁忽崩塌。熙移繩牀，就侍者房而卧，明晨命以草苫之。有富人入山，見熙坐草壁邊説法，而禪者悠悠自若，富人乃大異，發意堅請新之，仰山遂成精舍。

延祐六年秋，仲手字別所知，復作偈別衆而逝。時侍僧有失常度，語話聲高。熙復張目正色曰："敢以吾死而墮吾規耶！"擯逐之，已而瞑目長往。世壽八十二，僧夏六十三。

熙四爲住持，以策發爲急務。然機不易施，施必中節。嘗以百丈野狐話問訢書記，訢擬對，熙喝之，訢即悟旨。又舉太原孚聞角悟道因緣，示常道者曰："盧生入滄海，太史遊名山。從此楊州城外路，令嚴不許早開關。"常亦悟旨①。又以西湖山水問倫上人，倫曰："通身無影像，步步絶行踪。"熙厲聲曰："未在，更道！"倫亦悟旨②。熙晚年久不上堂，四衆堅請之。熙乃曰："雲門道箇普字，盡大地，人不奈何。殊不知雲門四棱著地，當時若與震威一喝，待此老惡發，徐徐打箇問訊道：'莫怪觸忤好！'非但救取此老，亦能振起雲門綱宗。"雖然口是禍門，有數禪者座下省發而去。

笑隱大訢禪師（南嶽下二十世　臨濟宗）

禪師大訢者，字笑隱。世籍江州，爲唐尚書陳操之裔。後徙居南昌，故爲南昌陳氏也。母蕭氏孕感異徵日者，讖曰："生子當爲法中龍、文中虎。"及娩，地爲震動。父歿，母盛年修淨業。

訢爲童時，見佛相好，則戀慕如慈親。年九歲，得依水陸院伯父雲闍黎爲大僧。遍閱大藏經文，欲扣明己躬，願盡形壽以法

---

①原本夾注：常號梅屋，著《佛祖通載》行世。
②原本夾注：倫號仲方，後住保寧。

爲檀。

時一山萬禪師開化匡廬之開先寺，訢竟走依之，不發，然訢常於此切萬指。往百丈，遂徹證於熙禪師拂下。熙曰："昔黃龍得旨泐潭，領徒遊方，及見慈明，氣索汗下。你道過在甚處？"訢對曰："千年桃核裏，覓甚舊時仁。"熙以爲類己，大然之。熙遷杭之淨慈，命訢分座，訢以書記自任。

蓋訢博學廣知，加之辯才轉變無方，嘗題曹操讀碑圖。其略曰："碑陰八字非隱語，德祖有智如滑稽。豈是阿瞞不解此，感愧上馬歸路迷。"一時名輩稱之。

又訪中峰本禪師於天目山，坐語夜半，風雨大作，崖石欲裂，左右皆辟易，訢不少動。中峰曰："訢公慧定之力俱足，他日必大可觀。"

至大四年，出住湖之烏回，次住杭城報國，又住中竺報國。中竺俱經火之餘，訢至，任緣鼓舞，大廈俱成。僧徒相從者，垂千輩。首以竹篦子付之覺原曇，而妙喜門風又一振矣。

天曆元年，朝旨改金陵潛邸爲大龍翔集慶寺，以訢爲開山第一代。明年詔入奎章閣，設高座，闡揚大法。出貂裘金衲賜之，訢終不以示人。然自奉儉薄，衾衣常十數載不易也。頻躬爇香，浴以給衆，身外之役，不以勞人。至於名教節義，則感勵奮激，不知有己。明宗嘉其風範，親書廣智庵額，賜訢退居處。

至順二年，疏謝歸林下，不報，又辭。文宗敕臺臣慰訢，安居龍翔終老，兼命較訂《百丈清規》爲緇門定式。蓋百丈建立以來，年代數百，法久成獘。諸方叢席各杜繩規，俾律儀大典易式無聞。訢以百丈舊文，訂列條章若干門，互換主賓，令法久住。

書成，進上。敕諸叢林遵而一之。於是天下緇流，禮樂鏗鏘，進止有節，大智之風，儼然在矣。嗣後朝賜益隆，梵侶益衆。其禪席之盛，自秀法雲以來，未之有也。會中龍象，則有愚庵智，及季潭宗泐、清遠懷渭輩，激揚旨要。

嘗問僧："青州布衫重七斤，古人道了也，畢竟一歸何處？"僧曰："東廊頭，西廊下。"曰："甚麼處見趙州？"僧擬對。訢曰："棒上不成龍。"又問："豎拂拈椎，古佛榜樣。擎杈舞劍，列祖條章。衲僧下一句，作麼生道？"僧珍重便行。訢曰："不消一札。"又問："釋迦、彌勒、文殊、普賢，從你腳下過去也。"僧顧左右，訢喝之。又問："無位真人落在甚處？"僧便作禮。訢曰："從門入者，不是家珍。"

至正四年五月朔日，退居廣智庵。復與御史脫歡公話別，凡熟知，悉致辭柬，命弟子以兩朝所賜資帛，營萬佛閣，俾群生得所瞻仰。從容書偈，順寂焉。閱世六十一，坐夏四十六。學士虞集爲蒲室敘，敘狀訢生平甚詳。

蓋訢之母，精修淨業，感地生白蓮。訢移居報國，時其母西往。訢常愧慕陳尊宿編蒲，以故志所居處，皆曰蒲室。《四會語錄》外，文集若干卷，名《蒲室集》云。

贊曰：語云："天地無全功，聖人無全能。"若仰山父子之爲人，庶其全矣。熙公至歿，猶教誡弟子，整其家法。訢公於歿前一日，召宗泐輩，孜孜以妙喜門庭爲屬。較二公之心，而往返閻浮百千次，尚未足其願也。嗚呼大哉！

雪竇無印大證禪師（青原下十九世　曹洞宗）

禪師名大證，號無印，鄱陽史氏子也。年十四，投昌國寺智節出家，以所習試優等，得度爲大僧。乃焚膏繼晷，研窮秘典。節喜，資證遊方。

首謁荆谿琬禪師於廬山之圓通寺。琬貌寒，尋常鼻涕沾衣。證易之，欲發去，復心計曰："逢人草草，安辨玄黃也？"因私入室，求説祖師心訣。琬換手槌胸，大叫曰："逼殺人！"證疑懼而退。

有宿衲思庵睿者，以年邁寓國通閑房晦養自怡，林下雖知名不得而親之。證幾欲就請，莫得其便。一日睿如廁歸，證從後隨入。睿曰："是誰？"證曰："欲求法耳。"睿大怒趁出，便掩户。證大驚疑。復乘間乞見睿，睿曰："佛法自有方丈，汝到此討甚熱椀？"證曰："大證初參，不蒙方丈和尚指示，但見其槌胸大叫而已。"睿曰："頭上安頭。"證恍然涕泣，禮謝曰："吾師婆心一至此乎？"睿曰："據子機智，不宜滯此。比來天童有雲外岫禪師，提唱洞宗，昨見新録，巧譬傍引，奔逸絶塵，其綿密可觀。子宜往事之。"

蓋岫嗣直翁舉，舉嗣東谷光，光嗣華藏祚，祚嗣淨慈暉，暉乃弘智覺之子也。證機投雲外岫公，乃燈傳弘智七世焉。

岫公一日上堂罷，厲聲叫曰："天童今日大死去也，你作麼生救？"證對曰："請和尚喫飯。"又曰："天童今日大死去也，你不要相救。"又對曰："作麼，作麼？"又曰："天童今日大死去也，阿誰與我同行？"證又對曰："和尚先行，大證隨後。"岫公呵呵大笑而殁。

證乃備述岫公風度於中峰本和尚，峰喜而贊曰："太白峰爲屏，二十里松爲座，雲影外藏身，幾多人蹉過。不蹉過，元是隰州古佛再來，切忌機前説破。"於是諸方共稱岫公，爲弘智真傳也。

丞相脱歡公，請證出世衢之南禪，而次地遷錫，六會説法。然所居之室如傳舍，惟入草求人，不厭饑渴。嘗曰："我當時錯登圓通門，入思庵室，被渠哄到江浙，七上八落，至今没箇合煞。若有代山僧鼻孔出氣者，山僧兩手分付。雖然，相逢没量漢，莫作假鷄聲。"

晚居雪竇，示衆曰："千説萬説，不若覿面一見。昨日二十九，今朝七月一，報你參玄人，光陰如箭疾。娘生兩隻眼，箇箇黑如漆。急急急回頭，看取天真佛。"良久云："是何面孔？"下座。巡堂喫茶，又曰："妙不妙，衲僧鼻孔無多竅。玄不玄，刹竿頭上無青天。至士寧容袖手，良馬豈待揮鞭。全超棒喝，不落蹄筌。百鳥不來春又去，巖房贏得日高眠。"

證老年退居定水之圓明庵，其示寂時，春秋六十有五。闍維有不壞者二，曰牙齒，曰數珠。舍利明瑩，門人景雲建窣堵於本庵。

贊曰：洞室宗旨綿密，弘智數傳之下，弗克大鬯者。何也？蓋學者鹵莽，艱於入彀耳。至無印師資力揮魯戈，頓返羲輪，猗歟傑也。若以臨末舍利明瑩而識其生平，則負圓通老衲不勝言矣。

斷崖了義禪師（南嶽下二十二世　臨濟宗）

　　斷崖了義禪師者，湖州德清湯氏子也。六歲始言，言即入理。常隨其母誦《法華經》。因牽母衣而問曰："佛放眉間白毫相光，照東方萬八千土，靡不周遍。母曾見麼？"母答曰："佛放瑞光，如優曇花，時一遇耳。"又問曰："因甚又道我見燈明佛本光瑞如此？"母良久，撫其頂而嘆曰："兒有慧根乎，更宜廣見高明，休自屈。"

　　年十七，聞舉高峰妙公警策語，乃勃起曰："此大善知識也，我往從之。"其母甚喜。竟造獅子巖，謁妙公。公愛其挺特，俾提一歸何處話，且授名曰"從一"。妙公每呼從一，一每應諾，公曰："牛過窗櫺，頭角四蹄都過了，因甚尾巴過不得？"一罔措。自是一歸何處，與牛過窗櫺話，結成一片，如礙鐵圍。或間求示，非拳則棒。一又疑拳棒與本參豈相干耶。偶過鉢盂塘，見松梢雪墜有省，即舉似公曰："不問南北與西東，大地山河一片雪。"聲未已，又被痛棒打退，不覺隕身崖下。同學捫蘿救之，一乃誓限七日，晝則椿立，夜則攀樹，臨崖露立達旦。未及期，大徹扣關，大呼曰："今日瞞我不得也。"公曰："作麼？"曰："大地山河一片雪，太陽一照便無踪，自此不疑諸佛祖，更無南北與西東。"妙公乃上堂曰："我布漫天大網，打鳳羅龍，不曾遇得一蝦一蟹。今日有箇蟭螟蟲撞入，三十年後向孤峰頂揚聲大叫。且道叫箇甚麼？"舉拂子云："大地山河一片雪。"一便奪拂子云："盡大地有一人發真歸源，我悉知之。"公便下座。於是舉揚料揀，詞不少遜，而從一行者之名大顯。

辭歸德清，結茆武康，居以事母，名緇樂訪之。又五載還天目，妙公曰："大有人道，你拖泥帶水在。"對曰："兩眼對兩眼。"妙公乃爲薙落，更從一，名了義，自號斷崖。遂單瓢隻杖，渡淮楊，歷齊魯，訪燕趙，登五臺。隨所至處，辨論風生，海內叢席爲之大震。

中峰本公狀其生平曰："撞漫天網，解獅子鈴。情亡義斷，石裂崖崩。奪龐老金珠，高揮大抹。將阿爺門戶，豎柱橫撐。這邊那邊，了無羈絆。問禪問道，不近人情。大地山河一片雪，話頭流落至今行。"名刹爭起之，不顧。逮本雍二禪師相繼化去，義始住天目正宗寺，年已七十，道風益峻。衆未嘗登百輩半，受諸方付囑者，就正請益，不敢生忽。

嘗示衆曰："若要超凡入聖，永脫塵勞，直須去皮換骨，絕後再蘇，如寒灰發焰，枯木重榮，豈可作容易想！我在老和尚處，多年每被大棒打徹骨髓，不曾有一念遠離心。直至今日，纔觸著痛處，不覺泪流。豈是你歡喜踊躍，咬著些子苦味，便乃掉頭不顧！殊不知，苦味能除百病。大凡功夫若到省力時，如順水流舟，只要梢公牢牢把柁。纔有絲毫異念生，管取喪身失命。若到純一處，不可起一念精進心，不可起一念懈怠心，不可起一念求悟心，不可起一念得失心。纔有念生，即被一切邪魔入你心腑，使你顛狂，胡說亂道，永作魔家眷屬，佛也難救你。戒之！戒之！"

　　元統元年除夕，告衆曰："有一件事天來大，還委悉麼？"良久云："明日是元朝。"越六日，指法雲塔西空地曰："更好立箇無縫塔。"歸與禪者談笑自若，乃曰："老僧明日天台去也。"侍者曰："某甲相隨得麼。"曰："騎馬趁不及。"次日跏趺而逝，世壽七十二，坐夏四十九。奉遺命，塔於所指之處。賜號佛慧圓明正覺普度大師。義初會葬中峰時，笑謂衆曰："過後十二年，更爲老僧一會及入滅。"時正符其讖。

　　贊曰：棒頭覓落處，何如撈月水中。喝下越端倪，却似分膠膝裏。師初扣關，見高峰孤硬，有上山推轂之難。自後立地，知此道平常，有順水放舟之快。想其爲人，烈丈夫也。故其問道出家之迹，頗與盧行者相若。説法寫自心曲，以真實誨人。至今傳其語，爲禪關策要，宜矣。

南宋元明禪林僧寶傳卷十

元叟行端禪師（南嶽下十九世　臨濟宗）

禪師名行端，號元叟，生台之臨海，何姓。何姓世以儒顯，端母王氏，博釋五經，章安子弟咸宗之，如漢之曹大家。

南宋寶祐乙卯歲生端。端生不茹葷，襁褓中見沙門遂喜。甫六歲，母王氏授以《論》《孟》，端咿唔成誦，乃至經子章句，悉不可難。每遇紛華雜，端則莊坐如在定。母因奇之曰："吾家千里駒也！然恐不爲世用。"

端叔父茂上人者，早歲爲僧，住餘杭化城院，適歸省故里，端竟從之剃染。遍遊叢林，謁徑山藏叟，臨機悟旨，藏叟悅之。一日，藏叟問端曰："汝是台州人那？"對曰："台州。"叟便喝。端拜，叟又喝。端起叉手，叟曰："放汝三十棒。"端喏。藏叟又曰："還知我泉南無僧否？"端曰："和尚谮。"叟便棒。端按住曰："莫道無僧好。"叟大笑而起。

端既罷參，乃徜徉西湖山水間，自稱寒拾里人。育王琪作偈招曰："夜半落霜花，日輪正卓午，寥寥天地間，只有寒山子。"端不答，乃典淨慈書記。時淨慈石林鞏禪師居焉。

吳山石田林處士，久隱不與世接，乍見端篇翰，獨以詩東端，有"能吟天寶句，不廢嶺南禪"之語。

端又遠訪雪巖欽於仰山，欽曰："駕發何處？"端曰："兩浙。"曰："因甚語音不同？"端曰："合取口。"曰："獺徑橋高，集雲峰峻，未識闍黎在。"端拍手曰："鴨吞螺螄，眼睛突出。"欽顧侍者點好茶來。端曰："也不消得。"於是以上禮賓之。

元成宗大德初，爲虎巖伏分座於徑山。庚子，出住湖州翔鳳，乃曰："大慧祖師道：'寧以此身代大地衆生受地獄苦，終不將佛法作人情。'徑山先師藏叟和尚，一生不肯四天下人。縱饒釋迦老子達磨祖師到來，也須退身有分。山僧在侍者寮兩年，弄盡機關，做盡伎倆，直是没湊泊它處。所以知其爲大慧嫡孫，今有炷香供養它，也要大家證明。"

甲辰，詔主中天竺，并賜慧日正辨師號。皇慶壬子，遷靈隱。仁宗設無遮大會於金山，命端證之，又加號佛日，乃退居良陼西庵。

英宗至治壬戌間，起端居徑山。端居徑山，人才之盛，不減妙喜。其楚石琦輩，時稱僧傑焉。虞公文靖以文獻宗時，兼遊諸禪宿之門，自稱微笑居士。每方楊大年之爲人，多剥啄諸家語録。而讀端提唱，乃謂其子弟曰："元叟生平，諦理恢拓。廣説略説，莫不弘偉。然關要隱而不發，以待其人。大慧之流風餘韵，猶有如此者，不謂老夫復相識耳。"

其提唱曰："寂静中做工夫者，以寂静爲究竟，他且不是你寂静中究竟底物。憒鬧中做主宰者，以憒鬧爲得意，它且不是你憒鬧中得意底物。經教中領覽者，以經教爲根本，它且不是你經教中領覽得底物。師友中講磨者，以師友爲淵源，他且不是你師友中講磨得底物。此無形段金剛大士，從塵點劫來，直至而今，如潛泉魚鼓波而自躍，你擬向東邊討它，它向西邊立地，你向南邊討它，它向北邊立地。教它與一切人安名立字即得，一切人與它安名立字即不得。一切處一切時，與你萬象爲主，萬法爲師，此其是也。自非上根利智具殺人不眨眼底手段，將第八識斷一刀，豈有成辦時節！"

又曰："自家根蒂下，積生累劫，多諸惡習。若也照燭不破，剔脫不行，日用間豈免觸途成滯。一切法中，或有所疑地，即礙殺了你。一切法中，或有所愛水，即淹殺了你。一切法中或有所瞋火，即燒殺了你。一切法中或有所喜風，即飄殺了你。四者既是五蘊、十二處、十八界、二十五有。明暗色空，森羅萬象，到處粘作一團，如黐膠相似，驅你入驢胎，使你入馬腹，總由它在。千佛出世，亦無如之何矣。"

端開化四十二年，三受金襴，密秘之，不以披搭。所賜金帛，悉賑貧乏。復多怒，老益甚。每據坐，竟日傳餐訶罵。及入寢室，或竊問其故，乃左右顧視，欲舉已忘。故道俗於怒罵中，得旨者甚多。

順帝至正壬午秋，示微疾，問侍僧曰："呼之曾已休，吸之尚未捨，安同諸苦源，來者不來者。如何是來者不來者？"僧無語。端良久曰："後五日看。"至期，更衣趺坐曰："本無生滅，焉有去來。冰河發焰，鐵樹花開。"垂一足而化，世年八十八，僧臘七十六。所剪爪髮舍利纍然，閟全身於鵬搏峰北。諡曰普照，塔曰寂照。

端退居良渚日，忽有梵僧仗錫來徵般若樞要，端示以獅王奮迅三昧。其僧稽首蹈空而去，左右皆驚愕。端曰："掩鼻偷香，何足羨也。"

贊曰：大慧四傳至端禪師，二百載矣。幾如勁弓之末，其勢不能穿魯縞。師崛出珍公之門，而道被三朝，德邁九洲，源厚流長，不亦宜乎。或謂：師之後大抵説法朝廷，豈其家化以金馬門爲隱者耶！曰：否！不離菩提樹下，而據吉祥座者，斯何人哉？

石屋清珙禪師（南嶽下二十二世　臨濟宗）

石屋禪師者，諱清珙，虞山人也。宋咸淳壬申，生於溫姓。生之夜，光貫北垣，其室異香，經旬不散。

珙幼斷酒胾，素質清臧，而精神宥密。六經雜史，一覽即不顧。於佛經如獲故物，乃盡弃其所有，爲大僧，翩然逸舉，擇人而見。

首參高峰妙禪師，妙公曰："新戒來須何事？"珙曰："生死事大，乞施大法。"公曰："我本無法，説甚小大。"珙乃服勤三年，不契。妙公曰："溫有瞎驢，淮有及庵，宜往見之。"

珙直走見及庵，路聞及庵多慢侮，罷廢參儀，不以禪流爲事，大有名者輒遭删削。珙疑之。然心信妙公之指，如不相當，則走溫未遲也。乃至建陽西峰，通謁及庵。及庵袒襟危坐，受珙展拜。遂問珙曰："區區逐日，何所用心？"珙對曰："以萬法歸一爲本參。"及庵訶曰："甚麽害熱病底教你參者死句？"珙悚然罔措。及庵曰："有佛處不得住，無佛處急走過。作麽生會？"珙擬對之。及庵驀起厲聲曰："者箇亦是死句。"便入寢室。珙罔措，乃堅依座下。久之，及庵復理前話詰琪。琪對曰："上馬見路。"及庵又訶曰："在此多年，猶作恁麼見解。"琪憤以爲及庵賣己，因背弃去。及庵笑曰："琪即回也。"

琪於途中，忽見風亭，乃急趨回，舉似及庵曰："有佛處不得住，亦是死句。無佛處急走過，亦是死句。清琪今日會得活句了也。"及庵曰："作麼生會？"琪曰："清明時節雨初晴，黃鸝枝上分明語。"及庵肯之。於是出入吳越，激揚禪社，廣結般若緣。

偶登霞霧山，喜之，遂搆草庵，號曰天湖。趨風者日衆，琪頻作山居偈頌示之。愛之者以爲章句精麗，如巖泉夜響，玉磬晨鳴云。嘉禾當湖新創福源禪刹，盡禮致琪，琪不起。平山林禪師，作契聰排闥圖柬琪。琪慨曰："林兄不容吾高卧也。"於是自携竹笠，飄然而來福源。乃勇於臨衆，不期綱宗大振。圍遶座下，多諸有道。六七年間，衲子爲法忘軀，而叢林豐盛，如西天那爛陀寺。

有貴人入寺飯僧，見琪布衲蕭蕭，疑爲矯飾。竊視方丈，棕拂道具外，空徒四壁而已。貴人大異，乃私問寺主曰："和尚人天知識，何枯淡若此耶？殆非吾輩之所堪矣。"寺主曰："然，吾師原儉於自奉，施者雖多，有即散之。常誡吾黨，莫貪甘暖，免償宿債。"貴人感悟，歸散家財而隱。

有詔徵琪，琪堅以疾辭。乃降金襴法衣賜之，人以爲榮。琪嘆曰："吾少壯時，猶不如人。況今形之不逮矣，忍將名字勞倦人間世乎！"乃上堂曰："卸却頂上鐵枷，揚下手中木杓。合眼跳過黃河，騰身衝開碧落。獅子踢倒玉欄干，象王擺壞黃金索。白雲兮，處處相逢。青山兮，步步踏著。"喝一喝，云："舉頭天外看，誰是箇般人？"便弃福源，歸天湖。嘉禾公牘互至，珙作偈答之，有"老拙背時酬應懶，不能從命出烟霞"之句。

珙年八十有一，行不倚杖，坐不施褥。燈下書字如粟。嘗與客夜話，將達旦，客謝息，珙笑曰："後生輩精神乃爾，安足謀道耶？"俄告寂，門人請命後事。珙引聲曰："青山不著臭屍骸，死了何須堀土埋。顧我也無三昧火，光前絕後一堆柴。"已而吉祥化去。火後舍利，五色莫計，塔於天湖。時至正壬辰孟秋也。諡曰佛慈慧照禪師。高麗王仰珙德化，且感異夢，請旨移文江浙，分舍利歸國祀之。

贊曰：瘦棱棱，却如碧海波心，涌起一座玉巖；硬剥剥，好似白雲堆裹，突出千尋石屋，乃珙公自狀其微也。至於道傾彤室，德感異邦，置弗論矣。但歷來三百餘年，人誦其詩偈，讀其語錄，恨不尊公至夜摩睹史之天上。蓋公不以虛言而欺世也，明矣。

徑山虛舟普度禪師（南嶽下二十世　臨濟宗）

禪師普度者，出史氏，刋江人也。刋俗浮華，度不樂家居。邀正信友，出入僧伽藍，結出世緣。熏久機熟，竟斬髮焉，自號虛舟。入講肆，精貫《楞伽》《唯識》。晝倦憑几假寐，夢遊於俗，俗境宛然。僉①有術士，相其面曰："公乃玉堂金馬中客，何墮於僧數？"度唾之曰："我既登釋譜，不受你輩雌黃也。"覺則汗流愧悚。於是廢卷枯坐，不言者累日。

同學請入筵，度曰："此非究竟，聽之何爲？且諸佛涅槃之旨，豈言詮能及哉？"同學病其狂，度即負鉢袋而去，遍走江南。諸有道名之杜弗生怠忽，乃謁無得通禪師於常州之華藏寺，是日同謁者三十餘人，通公獨許度參堂。度得入通公之室，每求佛法大意，通每低聲曰："佛法儘有，待無人處向你説。"度益心疑，夜靜私抵通公榻下，哀求不已。通又低聲曰："將謂無人那？"乃指度。復自點胸數下，則瞑目悄然。度驚趨出。於是參究愈切，坐立如木偶人。

會通公示衆曰："破一微塵出大經，鳶飛魚躍更分別。不將眼看將心看，已見重敲火裏冰。"度脱然省發於座下。通乃召度曰："不與萬法爲侶者，是甚麽人？"度對曰："金香爐下鐵崑崙。"曰："將謂者矮子有甚長處，見解却只如此。"度拜曰："謝和尚證明。"通大喜之。度於是久侍華藏，師子相契，如水乳也。通公每勉度出世，度啓曰："行道之日無窮，事師之期有限。師壽縱愈趙州，恐普度薄福，一旦填溝壑，再欲蒙師教誨，其可得乎？"通公爲之俛首惻然。

公歿，度乃離華藏，經行石頭城。夜宿袈裟院，適東西兩房爭法産搆訟，數年不已。度釋以片言，兩僧悲泣悔過，俱以家業屬度，度發笑而去。自此隨方説法，或久或近，三十餘年如

---

① 僉（qiān）：全部，所有。

一日。

嘗示衆曰：“邪人說正法，正法悉皆邪。正人說邪法，邪法悉皆正。”卓拄杖云：“正耶？邪耶？”又卓云：“說邪不說邪，向者裏揀辨得出。黃金爲屋未爲貴，玉食錦衣何足榮。”又曰：“萬法是心光，諸緣惟性曉。本無迷悟人，只要今日了。既無迷悟，了箇甚麼？千言萬語無人會，又逐流鶯過短墻。”

值徑山毀，朝旨以度居之。度年八十，力圖興復，亘細行役，尚自董焉。其謙讓不遑，待後進如先輩，從未以老自稱。不二載，徑山落成，時元世祖庚辰也。

度每逢通公忌日，必展真燒香，進食垂涕。門下感之，率白首親依，故唱和妙叶，冠絕一時。竺西坦歸省於度，度大書一偈委之。俄就匡牀化去。其偈曰：“八十二年，駕無底船，踏番歸去，明月一天。”時坦居天童，天童及門復有懷信等，而大度公之聲，蓋懷信爲松源嶽五世之孫也。

孚中懷信禪師（南嶽下二十二世　臨濟宗）

懷信禪師者，字孚中，爲明州奉化江氏之子也。十歲求師於其親，親命抱本入鄉塾。不二載，諸籍了然，竟罷讀，乃謀《法華》而誦之。遂堅圖出家，荷任大法。又三載，師事法華院子思沙門，以試經得度。

竺西坦禪師居天童，信往謁之。坦公瘦面如鐵，尋常熱棒如雨點。請益者，隆冬亦戰慄揮汗。信雖年少，從容入問大法，坦器重之。久經爐鞴，信乃道通。坦垂問曰："興化打克賓，克賓還有喫棒分也無？"信出對曰："俊哉獅子兒。"坦深肯之。未幾坦公遷化，信鳴衆請雲外岫補居天童。信與擊節酬唱，拍拍是令。岫每稱之曰："信公乃洞宗赤幟，濟室白眉也。"

大定丙寅，出住觀音寺。天曆己巳，遷居普陀。至正改元，天童席虛，當事者必以致信。信曰："天童自哲人相繼化後，規制非舊觀矣。今諸公不弃山野，山野惟據令而行。諸公若以爲可，則山野以繼述爲志，豈敢堅遜而累諸公行李。如不便，諸公請更議之。"衆皆稽顙曰："諾！"於是信莅天童，積弊頓除，法席不期而再振，四方以賢譽歸之。

當是時，南北兵荒，叢林多窘。天童食堂盈千衆，安居不乏，尚有餘糧，以賑饑貧。楚石琦公嘗作偈與信曰："長庚峰頂白雲間，捧札西來笑展顏。幾叠巖巒圍丈室，萬株松樹繞禪關。當年金碧誰將去，今日天龍合送還。老我恰如窺豹者，管中時復見斑斑。"

江表大龍翔寺行御史，奉詔迎信，信欣然自來，時至正十四年甲午也。越二載，明太祖兵下金陵，寺衆風散，信獨趺坐不去。頃之兜鍪蟻集，信儼然在定，如不知也。及太祖入寺，信合爪相迎。太祖問曰："衆僧因甚不見？"信曰："明眼難瞞。"太祖甚喜，乃命招僧還寺。太祖嘗聽信說法，歸爲近侍曰："龍翔信僧，言行純愨，真太平有道沙門也。"遂改龍翔爲天界，命襃章而賜之。

信德臘雖高，未嘗以聲色加學者，學者自化。信日課《蓮經》七卷，寒暑不間。有僧問曰：「和尚誦經，還解義麼？」信曰：「清晨喫白粥，而今又覺饑。」僧曰：「此語却與經文不合。」曰：「明眼師僧灼然猶在。」僧呵呵大笑曰：「和尚是甚麼心行？」信曰：「且喜信受奉行。」

丁酉元旦日食，太祖召信問之。對曰：「食後自明。」太祖又深喜，復論古今符讖之理，信曰：「聖哲以至公爲心，不求符讖，而符讖自合矣。愚昧以私欲爲念，雖鳳麟晝現，仍成怪物，故曰在此不在彼。」太祖稱善，盡歡而罷。

八月二十四晨起，沐浴更衣，召衆告曰：「吾行矣，汝等當以荷法自期。」瞑目而逝。侍僧撼且呼曰：「和尚不留片語以示人乎？」信復展目索筆書曰：「平生爲人契戾，七十八年漏泄。今朝撒手便行，萬里晴空片雪。」乃瞑目長往。

時太祖督戎江陰，前一日夢信告別，及還金陵，聞訃與夢合，太祖甚嗟悼，左右皆言前日夢金甲大人相報曰：「天界古佛入滅矣。」太祖益驚異，賜帑金以資後事。舉龕日，太祖臨奠，依法闍維於聚寶山前，獲舍利五色。命賀齊叔爲卜牛首山建塔，又命儒臣銘之。天童所塔者，爪髮衣履也。

初，信承詔，去龍翔天童。左右諫曰：「當今擾攘兵戈，有志者求入山林不暇。師獨受元主隆譽之名，某等似不取也。且天下事未知何若耳。」信答曰：「我汝均爲佛祖兒孫，力當撑拄佛祖家庭，任緣赴感，職宜然也。若俱以禍福攖心，埋身藏影，豈大慈曠濟之道哉！且戈矛劍戟之場，獨非安樂邦乎！」於是願起從行者甚衆。

贊曰：徑山三代，門庭施設雖各不同，究其機要，皆通權達變之宗匠也。度公至老，尚力圖興復。信公至歿，猶示應明主。是其荷負祖道之任，真難釋肩。如吳人游楚者，病中聞之，仍吳吟也。先輩之苦心若此，忽之可乎？

楚石、愚庵、夢堂三禪師（南嶽下二十世　臨濟宗）

　　楚石禪師，名梵琦，乃徑山元叟端禪師之高弟也。道弘海鹽福臻，次則天寧，乃至杭州報國、嘉興本覺。德風所被，聲重九洲。當元文、順二帝時，楚山南北，浙水東西，其有道尊宿，無不經錫徽號，琦獨遠引不與焉。至正間，帝師強贈師號"佛日普照慧辨"，琦亦不署也。暮年以門人景獻，代主天寧法席，則別築方齋於天寧院西。為休老計，自稱西齋老人。

　　至正間，四方多事，士大夫逃禪海濱者衆矣。從西齋遊者，如宋公景濂輩，最稱博物。入西齋之門，劇談多北。或有問時勢否臧，琦但唱休休歌，其聲韵莫測。

　　癸卯，元帝師以手書微①琦，琦稱病篤不赴。戊申，明高帝建極，以為折抱毀鼓之初，而歿於王事者無答焉。遂蒲車四出，徵天下高行沙門，敕儀曹請琦陞座於蔣山，使存亡者均沾法利。高帝見提唱語，大悅。

---

①微：疑為"徵"。

明年春，召入宴文樓，以琦年邁，賜杖而行，留琦館天界。又明年，復徵天下有道禪師，均赴天界。其赴詔尊宿三十餘員，出元叟之門者，三居一焉。惟國清曇噩、雙徑智及，并琦三人，頻入宴文樓論道。高帝問鬼神幽玄不測之理，琦援據經論，剖釋宸衷。然起居脱略，無異西齋時。高帝每嘆曰："楚石真杠下道人也。"

是年七月十六日，琦呼侍僧進墨池，大書一偈曰："真性圓明，本無生滅。木馬夜鳴，西方日出。"即謂噩夢堂曰："師兄，我去也。"噩曰："何處去？"琦震聲一喝而逝，年七十有五矣。

以遺偈聞高帝，帝命依法闍維。其不壞者二，齒如珂玉，舌如珊瑚，無數舍利，連綴其上，歸塔天寧西齋。愚庵以偈哭曰："匡牀談笑坐跏趺，遺偈親書若貫珠，木馬夜鳴端的別，西方日出古今無。分身何啻居天界，弘法毋忘在帝都，白髮弟兄空老大，刹竿倒却要人扶。"

愚庵禪師者，名智及，吴人也。年十七爲僧，亦得法於元叟端，住後四遷名刹。元帝師錫號明辯正宗廣慧禪師。及公長身山立昂然，如孤松在壑。法令嚴肅，其下無敢方命。所至百廢俱興，然能俯順時宜，又如春風時雨之及物，使人不知。以其提唱語句達九重，撑大元叟家聲。復喜納言，見三尺童，理長則就之。雖工剩藝，自視若不逮。至於料除積弊，不出詞色，力絶其原。故學士宋濂譽曰："元帝師以徽號加愚庵及公，不虛也。"暮年不得已，再赴明高帝詔抵京。抵京未幾，會楚石遷化，由此得辭還穹窿山。時年六十八，亦書偈趨寂焉。火浴有香氣襲人，如沉水香。所用數珠循環不壞，其遺骨紺澤，類青琉璃，設利羅積有光。復有夢堂噩禪師與及齊名。

禪師夢堂，名曇噩。與楚石琦，同籍明州。琦出象山朱氏，噩出慈溪王氏，同出元叟之門，同赴明君之詔。噩之祖父，以仕顯家，貴且富，羅綺交錯。噩生其間，為童時，喜衣布裘，喜餐蔬食，喜坐靜舍，目不遍眨，如在定僧伽。然與世交，談吐風雲，變幻莫狀也。於諸子史，一閱不再。因遊郡城延慶講堂，見《六祖壇經》，遂竊懷歸翻讀，連日夕不釋手，乃至忘餐寢。竟辭脫髮，父兄莫能阻之。

具戒，遍歷禪叢，乃罷參於徑山。噩事徑山既久，名知林下。深聖禪寺請噩，噩則欣然肯來。居無何，遷開壽，諳熟典故，師僧皆從之。

噩畫一規曰："僧堂內外有閱經書者，罰油若干。"一僧每逢朔望，納油庫司，讀《梵網經》。一僧納油，讀《傳燈錄》。一僧納油讀《易》。噩笑而憐之曰："立法之弊，寧至此乎！"及移居天台國清寺，年垂七十矣，耳聰目察，敷揚宗旨，有道衲子趨焉。元順帝賜號佛真文懿禪師。

年八十有八，赴明天子之詔，館南都天界。天界金白庵，名馳當世，學冠諸老，與噩夜話，詞氣盡索，退而雅稱曰："此翁齒牙帶戟，不可與爭衡也。"

噩南歸，虛其名位，而規訓門人，復說偈曰："吾有一物，無頭無尾。要得分明，涅槃後看。"泊然示化，時洪武辛亥，其年八十九矣。

贊曰：楚石、愚庵、夢堂行道，際遇於離亂之秋，俱持風采，稱爲狂瀾砥柱。暮年感有國者與交遊，光鮮元叟家聲。雖三公一時之方便，於法門則有力焉。經云："但以假名字而引導之。"此之謂也。

古梅正友禪師（南嶽下二十三世　臨濟宗）

古梅禪師者，名正友，姓于氏，廣信人也。住閩之高仰山，爲絕學誠禪師入室之真子。誠得道於靈雲定，定嗣雪巖欽，欽爲友四世之祖也。

友爲人，文而烈，不依違兩可。好立言行，以潔白著聲。初依末山本得度，本示以禪關節要，不領。因循住江淮兩浙之間。歸省本，本揭其所得，友罔措。本曰："你參病鶴禪耳，鬈翼九天，未有日在。"友愧無所容。乃遍歷宗庭，因小便觸地，恍有所發。

又參絕學誠公於洪州之般若寺，誠曰："諦當甚諦當，敢保老兄未徹在。且道是許它語、未肯語？"對曰："言下委然。"誠大笑而起。次早友得上方丈，誠曰："夜來事作麼生？"友以坐具便搋曰："靈雲捉得賊，玄沙不放贓。即今贓賊一時斷，還和尚了也。"曰："黃檗打臨濟意作麼生？"友喝。誠曰："築大愚三拳則且置，因甚又來掌黃檗？"友擬對，誠搖手曰："不是。"友曰："畢竟那箇是？"誠擊之曰："不是不是。"

次早友又上方丈，誠厲聲曰："抽袈裟。"友擬議，誠痛打三十。友連喝，復打六十。次早哀求挂搭①，誠公不許，且叱之。於是友浮沉歲月自愛也。

度夏雪巖，因讀法昌語，豁然有新證，乃書頌古數則，寄呈般若誠公。誠曰："此人得我第三番竹篦，氣力猶欠脫殼在。今兄弟家三年五載做工夫，無箇入處。將從前話頭拋却，不知行到中途而廢。可惜前來許多心機有志之士，看眾中柴乾水便、僧堂溫暖，發願三年不出門，決定有箇受用。有等纔做工夫，但見境物現前，便成四句，將謂是大了當人。口快舌便，誤了一生。三寸氣消，將何保任。若欲出離，參須真參，悟須實悟。"友遙聞之，閫閣中物一時放下。

又三年赴齋，打動鉢盂，乃徹法源，披伽黎焚香，向般若大展曰："非吾師大機大用，正友幾成木強人耳。"住後上堂曰："慧劍單持，明行正令，擬議不來，喪身失命。還有當鋒底麼？"良久云："正好一帆風過海，箇中不遇駕濤人。"喝一喝，又曰："月落山頭慘，雲橫谷口陰，欲明生死事，直指本來心。且道如何是本來心？夜靜不勞重借月，玉蟾常挂太虛中。"

至正壬辰深春，高仰山樹不穎，泉忽涸，眾懼。友曰："老僧向後自有嘉徵。"五月初三，集眾跏趺，垂訓諄諄，奄然斂目而寂。仰山泉始涌，樹始花。

友初住天心，掘地見藏金，友掩之。或曰："無主之物，方便納之，以興佛事，曷不可乎？"友曰："吾教以檀施爲佛事，發

---

①搭：應爲"搭"。

藏得物，未之載也。冒而容之，寧不慚乎。"其夜風雨暴作，巨石崩壓其處，人名其山曰却金山。

贊曰：蒿枝之令，數百年來，叢林畏而不聞矣。是以鱸乳十斛，雜濫人間，而端人正士，故有流涕長太息之感也。誠公滴桃源真乳於嚴霜巨凍之秋，而古梅之器琉璃也，自無迸裂之患，則雪巖橫出一枝，灼可觀焉。

南宋元明禪林僧寶傳卷十一

伏龍千巖元長禪師（南嶽下二十三世　臨濟宗）

　　千巖禪師，諱元長，越之蕭山董氏子也。出天目中峰本和尚之門，開化烏傷伏龍山聖壽寺。其接物利人，灼①類於本。當元季時，其著我田衣者，無不藉賴朝廷褒重，而高其聲價。公居伏龍，惟力田博飯而已。君王三錫徽號，公終身不署焉。於是，識者以狂瀾砥柱而稱公。

　　公性英敏，初棄家，問戒於靈芝律主。時中峰本和尚，寓杭城雲居蘭若，會赴丞相府齋，公得拜見於齋筵。本曰："上人是何法諱？"對曰："元長。"曰："日逐何所用心？"公乃再拜請益，本以狗子無佛性示之。公即廬北高峰頂，琢磨己躬，屢走見本。本惟叱之，無他語。

　　靈隱雪庭傅禪師虛記室，以款公。公來往雲居、靈隱，荏苒法緣，十載不發，乃私嘆曰："饑虎望几上之肉，寧自甘耶？"遂禁足峰頂，聞雀聲有省，急走質本。公呈所以，又被叱。憤歸據關枯坐，簡點所省處，竟不可得。徘徊中夜，或行或立，忽鼠翻猫器，墮地有聲，乃徹見本公相爲處，即棄廬歸本。本云："趙州何故言無？"對曰："鼠食猫飯。"曰："未也。"對曰："飯器

---

①灼：疑或爲"約"。

破矣。"曰："破後如何？"對曰："築碎方甓。"曰："善哉！此事非細，承當者須是其人。"於是，公服勤一十三載。別隱天龍東庵，垢衣糲食無剩語，人或鄙之。

　　石溪空禪師大建松雲閣，繪三教聖賢影相，并藏其書，以資三教學者流覽，徵文於當世銘之，無敢命筆者。空素知公，乃邀遊松雲，敍其所以。公弗少辭遜，文成四百五十言，自書其壁。是時松雲閣閑士多屬名家子弟，讀之大驚服。於是，冠蓋博學者爭遊東庵。有傳其文至中天竺，咲隱禪師曰："中峰有子如此，臨濟宗風何慮哉！"即言於行省丞相，以名刹起之，而公已去東庵矣。其松雲文曰：

　　"見到説到行到，猶是到到，未是不到到。雖是不到到，未是不到不到。何也？世尊四十九年，噇了現成閑飯，簸者兩片皮，説是説非，説長説短，説出許多閑言長語滿世間。狼狼藉藉，末後知非。無著慚惶處乃云：'始從鹿野苑，終至跋提河，我於二中間，未曾説一字。'敗也敗也！老子亦云：'道可道非常道，名可名非常名。'名亦言也，既非常名，言之何用？死也死也！孔子亦云：'亂之所由生，言語以爲階。'乃欲無言，謂天何言。露也露也！你看他者三箇漢，如向一片淨潔地上擦屎擦尿了。有底將灰土蓋却，有底將糞箕筲帚掃却，有底將水洗却。任你如何，只是臭氣還在，引得許多蠅蚋、蚤虻、螻蟻、蚤虱之類，競來咂唼，各成窠窟，頭出頭没，脱離無由。秦坑之，永平火之，三武滅之，愈熾愈盛。雲門殺之，德山駡之，臨濟喝之。彌高彌大，樹繞藤纏，至今無箇合殺。石溪本空禪師，奮巨靈劈太華之手，用芥子納須彌之機，建一閣，扁曰'松雲'，繪佛祖三教聖賢諸師形像於松雲之上。及取三教之書，悉藏松雲之中，無彼此之分，絶人我等見，真①顯圓融廣大法門耳。或謂辨魔揀異，宗門眼目，秤斤定兩，向上鉗錘，豈可雷同！事須甄別，曰：'會麼？'瓶盤釵釧一金，毒藥醍醐一味。其人不覺手舞足蹈，而歌曰："松雲萬朶兮，溪山盤盤。松風一曲兮，溪月團團。冰崖笋出，炎天雪寒。眼睛只在眉毛上，分付渠儂仔細看！"

烏傷伏龍山，古有聖壽寺，廢久。公乃登伏龍，喜其涌泉如乳，奇峰爭秀，就故址棘叢中而卓錫焉。次日，鄉民集者數百人，俱言昨夜夢乘雲聖僧至伏龍。及見公，與所夢無異，遂共開荒，爲搆草廬。久之崇成大廈，禪者接踵而問道，三十載如一日。

嘗示禪者曰："當臺明鏡，鑑在何人？露刃吹毛，逢他敵者。從上的的相承以來，無有不因者。心肝五臟也同，眉毛鼻孔也同，眼睛舌頭也同，三百六十骨節也同，八萬四千毫竅也同。一處同，處處同。只有些子不同，諸人還簡點得出麼？阿呵呵，縱饒滄海變，終不與君通。"

士大夫聞其風，而開發者甚衆。鎮南王亦慕之，則錫號普應妙智弘辨禪師，帝師又加圓鑑大元普濟禪師。東朝又賜金襴，并加師號曰"佛慧圓明廣照無邊普利"。其隆典雖經叠下，於題咏扁額中，并無其製號也。

晚年鉢鑕自滌，衣衾自補，侍僧屢竊爲之，公屢不悅。至正丁酉六月示微疾，更衣集衆，書偈曰："平生饒舌，今日敗缺。

---

①真：疑爲"直"。

一句轟天，正法眼滅。"擲筆而逝，世年七十四，坐五十六夏。宋公濂久參伏龍，乃述其道行以立石。

贊曰：却名易，忘名難，貞節易，忘節難。蓋名節亦虛器也。長公入山，惟恐不深。重開伏龍，一住三十載。王公襃贈叠至，公恬若不知。至其生平說法，勞勞玉齒，如怒獅抉圓石於千仞之岡，莫之能禦。嗚呼！克嗣天目，以駿發臨濟於一時者，微公其誰與！

（補輯）龍池永寧禪師（南嶽下二十一世　臨濟宗）

禪師出淮東通州朱氏宦族，名永寧，字一源。其先東山演公之下開福寧，寧七傳至無用寬，寬乃永寧之師也。寬居舒州太湖，門士不滿百，皆嶢然自肯之輩。其得寧最晚，而寬特泟之，以爲可繼開福，而闡東山法門。

初永寧在襁褓中，弄以金紫，即有戚容。九歲聞隣壁治喪啼哭聲，辭親弃俗。依禾州之廣慧寺，寺爲州之望刹，乃故淮海肇禪師說法處。前一夕，寺衆同夢肇公來。次日獨寧至，衆欣然，疑爲肇公再世也。

及爲大僧，汗遊禪社，走舒州見無用寬公。公問："何來？"對曰："通州。"曰："淮海近日盈虛若何？"對曰："沃日滔天，不存涓滴。"公使喝。寧擬進語，公又喝。寧擬退，公連喝之，寧大駭而趨出。自是罷遊，堅依席下。

一日，公舉雲門答僧須彌山話，寧聞之脫然。公乃召曰："掣電飛來，全身不顧。擬議之間，聖凡無路。速道速道！"對曰："火迸星飛，有何擬議。覿面當機，不是不是。"公喝。寧曰："作麼？"公曰："東瓜山前吞扁擔。"寧曰："今日方知和尚用處。"久之辭去。公曰："逢龍即止，遇水即居。金鷄玉兔，鞭影長驅。"

至治癸亥，常州道俗以龍池致寧。寧以爲符其師讖，欣就之。連三載，成叢林，南國高人以見晚爲憾，同曰龍池尊宿，不敢名之。

寧慕高峰之爲人，別業高崖。至正間，紫書三至，不赴。諸方勉之，始受朝旨，號佛心了悟禪師，然足不越閾。順帝嘉之，乃召璧峰金而問寧之行略，金對曰："不耘而秀，不扶而直。劈華嶽迅烈風雷，吸淮海不留涓滴。演東山是其遠祖，寬無用容其入室。雖經三詔下龍池，野老不知堯舜力。"

洪武元年，寧囑製紙衣木龕。次年六月十七日，服衣居龕而化。有偈曰："七十八年守拙，明明一場敗缺。泥牛海底翻身，六月炎炎飛雪。"

（補輯）寶金璧峰禪師（南嶽下二十二世　臨濟宗）

禪師名寶金，乾州永壽人也，號璧峰。其父石氏，行善無子。有梵僧目普門大士相授之曰："善事之，奇男至矣。"期年果生金。金生時，紅光蓋室，牛馬皆鳴。

六歲親歿，往受淨業於溫法師。從溫既久，通性相之旨，乃代座演法。有禪者遇而惜之，因謂金曰："觀君談論，如望梅也，其能止渴乎。"金大驚，挽之不可。遂遊方，謁縉雲真禪師。與一源寧，同入真室，金輒有省。

一日，拮蔬園中，定坐不還。適真公至，撫金背曰："汝定耶？"金起對曰："動定不關。"曰："誰是不關者①。"金向前叉手而立。真公奮揕其胸曰："速道！速道！"金便喝。真曰："塵勞暫息，向上政未得在。"金以拳築真而趨去。

已而隱峨嵋，日咽松柏，脅不沾席者三年。聞伐木聲大徹，再參真公。真於地畫一圓相，金以袖拂去之。真又畫一圓相，金於中增一畫，又拂去之。真再畫如前，金又增一畫成十字，又拂去之。真復畫如前，金於十字，加四隅成卍字，又拂去之。真乃總變三十圓相，金一一俱答。真曰："汝今方知佛法宏勝如此，宜往朔方，大行吾道。"

金先於定中見一山，重樓傑閣，金碧爛絢。諸佛五十二菩薩，行道其中。有謂金曰："此五臺秘魔巖也，汝忘之乎？"至是游五臺，道逢蓬首女子，披五彩敝衣，赤足徐行，一黑獒隨其後。金問曰："汝何之？"曰："入山爾。"曰："將何爲？"曰："一切不爲。"金喝之。女子眴金曰："將謂是獅子兒。"言訖不見。金驚喜曰："吾於此山有宿緣乎！"就中結靈鷲庵居之，聲光日溢無遠近，負餱糧而獻者，繽紛也。

---

①原本夾注：一本云：動定不關，是甚麼人？

至正壬①子，授師號寂照圓明，住燕京之海印寺。尋稱病辭，還舊隱。明高帝即真召金之南京，於内殿問佛法大意，遂設普濟會。金莅其事，已而御製詩十二韵賜金。是時開福之後，惟金與龍池寧。寧好行古規，時流諱之。金自代州寓金陵，英才輻輳，開福餘烈復振。

　　嘗問僧："須彌納於芥子，且道阿修羅王向何處伸脚？"僧應諾。金曰："恰是。"僧呵呵大笑。金曰："劍峽徒勞放木鵝。"又問僧："臺山路向甚麽處去？"曰："和尚是甚麽心行？"金曰："今日被驢子撲。"僧作噓聲。金曰："消得龍王多少風。"

　　金年六十有五，召侍僧曰："三藏靈文乃是故紙，汝知之乎？"僧擬進語，金便脫去。闍維得五色舍利，牙齒數珠，堅潤宛然。

　　贊曰：寧、金二禪師，以叔侄同時建大旗鼓於廣漠之野。豈不三賢膽戰，十地魂驚！或怪二公末後，一曰明明一場敗缺，一曰三藏靈文乃是故紙。何斂鋒垂手，一至此哉？然歷考版圖，自大覺拈花之後，莫不皆然。無乃草滿法堂，不容不爾耶！抑曆數有歸其册命之詞乎！

---

①壬：疑爲"戊"。

(補輯) 烏石世愚禪師 (南嶽下二十二世　臨濟宗)

　　禪師世愚者，號傑峰，衢州余姓子也。早歲歷參知識一十餘員，無所開發。抵杭州大慈，見止巖成公而得道焉。愚初至大慈，倦於請益，但隨衆聽法而已。一夕成召之曰："愚闍黎，萬古碧潭空界月，再三撈摝始應知。"愚瞥然趨去，於是精神逸舉，窮極玄秘。

　　又常入元翁之室，機絲綿密，翁心喜之。翁即止巖之師也，室中常謂愚曰："暴長之竹，數載而枯。暴流之水，終夕而涸。此理人豈不知耶，但求速之病，入於膏肓，則神醫拱手矣。"愚遂隱烏石山一十八載，衲子知名。正信長者，建廣德石溪大伽藍以居愚。愚居石溪，禪徒始大集。

　　開堂日，僧問："黃梅碓觜花開日，夜半傳衣過嶺南。此事還端的也無？"愚曰："一物本來無，兩肩擔不起。"曰："畢竟如何保任？"愚曰："不是詩人莫獻詩。"乃曰："佛病祖病衆生病，拈向一邊。丹藥妙藥神仙藥，除過一壁。離却四大幻身，且道那箇是病，那箇是藥？若向者裏薦得，許汝諸人具隻眼。其或未然，山僧分明指出病源與諸人看。四大分散時，向何處安身立命，是有病無藥底句。鎮州蘿蔔，柏樹子，乾矢橛，麻三斤，是有藥無病底句。青州布衫，是藥病對治底句。不是心，不是佛，不是物，狗子佛性無，是藥病雙忘底句。爲治衆生心中五欲八風、煩惱塵勞、妄想執著一切病,一大藏教總是濟世醫方。一千七百祖師公案,盡是靈丹妙藥。有病應服藥,無病藥還袪。眾中還有箇漢出來道,和尚自身不能治,何用治別人?只向他道,留得一雙青白眼,笑看無限往來人。"

愚凡四坐道場,暮年退休烏石爲逸老計。適有長者,携童子上謁愚。愚問:"何來?"童對曰:"虛空無向背。"愚大奇之。適懸鍾次,愚曰:"童子能言之乎?"童曰:"百煉爐中滾出來,虛空原不惹塵埃。如今挂在人頭上,撞著洪音遍九垓。"愚嘆曰:"此子如在殼迦陵也。"以大法度之,法名非幻。

洪武三年,諸山宿德咸赴鐘山之會,有詔起愚,使者至,愚集眾普説,已而高聲唱滅,有偈曰:"生本不生,滅本不滅。擦手便行,一天明月。"

繼愚後事者,有二人焉。曰無涯幻,曰日本太初原。原歸化本國。幻於永樂五年,奉文帝詔,證西僧哈立麻佛事有感。帝喜,特留幻主靈谷,以備顧問。每召對稱旨。十七年,御製贊佛歌頌,併刊大藏頒行。是日慶雲等瑞,種種不一,備載明紀。

其明年春,有敕再建會靈谷,如西僧例,幻不奉詔,亦唱滅。以故愚父子深得或庵之遺韵云,蓋愚遡或庵體之八世也。

贊曰:或庵行護國之話於焦山,至中葉幾微而復興。譬猶一指之脈度隴穿峽,所謂節節皆原六秀。及傑峰父子一出,又若老幹發嫩,支龍逶迤。而下爲尖圓方正之星而入局,於戲!誰中十道天心之穴,則兒孫脚下可勝計耶!

（補輯）古鼎祖銘禪師（南嶽下二十世　臨濟宗）

　　古鼎禪師，諱祖銘，出於四明應氏。風骨軒昂，談論超人意表。

　　得道於元叟端公。出世談禪之會有四，皆名山廣澤之中，四衆圍繞。其陞堂入室之鼓，日不停聲。當是時，六宗之徒互相犯諍，銘著書千百言以解之。聲達朝廷，朝廷賜銘號曰慧性文敏弘學普濟禪師。叢林共美其功。楚石琦有語曰："具眼宗師，超方哲匠。傳列祖之燈，息六宗之抗。身非身，相非相，天教擎在千峰上。"

　　蓋銘初與楚石同參元叟端，端公喜怒不測，所舉者皆流俗鄙事，所詞者皆賢聖章句。銘大疑之，乃詣端公之室，端呵呵大咲。銘曰："自遠趨風，師何謔耶？"端公驀起頓足曰："山僧罪過不少。"銘瞠愕而却。

　　會書記寮虛職，林首座知銘，欲舉銘補之。端曰："丸彈而求鴞炙，不亦早乎！"林曰："何謂也？"曰："待渠識得西來意方可耳，不然流成文字蠹魚，何益哉。"銘聞大慚隕涕，自誓求決大事。一日參罷，銘復進曰："黃龍南傾心請益於慈明，慈明屢詬罵之，何也？"端曰："趙州道：'臺山婆子被我勘破。'曁慈明咲曰'是罵耶'，爲復肝膽相似，爲復鼻孔不同？"銘曰："一對無孔鐵錘。"曰："南立悟去，又且如何？"銘曰："病眼見空花。"端曰："金沙混雜，政未得在。"銘又擬進語，端震聲喝之。銘失聲咲曰："祖銘此回做得書記也。"端公亦笑而許之。

住後僧問："如何是佛？"銘曰："秤錘蘸醋。"又曰："如何是佛向上事？"銘曰："仰面不見天。"僧曰："雲門乾矢橛，又作麼生？"曰："不是好心。"僧曰："乾矢橛與秤錘蘸醋，相去多少？"曰："鑊湯裏踍跳。"僧又擬問，銘便喝。

銘言行平易，不以繩墨制學者。嘗曰："滄海有擇流之心，則成牛迹。春日有偏照之意，仍似螢光。所以大冶烹金，不須九轉。衆生成佛，只在刹那。分之別之，遠之弃之，豈大慈長者之心哉！"晚住徑山，禪流益心歸之。

恕中慍，早受業於元叟，既出遊方，聞銘繼徑山之席，乃歸訪銘。銘請慍歸蒙堂，間與商確古今，於是二公互相肯可焉。及慍出世靈巖，法嗣紫籜道公，銘復稱之。或曰："慍公向親先老人，今其背德，承紹無名老衲，師反獎之，何也？"銘曰："不然，當今吾老人之望，故重天下矣。禪販之徒，往往承虛接響。慍公得意於紫籜，不以聲名而忘其本，節操如此，豈可及哉！"

銘年垂耄，愛携衲子山遊，不計遠近，意得即到，歸便高枕，鼻息如雷。

一日命侍者遍插香，聲鐘告寂，衆趨遶之，銘則宴然側身長往矣。有遺偈曰："生死純真，太虛純滿，七十九年，搖籃繩斷。"

其門下繼居徑山者，象源淑也。居徑山，百爾躬先率之，勤舊乃言，先老人弗以絮務勞賢者。淑曰："安有賢者而弗勞乎？"於是冰風四峻，廉士大集。一日趨出門，大叫曰："殺來了，殺來了。"衆驚集,淑乃莊立蛻去。其次門人力金者主持天界。

天界力金禪師(南嶽下二十一世　臨濟宗)

　　力金禪師,號白庵①,吳門姚氏子也。幼孤,楞伽寺道原衍公牧②金爲沙彌。衍絕世交,築碧山堂以自娛。因以白庵號金,且愛其姿,乃資金行脚。遂深入古鼎銘公之堂奧,已而歸吳,壘土爲孤雲庵,以事其母,其母亦得悟焉。

　　元至正間,浙宣政以淨慈請金,金不就,乃開法瑞光,次移嘉禾之天寧,南北英靈集如箕斂。元帝師大寶法王,贈金號曰圓通普濟禪師,是時金之名日重矣。愚庵素倔强不肯可。諸方聞其名,常致書問於楚石,以爲古鼎有子乎。楚石亦因褒之,其詞曰:"道邁古今,學兼内外。白牙香象,蹴踏而截流。金毛獅子,哮吼而踞地。機用可謂逸群,文章乃其遊戲。青天白日,放古佛之瑞光。鬧市紅塵,闡湖南之祖意。直得大海波翻,須彌粉碎,少林不識,曹溪不會。却淨慈道愈高,咲諸方進爲退。乃吾古鼎銘兄之的傳,妙喜杲祖之六世者也。"愚庵以爲然,作偈東金曰:"聞道湖南第一山,交參龍象雜官班,東頭賣貴酒頭賤,空手來時赤手還。頂顙一機猶掣電,語言三昧若連環,鐵舡下載休輕舉,老叔談禪亦强顏。"

---

①原本夾注:有本名萬金。
②牧:疑或爲"收"。

明初，有詔主天界。高帝留神內典，而楚石、愚庵輩亦赴焉。金以猶子之列與之，援經據論，披詰玄理，共大元叟家聲。

五年，敕集三宗二千人，建鐘山法會。大駕臨幸，命金陞座，闡揚宗旨。復命儒臣，出眾燒香，疏曰："無量太虛，因三才而建極。有涯滄海，會八德以朝宗。發含靈心裏之花，至哉先覺。秉樞斗寰中之柄，久矣高人。則寶鑑當空，自合昆岡之璧，而玄珠在握，誰停赤水之車。化廣無爲，音宣大呂，豈非人天協贊、日月雙懸！"金曰："皇風浩蕩，即凡心而印佛心。慈澤彌漫，據聖智以開世智。"乃拈香鞠躬起立曰："會麼？打麪還他州土麥，唱歌須是帝鄉人。"便下座。高帝大悅，萬眾稱善。

金年暮欲謝退，不可。乃喟然曰："吾以虛名濫當聖代，每懷煨芋諸公，予不逮矣。"遂稱病篤，解還舊隱，未久圓寂，塔於嘉興環翠蘭若。

初高帝詔選名宿，輔導諸藩，而蜀王椿師事見心復，復名溢都中。金嘆曰："復公其不免耳。"復果罹難而終，故諸方嘉金靖退爲叢林福云。

贊曰：水火相憎，鐺居其中，則世味以調。邪正相反，智居其中，則精神俱化。而銘公之攝六宗，其智能過於調化者也。丹青雖異，文彩全施，貴其知宜也。天岸雖高，明舟不犯，貴其用意也。象源之繼徑山，乃良於知宜而用意焉。知退而不知進者，滯於寂也。知進而不知退者，傷於勇也。白庵其無滯傷之病，與師資鼎峙，俾風化有醍酪之純，其流慈豈小小哉！

性原慧明禪師（南嶽下二十世　臨濟宗）

　　禪師出夏氏，台州黃巖人也。諱慧明，字性原。居家不治生產，日游僧寺，父兄以不才子目之。父卒，明益無賴，嘗貸飡親里姑舅之家。或得斗米百錢歸，又作飯僧佛事。
　　俄有長耳黃面病僧之門乞食於明，明以碗虀施之。復乞，明躊躇答曰："奈我無有何。"病僧曰："無有亦須施我。"明莫知其意。病僧指明内竈曰："那是甚麼？"明回視，失僧所在，明乃大驚。即走樂清，依寶冠沙門，斬其髮焉。
　　每遇禪者，則虛己請問。或有聞，即拜下風。久經歲月，而知有此事，即腰包行脚。上雙徑見元叟，叟曰："東嶺來，西嶺來？"明指草鞋曰："三文錢買的。"曰："未在，更道。"對曰："慧明只恁麼，和尚作麼生？"叟曰："念你新到，放你三十棒。"明退參，三月方罄其旨。
　　久之，出世寧波五峰寺。明既莅師首，以身先衆，間有憍懦不振者，明亦委致起之。凡垂機即宿，倔强者爲之失色，於是湖江咲稱五峰門庭爲曝腮處。
　　洪武間，詔明主鍾山法會，而天鏡潻、璧峰金、季潭泐，皆與焉。内翰宋危諸公，嘗問道於諸禪師。一日間①咨國事，有答

---

①間：疑或作"問"。

曰：「掃腥膻，建禮樂，萬代一時也，復何慮焉。」明曰：「不然，禮樂有三代之隔，人心無夷夏之分。敬天懼人，思危防安，天下平矣。」諸公悅服。

高帝聞明答語，以爲有王佐略，欲留居都中。時辭還山，景濂宋公疏明居靈隱，明不就，乃薦同門天鏡淨禪師。明還山日，隣寺故老相訊，明乃蕭然布衲藤杖而已。或問大內隆遇典故，明緘口無一語。惟審山問歲，節節俱至。

明退居無何，而靈隱天鏡被流言坐忤時，流徙陝西，道經寶應，夜宿寧國寺，端坐而歿。以故靈隱席虛，師僧皆散。諸方不肯應，復請明。明嘆曰：「時哉時哉，不可避乎！」明既任靈隱，年雖邁，接納無少倦。

嘗垂問曰：「蓮花峰被蜉蝣食却半邊，因甚不知?」僧進語曰：「不啞不聾，不作阿家翁。」明喜之。又問曰：「冷泉亭吞却壑雷亭即不問，南高峰與北高峰鬥額，是第幾機?」又僧進語曰：「和尚今日放參。」明亦喜之。於是禪子蟻從，元叟家聲復大振。

闡提陰嫉之，明又被議逮捕。或勸明引去，明怒曰：「潛形苟免，豈道人所爲乎?」適浴佛，明上堂曰：「者一箇，那一箇，一一從頭俱浴過。藥山布衲謾商量，仔細看來成話墮，成話墮，將誵訛。」拍禪牀曰：「武林春色老，臺榭綠陰多。」下座。直詣法司，從者如雲，有感泣願以身代，未鞫。明跏趺廡下，爲眾說偈。忽入滅，天立變瞑，雷雨暴作，拔木飄瓦。吏司懼而釋之，叢席無恙。時洪武十九年也。

嗣明法者，正庵誾上座，誾有勁操，晚以衣拂授月江淨。淨主徑山，大廓性原之風，歿時有偈曰：「祖師門下客，開口論無生，老我百不會，日午打三更。"

贊曰：南黄龍坐事抵獄，兩月得釋，皮骨僅存。真點胸迎於途，不自知泣下，南公吒之。明、瀞二尊宿不知獄吏之貴，而冷處抽身，可謂矍鑠矣。嗚呼！風波亦叢林時所有也。標格如此，足驗生平。然際時能表裏叶贊，乃願力也，豈偶然哉！

南宋元明禪林僧寶傳卷十二

（補輯）雪峰逆川智順禪師（南嶽下二十二世 臨濟宗）

逆川禪師，名智順，又字澄垢，東甌瑞安陳氏子也。順母有懿德，謹於事佛，夢僧項有圓光，逆汪洋之流而招曰：「煩爲母我，莫辭勞也。」寤即有娠。

順生七歲，神悟特異。永嘉實際院即空禪師牧爲沙彌，誨以大法。順信受頂戴，刻無惰容，耆老多器之。

順爲大僧，辭空行腳，見諸大有道者，入閩抵天寶，參鐵關法樞禪師。樞署此庵元七世之傳，尋常好問禪者：「老僧舌頭在麼？」而禪者多被抑，不敢犯其鋒。順得參堂踰月，因如廁睹園中匏瓜有省。入室呈所得，樞公曰：「乍入門耳，何足重哉！」曰：「堂奧更有何法？乞師揭示。」公大笑而罷之。於是，順括磨究竟，盥漱悉忘。夜深常入樞公之室，參請古德因緣，或至晨鐘鳴乃趨出。樞心嘉之。

一夕徐問曰：「曾聞和尚遍見湖江諸大老，未知於何機下得徹本源也？」樞公曰：「我當時往華藏，受業於竺西和尚，便知有此事。但胸中似有一物放不下，受具後，參中峰及庵諸老，諸老未嘗不以本色示我。我只不能領會，乃走石門，見我元翁先師。先師亦無長語，惟道：『不是心，不是佛，不是物，作麼生會？』其時前後際斷。一日齋後下牀，忽踏著實地，急走方丈。先師遙見而笑曰：'作麽？'我進曰：'南泉被我捉敗了也。'先師曰：'南泉即今在甚麽處？'我便喝。先師曰：'離却者一喝，南泉聻。'我拂袖而出。自後執侍巾瓶一十五載。我事且置，你向何處見南泉？"順詞色俱喪，愧無所容。

又一夕，聞參鐘擬離榻，豁然大悟。趨告樞公曰："南泉敗缺，今已見矣。"樞曰："心佛物俱不是，是箇甚麽？"對曰："地上磚鋪，屋上瓦覆。"曰："即今南泉在何處？"對曰："鷂子過新羅。"曰："錯。"順亦曰："錯。"明日，樞命搥鼓勘驗，順扼腕上下，顧視曰："和尚眼在甚麽處？"樞助喜曰："也要大家知。"

至正①六年庚辰秋，樞公遷化，順繼天寶之席，於是此庵之宗大振。自順溯此庵元，其世有八。元得焦山體，體三傳天竺有，有傳天池元翁信。信之嗣二人，曰大慈成，曰鐵關樞。順既受樞公正印，號令人天，海内改觀焉。從天寶遷報恩，又移居歸原，而機用縱奪，益慎於居天寶時也。當是時，南北衲子騈集。朝廷知順，乃賜衣，加號佛性圓辨禪師。

順即退居東甌之羅山，穴地爲爐，折竹爲箸，不設卧榻，不貯宿舂。或以矯世譏之，順弗顧也。平章燕只不花鎮閩，堅起順住閩之東禪寺，又移雪峰。

順之法政，善巧圓融，座下不規而肅。聽順説法，各有領解。雪峰數百年來，稱順爲中興矣。

明洪武初，詔順陞座於鍾山。上臨聽法，悦如舊識。順每對上，稱僧而不臣，或忘而稱我。上以真率美之。已而還南，南國

---

①至正：疑爲"至元"。至元六年爲庚辰年，而至正六年爲丙戌年。

以淨慈留順。居無何，有司復以朝旨，強順抵京。經四月，書偈而逝，時洪武十三年夏也。闍維，所獲舍利，迸若明珠。其六坐名藍之語録，盛著於世。但頗有異迹，人以爲神，且又尊之爲肉佛。愚不敢贅，懼褻也。

贊曰：順公望隆兩朝，其胸吞須彌，而舌傾滄海。在他人則天葩幾滿繩牀耳，公却素履蕭然，不忝嗣祖乞士，誠有坦然與世共。信者區區以生平異迹而頌，銖兩其然，豈其然乎！

萬峰時蔚禪師（南嶽下二十四世　臨濟宗）

禪師時蔚者，號萬峰，姓金氏，東甌人也。機投伏龍千巖長，法弘鄧尉，歿年七十有九。

師初生其里，瑞應不一，俱以徵金氏，金氏恐，乃祝佛願施爲僧。年十三出家，具正知見，登壇受滿分戒。

因誦《法華》至"諸法從本來，常自寂滅相"，有省。走參止巖，止巖示以三不是話。師別卓庵於達蓬山，楮衾草榻，杳若忘生。忽聞佛迹寺僧舉潙山踢倒淨瓶公案，大悟，乃曰："顛顛倒倒是南泉，累我工夫却半年。當下若能親薦得，如何不進劈胸拳。"即弃庵入天台，登華頂，機觸無見，左右震慄。無見善遇之，且勉師曰："子宜居山保守，他日支拄宗庭，非子而誰。"乃至伏龍。伏龍圍遶數千指，皆一時俊傑。師土音長髮，洋然進拜。千巖奇而問曰："將甚麼與老僧相見？"師豎拳。千巖曰：

"不是心，不是佛，不是物，是箇甚麼？"師打圓相，叉手而立。嚴曰："莫要請益麼？"師掩耳而出，嚴深喜之。一日，千嚴據座命擂鼓。衆方集，師震聲一喝，拂袖便出。嚴乃曰："鬱鬱黃花滿目秋，白雲端坐碧峰頭。無賓主句輕拈出，一喝千江水逆流。"於是叢林知名。

出世嵩山，有示衆曰："月頭是初一，光明漸漸出。月尾是三十，光明何處覓？假饒老釋迦，也道拈不出。拈得出，萬事畢。若有人道得，出來道看！如無，嵩山與諸人露箇消息。"舒兩手云："我見燈明佛本光瑞如此。"又展掌云："大開方便門，便從者裏入。"握拳云："閉却牢關說家裏話，且道不開不閉一句作麼生？"斂衣下座。

次遷平江鄧尉，創大聖恩寺。當是時，世主稱爲佛心天子。有能禪者多隨諸名德出入禁廷，温繹典故。其聖恩席下，拖道凭徒僅半千人，普持、勝學二闍黎爲上首。師純以本色提接之，海內禪風一正。士夫書札，通候於師者，除問道外，概不復緘。至有久從游者，求隻字不可得。間或請之，但以老僧年邁而却焉。

侍御陸公書古德機緣馳問，師謂來使曰："汝主初選官時，可到京否？"使愕然曰："安有不朝天子而受職者！"師笑曰："奈選佛何？"師雖不假詞色羅絡當時，然寬大莫測之機，多如此。

洪武初，有旨採諸山名德。因議及師，景濂宋公固止曰："不可。此老吾浙人也，吾素知其爲人。年且逮耄，性喜恬退，必不能奉命。且留此一老爲林下標職，詎不美乎！若迫之，彼必蹈汾陽昭公之轍。"主議者令私探之。師早稱病掩關矣。

師自壯至老，功課纖髮不移。日理僧事，夜則跏趺，儼然達旦。侍僧間請息，師曰："汝正鬧在，老僧息之久矣。"

洪武辛酉正月二十九日，集衆說偈，奄然化去。偈曰："七十九年，一味杜田。懸崖擦手，杲日當天。"其繼鄧尉法席者，寶藏持公也。持之下，復出慧昷。

虛白慧昷禪師（南嶽下二十六世　臨濟宗）

慧昷禪師者，楚人也，出王氏，字虛白。七歲知誦佛陀名號，寤寐不息。又七歲，禮妙覺寺湛然祝髮。祝髮之頃，忽祥光四際，皆成五色。湛驚喜曰："此沙彌他日定南針子也。"遂以慧昷名之。

師爲人，奇偉方正，親先敬後，猶如饑渴。然性剛不解軟語，聞耳出口，若持券人，共稱之曰楚直。至有難發之舉，必激師發之，發俱中節。湛然每召師曰："浩浩光陰，切莫錯過。"對曰："不錯過。"湛每視而休去。

一日湛問曰："今日作甚麼？"師曰："切蘿蔔。"曰："你只會切蘿蔔。"師曰："也會殺人。"湛驀引頸。師曰："降將不斬。"湛吐舌而起。

湛遷疏山，師別參松隱於雲間。因睹孤松，了然自許。遍歷户庭，不受控勒。之平江，見果林。果林擲下蒲團曰："試說看！"對曰："只者消息，本無言說。破蒲團上，地迸天裂。"林愛其神駿，指往鄧尉，拽杖門送，撫師背曰："登泰華之巔，始知宇宙之大。"

投五犗之餌，可語滄溟之深。子往矣，毋遲！"師敬諾。

是時，寶藏持禪師繼席鄧尉，進者雖雲涌，而去者亦川流，蓋其慎也。師謁之，持公問曰："心不是佛，智不是道。尔云何會？"師進步叉手而立。公大呵之，師乃憤疑，參堂，株立不寐，至二夜洞徹臨濟宗旨，遂師資道合矣。

持公遷化，師關隱安溪，三十載如一日。永樂年間，道風大播，名都會邑，重幣交至，師俱却之。其節概嚴冷，一振風穴之風。

姚斯道以顯望鳴當世，欲爲師撰序，師亦却之。斯道歎曰："嗟乎！倒嶽傾湫之際，卓立當陽，揮召不得者，若公也。至於跛鱉之行，飛龍之說，豈足恃哉！"識者皆多姚公之知人焉。

海舟永慈自出峽，負其知見，盛氣加人，不肯挂搭諸方，靈谷堂頭強慈首眾。有禪者盛贊師之機略逈別，慈無可意，泊終期，即通謁於師。師擦其寶惜，絕其蓋纏，慈乃歸心，竟代師任持公之道。

正統五年，師無病示化。先有遺囑偈曰："字付慈海舟　訪我我無酬。明年之明日，西風笑點頭。"更以衣鉢遣白庵明長老送至東山，時海舟慈開化東山三載矣。

東山海舟永慈禪師（南嶽下二十七世　臨濟宗）

禪師名永慈①，其法號海舟。明洪武二十七年甲戌，生於蜀

---

①原本夾注：訛作普慈。

之成都余氏①。弱齡，聞說生死事大，即蘊於膺，經旬不就寢，決志趨彭縣之大隋山②景德寺，禮獨照月禪師，堅求法要。月喜其端厚慎重，可爲法門梁棟，遂度之。永樂癸巳，月殁。師竟入西山，庵隱八載。形影偶偕，忽覺相應，乃弃庵出謁大初和尚，時年二十有八矣。

初受師半展，遽問曰："向父母未生前，速道將來！"師從東過西。初曰："未在，更道！"師曰："兩眼相對。"初正色瞚③師，師趨去之。復至東浦訪無際，抵靈谷見雪峰。雪峰以師悟處諦當，延師爲靈谷第一座。師竟自許，常與同輩蹴踏。峰竊駭之。然師無留意，解制拂衣至安溪，投機於虛白昷公。公以臨濟正脉，囑師保任。師乃辭去，復陸沉牛首諸山。

正統丁巳，師年四十四，始領東山翼善禪寺。師晦養既久，且弘大化，四方宿艾，虛懷而仰風裁。然師虎視來機，故踵息未舒而神氣先萎者多矣。

正統五年庚申六月，昷公化去，東南學衆，惟歸東山，王公貴人，虛己以禮致師，師未常以一言開鑿智寶，故一時雖盡愛敬，莫得而親疏焉。緇素爲師預建身後之域，有范作頭者失斧傷足，痛甚索酒。師謂之曰："范作頭傷足猶可，假若斫去頭時，有千石酒與作頭，作頭能喫否？"范於言下知歸，即求爲僧。師錄之，乃充火頭，刻意究竟，不覺被火燎面如刀刈，取鏡照之欣舞，以偈呈師，師爲肯可。

---

①原本夾注：訛作常熟錢氏。
②原本夾注：訛作破山。
③瞚（shùn）：同"瞬"，短暫注視。

當是時，出入東山，皆稱俊傑。不無有望於師，師惟目送而已。至有已據高座而聲馳國中者，求入籌室，師弗顧。或謂東山網漏於吞舟之魚，師哂之。間有古溪澄禪師，常過東山，師與盤桓，喜其見處穩實，嘆曰："真斷橋之後也。"乃舉澄以住高座寺。澄初出世，衲子不甚知名，師以澄法語緘達諸山，諸山始歸重，兼仰師有衛法至公之德云。

　　天順五年辛巳，師陞座說法畢，一喝而逝。逝之日，白虹橫貫，異鳥悲鳴。古溪澄哭之慟，挽之以詩，吊之以文。其略曰："道揚湖海，德播神州。慈濟隆乎品彙，聲名動乎王侯。來西蜀而全堤正令，坐東山而大闡玄猷。續高峰七世之燈，爍群昏而獨照。紹昷祖百年之踵，吞衆派以周流。將入涅槃現衰相，而白虹貫日。既歸圓寂殮法身，而夜壑藏舟。"澄自後不上堂，亦趺坐遷化於香巖。香巖之衆淒然，澄徐展目曰："不須如是。"復宴然長往。師之門人智瑄①，開法金陵。瑄傳天奇本瑞，瑞之法嗣大振。瑄即范作頭也。

　　贊曰：鄧尉至東山，歷傳四世。子子喬松，其本孤矣。自寶峰燎破面門，而得天奇瑞公。枝秀雲巒，葉蔭寰中。或疑其先淨而後濫，殊不知我此世界大賢劫中小劫二十，當有千佛出興，迄今劫過有九矣。自拘留孫至我釋迦本師，纔出四佛。彌勒師子後，仍有九百九十餘尊，第十五小劫中，一齊出現，惟餘樓至，設以盛衰淨濫而較之，可乎？否耶？

―――――――――――

①原本夾注：作明瑄訛也。

（補輯）福林智度禪師（南嶽下二十三世　臨濟宗）

　　禪師名智度，號白雲，處州麗水吳氏子也。初住普慈，終於福林。度居福林時，以無見睹公藤杖手卷囑累古拙俊，是爲斷橋一脉，有克肖之者也。蓋睹公法繼方山寶，寶嗣斷橋倫，故度望斷橋爲四葉之祖焉。

　　度爲人沉默而曠達，初受業於郡之白雲空中假禪師。假陰察度根器，使行卑劣行以挫之。每呼度名，度每應諾。假曰："將謂將謂。"度不領。乃使度南詢，曰："善財是菩薩中行脚樣子也，趙州是祖師中行脚樣子也，龐蘊是居士中行脚樣子也。今人行脚，不效此三老，則枉費芒鞋，徒自困耳。"

　　度即遍參南北禪席。已而歸省，假公喜曰："你來也，吾事畢矣。"一日說偈曰："地水火風先佛記，掘地深埋第一義。一免檀那幾片柴，二免人言無舍利。"乃端坐蛻去。度掩面哭曰："蒼天！蒼天！"或曰："君哭遲矣。"度乃大笑，遂廬於塔，日取《楞嚴》《圓覺》研究，悉能貫之。然於日用之際，又不能得大自在。嘆曰："參禪不求大徹，癡禪也。吾師豈虛語哉！但恨游方時，未抵天台參無見睹。"

　　當是時，睹公稱爲宗門繡虎，居華頂，禪流憚之。度即趨華頂謁睹，以西來密意扣之。睹掀眉視曰："得娑羅峰點頭，向汝道。"度以手搖曳，睹便喝。度悟旨曰："娑羅峰頂，白浪滔天。

花開芒種後，葉落立秋前。"睹曰："我家無殘羹餿飯。"曰："即今亦不少。"睹欣而肯之曰："我四十年住此山，一老道者耳，別無甚奇特。惟先師未了公案，今以責汝，汝善保任。"睹便趨寂。度住後，以爲先師遺囑在躬，因時接物，隨機開導，聲重湖江，與夢堂愚庵諸老齊名。

明洪武二年，有詔赴京，即疏辭還。門下有以不耐事諫者，度怒責曰："汝不聞古德有言乎，縱饒弄到帝王家，也是一場乾打哄，將來法門濫竽竊符之弊，必汝輩也。"

未幾，遷化於福林。有遺偈曰："無世可辭，有衆可別。太虛空中，何必釘橛。"火浴，收五色舍利，大如菽，塔於寺西。

度隨所説法偈頌，弗許記録。禪者竊書其語，度乃瞋逐，曰："奴流敢裨販吾語，作口頭人事以衒叢林耶？"復有老宿以未見度語句爲恨，潛探衆中。值度入室，徵判險要，如揭幕花。老宿大喜曰："不意斷橋猶在。"

贊曰：睹公居山四十載，耽耽坐視，非白雲解其項下之鈴，幾鈍置耳。白雲行道，垂手低眉，蓋亦蒼頡造書契而代結繩者耶！及暮年，仍襲睹公之風，翛然高枕。瞋責子弟有竊符濫竽之弊，又何異延恩安之笑法雲秀也！語云："百花叢裏過，一蘂不沾身。"其白雲乎！

瑞巖恕中無慍禪師（南嶽下二十二世　臨濟宗）

恕中禪師，名無慍，台州人也，出陳氏。姿量雋瑰，粃糠世味。機契於竺元道禪師，説法瑞巖。日本國王慕慍道德，傳譯疏朝廷，迎慍化其國。慍堅謝不往，而終老林麓。南北聞其名，爭願見之。

慍初受業於元叟端，以己躬爲急務。遍走叢林，不合，即背法堂而去。於淨慈芝鳳山靈，稍相流連。及還省元叟，元叟喜之，以擇木寮居慍，慍仍不自許。又訪天童砥公，因留閲藏，凡經十載，以博達著名。然於'狗子無佛性'話獨疑之，乃私挽聰、興二友，而謂之曰："汝我甘死祖師語下乎！"因假言遊天台，擬再尋作者。

登華頂吊寒巖，遷延數月。聞天目禮下橫川珙有嗣曰竺元道禪師，住仙居之紫籜垂四十年矣，行脚人以古伭憚之。慍偕聰、興，進登焉。遠見老僧坐隔溪磐石，又一白髮僧侍立，風度蕭然，如吴處士所畫阿羅漢。三人知是道公，乃合爪進訊。道曰："山路崎險，闍黎到來不易。"聰進曰："和尚住此久近？"道曰："石穿新竹笋，壁挂古藤蘿。"聰曰："畢竟如何接人？"曰："百二奇峰朝鳳嶺，一條坦道下仙居。"興又進曰："如何是佛法的的大意？"道公曰："燒畬種芋子。"興曰："如何是佛法向上事？"曰："接竹割松枝。"興擬進語，道公指慍曰："那位上座因甚不問話？"興輒悟旨。已而具威儀，上方丈人事。愠纔申問，被一喝頓消積滯，即獻一頌，道公深肯之。其頌曰："狗子佛性無，春色滿皇都。趙州東院裏，壁上挂葫蘆。"三人相慶曰："我等若以耳作眼，幾賺一生。"於是三人俱嗣道公。

聰、興乃服勤於紫籜，愠辭應明州靈巖。道公謂之曰："汝知瓦乎，聯之千百，則有蓋覆之功。汝知玉乎，露之徑寸，却貽偷竊之患。與其碎玉以矯世，不若全瓦以濟時。今古至人，惟得此而已矣。"愠既出世。而元叟下知識噩夢堂、銘古鼎輩，以爲愠必酬元叟之香，俱遣使靈巖，厚爲愠壽。

愠開堂日，拈香曰："古人出世拈香，酬法乳也。今人出世拈香，酬世恩也。愠上座總不然，昔年行脚，到紫籜山中，參箇老布衲。彼亦無法可授，我亦無法可受。只向無授受中拈出，供養竺元道和尚。不圖報德酬恩，只要大家知委。"夢堂與徑山舊法侶，聞之大驚，唯唯而已。

愠居靈巖三載，遷居瑞巖，乃設三問勘禪流，不合即逐出，當時謂之瑞巖三關。其問曰："穩坐家堂，因甚主人翁不識？掀翻大海，擉碎須彌，平地上因甚擡脚不起？眼光爍破四天下，自家眉毛落盡，因甚不見？三句內，一句外，不涉兩頭，有人道得，拄杖子兩手分付。"

又謂衆曰："我者裏一切只是尋常，你若來弄機關、誇好手，向毒蛇頭上揩癢，猛虎項下解鈴，拄杖未打汝在。何故？有盤根錯節，方可顯利器。有銀山鐵壁，方可整鉗錘。"

又曰："靈山奧旨，少室真傳，日月不足喻其明，虛空不足喻其廣。巍巍獨運，蕩蕩無私，思之則差，議之則錯。五千四十八卷，説食向人。一千七百葛藤，持蠡測海。在今諸方莫不盡謂驅其耕、奪其食，貴圖宗風不墜。殊不知，正是救湯進火，禦寒贈冰。山僧與麼道，豈是壓良爲賤，取笑大家？臂三折而知醫，人多閲而曉相。靈俐底不用如何若何，便請單刀直入，掃蕩攙搶，坐享太平，豈不快哉！少涉遲疑，白雲萬里。"

又曰："三教聖人，總在拂子頭上牽枝引蔓，説妙談玄。儒者曰：'吾道一以貫之。'老者曰：'聖人抱一爲天下式。'佛者曰：'惟此一事實，餘二則非真。'既各説有來由，未免稱強稱弱。且作麼判斷，使其聲和嚮順，形直影端，剖破人我藩籬，塞却無明窟穴？"擊拂云："二繇一有，一亦莫守。日午打三更，面南看北斗。"

愠居瑞巖，道價日高。湖江英俊，趨台者不絶。當是時，元主崇尚我宗，凡林下染衣之叟，多受隆譽。愠獨體其師住山本色之操，嘗作書與了堂一公。其書深切時弊，凡千百言。蓋一與愠同師竺元也。

一日上堂曰："我此一宗，難爲荷負。自非有驅耕奪食手段，放行把住機關，至於一進一退之間，未免貽咲作者。瑞巖在今，兩序進退，各得其宜。其進也，如耀世明燈，燭破歷劫昏衢之暗。其退也，如潛淵老蚌，孕成不夜照乘之珠。毗嵐猛風，吹之不滅。五濁穢泥，汩之不昏。大衆荷負既已得人，山懷正堪放下。且放下底事作麼生？椰栗横擔不顧人，直入千峰萬峰去。"拽杖獨登松巖之頂，上有老屋數楹，爲秋江禪師休老處，愠愛居焉。

洪武七年，愠至京，固辭日本之請。帝喜之，留館天界。朝士宋公濂輩，時稱有道。每洗沐日，即至天界，擊節道要。至不愜處，愠莊色曰："我家衲子，磨肩擦脚數十載，尚不奈何，公輩安得草草圖作口頭人事耶？"宋公嘆服。

是冬辭還，門人居頂結翠山草堂迎愠。是時，大宗興住持徑山，知愠退休，以偈柬曰："萬叠山牽一杖雲，清流何處覓相分。漫拈紫籜冰風柄，笑裏長飛虎豹群。"愚庵亦以三偈柬曰："惺惺石上主人翁，一室高居太白峰，靖退只今非小節，知心未許石門聰。千里同風各暮年，任教滄海變桑田，獨憐熊耳峰頭月，昨夜蝦蟆食半邊。徒誇錦瑟與瑶琴，妙指方能發妙音，却憶鰲山深雪夜，弟兄傾盡歲寒心。"

宋公濂嘗遣書問，亦致偈曰："參禪第一要知宗，四海惟聞老恕中。白日青天轟霹靂，孽狐妖魅盡潛踪。"愠亦喜宋公留心吾道，以偈答曰："語言渾不涉離微，抹過雲門顧鑑咦。伸出玉堂揮翰手，倒拈禿帚畫蛾眉。"

洪武十九年七月，說偈曰："七十八年，無法可說。末後一句，露拄饒舌。咄！"端坐而化。日前遺囑屏世禮，以骨灰散水竹間，用表無常。門人不敢守命，乃於翠山唐岙之原建窣堵，以龕瘞焉。

未久，大宗興禪師亦坐化於徑山，有遺偈曰："夫三十，婦六齡，畢竟偶不成。"其木庵聰後住紫籜，晚應天童。

贊曰：溫公出世，而徑山法侶覬其必嗣元叟。元叟輩最尊風最盛，公終不就。何也？蓋得處非易，故守之益堅。正當與感鐵面之却佛印元，并案焉。聰、興二老，互相砥礪，而勝友淵源各行其道，又當與巖頭雪峰等之。嗟乎！末法壟斷，名位貨殖，師友讀公行實，能不形消而骨愧乎！

（補輯）松隱小茂禪師（南嶽下二十二世　臨濟宗）

禪師松隱小茂者，出明州鄭氏，爲古林大茂之嗣。開法郡之清涼，晚則高枕此軒，湖海莫得而親疏之，共稱爲此軒鐵老人。老人常捋鬚笑曰："釋迦老子，塞井爲曰。達磨大師，以油益薪。臨濟、德山潭。"自點胸曰："還較此軒百步。"復呵呵大笑。是時所歸仰者，必指大茂小茂云。

小茂，少時常終日不言，夜則趺坐。其母惡之，推使僕，輒達旦，目不少瞑。年十六，依杭州傳法寺希顏落髮。顏以寺務屬小茂，小茂私嘆曰："以道故弃家，胡爲復入其家耶？"乃弃去孤遊。

時雲居有南澗泉禪師，茂泛鄱湖而謁之。泉頻爲饒舌，茂益不領，乃疑宗師有密語，故曰祖祖相授。既有授受，則教外別傳之旨復安在哉？於是不離南澗左右，哀求不已。南澗憫之，乃謂茂曰："子緣不在此，當今有茂古林者，乃橫川之仲子，現住饒州永福，去此不遠，子宜往之，或可發子之機。如不相契，緊抱一經一咒，以待來生參禪可也。"

小茂奮走永福，見古林。古林問曰："道者來何所圖？"對曰："生死事大，求出離耳。"曰："你明知四大五蘊是生死根本，何緣撞入此革囊中？"茂又擬對，古林擊之，茂輒證於棒下。乃趨出，急搭伽黎向雲居，展拜曰："禹力若不到，河聲流向西。"久之，辭還兩浙。古林曰："教育英材，貴順時宜。你以古而行今，吾恐你與時違耳。時違而欲唱道，不亦難乎！」茂對曰：「以古而行今者，儉也。順今而非古者，奢也。儉之病也，不過無人，然是其人亦至矣。奢之弊也，則獅蟲出焉。獅蟲既出，必成厲階。故傳云，與其奢也寧儉。其今日之謂與？」古林賢之。

小茂既還浙，遊道峰，分月江印之座，印於法門輕重。茂不阿其意，每以事拂印。印不懌，印良久曰：「首座乃人天眼目，所見甚當。」識者兩賢之。

至正壬午，出世清涼，剗絶枝蔓，純以真實接人。有僧纔申問，便以手拍地而笑。茂曰：「滯貨何勞拈出。」僧乃噓，茂便喝，僧徹旨而去。茂每疾時弊，架聲名羅禪者。又疾禪者乏正因，上他勾當，互相熱瞞。上者以爲一期佛事畢，下者以爲多生事足。故燕坐常失聲曰：「痛哉！痛哉！雖胡僧再來，無復奈何。」遂退隱東堂，屏絶人事。

天童元明良建朝元閣，閣外更築此軒而迎茂，茂喜就之。良父事茂公，茂常勖良住持，莫取先名，須責晚效。

茂老且耄矣，忽與侍者約期而死。侍者請留偈，茂曰「此中廓然，何偈爲哉？」遂端坐憑几，握右手爲拳，枕額而逝。越七日，色明頂溫，引龕闍維於太白峰前。炬方舉，空中有物，飄灑繽紛，非雨非雪，盤旋烈焰上，火滅乃已。識者曰天花也。獲舍利如珠者不勝計。塔於瑞雲山，謚曰佛光普照禪師。

贊曰：丹沙出神龕，噉之雞犬，雞犬立化麟鳳，驗實效也。考松隱生平語句味之者，豈獨爲麟爲鳳而已哉！則其實效更當何如也？或驚公之作略，別有一壺風月。嗟乎！曹溪波浪相似，而人被陸沉。公之有補於當時，古今孰得而淺深之。

南宋元明禪林僧寶傳卷十三

（補輯）斗峰正璋禪師（南嶽下二十二世　臨濟宗）

禪師名正璋，字大圭，閩之福清人也。福清風習賈利，璋弗染也，獨以聖賢理學爲務。久之，企慕禪宗，走湖南，依絕聽沙門，試經得度。有禪者寄宿偶誦云："水鄉水闊地多濕，六月花蚊嘴似鐵，夜半起來惱不徹。惱不徹，牀頭一柄扇，無端又打折。"璋驚喜曰："是誰之語也？正璋願見其人。"禪者熟視久之曰："其人往矣，當今東嶼禪師是其嫡傳也。然不契其語者，難入其室。即契其語者亦然。"璋心疑曰："奇哉！語既相契，而室復不容入耶？"即趨武林，見東嶼海於靈隱，投心請益。海曰："深深無底，高高絕攀。思之轉遠，尋之復難。上座作麼生會？"璋栗慄不敢犯。良久，擬再禮，忽心地開通，乃厲聲曰："古今成現事，何必待思惟。"海微哂曰："思惟既不涉，來此欲何爲？"璋曰："將謂無人證明。"便趨出。海公喟然曰："鼓角動也。"乃撾鼓集衆曰："山僧三十年舉狗子無佛性話，尠有善別機宜者。今晚不用如何若何，速道將來！若也相應，有條斷貫索子，親手分付。"璋出對曰："狗子佛性無，覰著眼睛枯。瞥地翻身去，唵室利蘇盧。"於是璋得承記莂。機鋒莫禦，即素知名者皆左袒之。

海公舉璋以應吳人之請，璋堅辭曰："正璋應世之才，固不如人。但平居簡點，觸境逢緣，設有一念不與古聖相合，欲爲人師範，則其患害可勝言哉！正璋知爲人師之患，實不敢后也。"海嘆美。

　　間閩有豪客，遊飛來峰，見璋端偉非常，詢知同里，因請曰："能復我故土乎？願爲師治裝南行。"師笑肯之，遂買舟載與同歸。至建寧，遊斗峰，璋愛而居之。斗峰老屋數楹，僅蔽風雨，客傾囊金欲爲整葺。璋曰："不可。吾本假公舟以入山耳。建置之舉，非初約也。且役役土木，有妨道業。公欲如此求福，其福鮮矣。"於是衲子聞風而聚，漸成法席。

　　鄉曲貴人，勸請開堂。乃陞座拈香罷，良久曰："黃金雖貴，入眼成塵。"便下座。耆宿驚喜，以爲天目再見，蓋璋乃天目禮四世之孫也。又曰："玉宇霜清，瓊林葉落。一句全提，萬機寢削，作者好求無病藥。"又曰："昨夜三更裏，雨打虛空濕。狸奴知不知，倒上樹梢立。"璋說法峻峭，約多類此。然室中不以聲色拒人，入室者自失其度。故常嘆曰："若是真戰將，百萬壁中如入無人之境。稍有較強弱，顧矢石之心則屈矣。"

　　四方疏請，不出，竟終老於斗峰。告寂，有偈曰："生本不生，滅亦無滅。幻化去來，何用分別。大衆珍重，不在言說。"便合掌入滅。

　　贊曰：爲師之患，甚於爲國。爲國之失，亂居一時；爲師之失，毒流萬世。盲類交引，可勝述哉。大圭寥寥數語，真龜鏡也。故其開闢斗峰，恰與諲神鼎相類。至今瘖瘂間，猶喜遇其白髮婆娑，機語嘿人也。

天界慧曇禪師（南嶽下二十一世　臨濟宗）

　　慧曇禪師，字覺原，出天台楊氏。少信佛僧，及得度，於紹興之法果寺具足律儀，去就秘重，游泳止觀，華嚴義壇特稱之。

　　當爾時，元剌嘛爲帝者師，獨尚禪宗，諸山禪席大振。曇陰疑焉，乃展閱禪册，難入理解，不覺心慚，而起曰：“一言有礙，萬劫羈鎖。”遂抵武林，謁笑隱訢禪師，發明旨要。訢公居中竺，從遊者皆一時名賢，互爭識曇，曇之望遂顯。未發，開法牛首，次遷清凉，其臨衆寂静，雖數千指經營内外，而終歲不聞笑罵之聲。以故風傾都下，而保寧蔣山二刹皆歸於曇。

　　曇常謂衆曰：“一句子黑漆黑，無把柄有準則。還會麽？碓搗東南，磨推西北。”又曰：“威音王以前，彌勒佛以後，有箇現成公案，未敢與汝説破。何故？心不負人，面無慚色。”於是有道之流益親朋。

　　初，高帝改金陵龍翔寺爲天界，采有德禪宿主之畫院。因圖諸山禪師頂相進於上，上獨喜曇相，曰：“太平隆運沙門也。”遂以曇居天界。上常易服携近臣私幸天界，見曇跏趺丈室，儼然在定，上顧良久，嘆美而去。僧問曰：“駕至，師何不迎？”曇曰：“駕至乎？”曰：“然。”曇屈指曰：“山僧持五戒。”僧罔措其語。朝旨賜曇號曰演梵善逝利國崇教大禪師。

　　上堂曰：“只箇現成公案，衆中領解者極多，錯會者不少。

所以金鍮不辨，玉石不分，龍河者裏直要分辨去也。張上座，李上座，一箇手臂長，一箇眼睛大。總似今日達磨一宗教甚麼人擔荷？"噓一聲，下座。

洪武三年，高帝擇有志沙門通誠佛國。曇應詔。夏六月御餞都門，從行者二十餘人，道經高昌素葉諸國，諸國俱尊禮之，以象馬傳送。達僧伽羅國，國王并群臣迎曇公於佛山精舍。師事之，膝行求法，敬留休息。曇示微疾，乃呼左右曰："吾不復進矣。"又與僧伽王言別。復書遺表并示諸國法語。至夜半問曰："日出否？"對曰："未。"問至再三，侍者曰："日出矣。"乃跌坐向西而寂，時洪武四年九月也。其國老臣，以辟支弗①塔懸記而白王，王遂奉曇禪師祔葬焉。

明年，尚書回奏，高帝覽遺表而嘉惜曰："中原有僧，萬國之光。"敕建浮屠於雨花臺之左，瘞其所遺衣履，表崇德也。繼而奉詔西行，有宗泐禪師。

季潭宗泐禪師（南嶽下二十一世　臨濟宗）

宗泐禪師，姓周氏，台之臨海人，號季潭，別稱全室，爲笑隱訢公之望子。歷坐名坊，而赴明高帝之詔，兼領天界住持。化周大宇，機契宸衷。應旨涉流沙，度蔥嶺，遍遊西天通誠佛域，

---

①弗：疑爲"佛"。

往返十有四萬餘程，皓首還朝，天子嘉其高行，自唐貞觀以來，未之有也。

泐生族甚微，父母俱早卒，寄食貧里，貧里不能善之。甫八歲，宿根不昧，趨本郡天寧寺，求佛爲師。時笑隱訢公說法其間。泐跪拜於訢公膝下，公愛而異之，試以《心經》，脫口成誦。公大喜曰：「昏途慧炬也。」得度數載，藏文世典咸貫通焉。訢公屢易名刹，泐皆從侍。公嘗問曰：「國師三喚侍者，侍者三應。且道是平實商量，是格外提持？」泐遽對曰：「何得剜肉作瘡？」曰：「將謂你奇特。」泐便喝。公拈棒，泐拂袖趨去。

訢公告寂，乃召懷渭曰：「吾據者牀四十餘年，尚遺望也。然不盡之案，惟你與宗泐任之耳。」泐既還台，寓雲峰，隱紫籜，領天寧，俱以誠慤淳厚之風，化本生之郡。郡人傾信，如葵日也。又僑隱雙徑，時渭禪師居越之寶相寺，遣使迎泐，泐笑却之。使再至，僅得遺簡，踪迹杳然。

元末，武林名賢强泐出居中天竺，雖當烽燧四警之際，而施爲壯闊，交接從容。無少長貴賤，皆得而瞻禮之，不減訢公說法時也。蓋以中竺經毁，昔由訢公而新，故泐之光闡前績，湖江稱美焉。

明初，詔主天界。高帝以慧曇西往之迹未終，欲修之，難其人。泐應旨，於洪武丁巳西行，壬戌還朝，復居天界。常入大內，開襟論道。泐留京既久，朝臣黨立，間有嫉之者，泐遂退居鳳陽之槎槎峰。

丙寅，帝思泐見，詔歸天界。於是，來往禁廷不容已。廷士建議，以泐於内聖外王之略，無不畢備，請以中順大夫禄而旌泐。泐引去，至江浦石佛寺，示疾，乃喚侍者曰："者箇聻！"侍者茫然。泐厲聲曰："苦。"竟入滅。年七十有四，坐夏六十六。龕歸天界，火浴得設利，光潤明燦者三十顆，建塔於訢公之後。

泐之宿願弘深，辨才無礙。際遇乎佛心天子，常於慈甲殿設榻，召問《心經》樞要。泐窮理顯性，徹果該因，深淺開遮，無機不被。

天子默以神會，乃敕箋語流行。爰有御製序文，冠於經首，其詞曰："二儀久判，萬物備周，子民者君，育民者法。其法也，三綱五常以示天下，亦以五刑輔弼之。有等凶頑不循教者，往往有趨火赴淵之爲，終不自省。是凶頑者，非特中國之有，盡天下莫不亦然。俄西域生佛，號曰釋迦。其爲佛也，行深願重，始終不二。於是出世間，脫苦趣。其爲教也，仁慈忍辱，務明心以立命。執此道而爲之，意在人皆如此，利濟群生。今時之人，罔知佛之所以，每云法空虛而不實，何以導君子引小人。以朕言之，則不然。佛之教，實而不虛，正欲去愚迷之虛，立本性之實。特挺身苦行，外其教而異其名，脫苦有情。昔佛在時，侍從聽法者，皆聰明之士。演説者，三綱五常之性理也，既聞之後，人各獲福。自佛入滅，其法流入中國。間有聰明者，動演人天小果，猶能化凶頑爲善，何況聰明者知大乘而識宗旨者乎。如《心經》每言空，不言實，所言之空乃相空耳。除空之外，所存者本性也。所謂空相有六，謂：口空説相，眼空色相，耳空聽相，鼻空齅相，舌空味相，身空樂相。其六空之相，又非真相之空，乃妄想之相，謂之空相。是空相愚及世人，禍及古今，往往愈墜彌深，不知其幾斯空相。前代帝王被所惑而幾喪天下者，周之穆王，漢之武帝，唐之玄宗，蕭梁武帝，元魏主燾，李後主，宋徽宗。此數帝廢國忘政，惟蕭梁武帝、宋之徽宗，以及殺身，皆由妄想飛昇。及入佛天之地，其佛天之地，未嘗渺茫。此等快樂，世常有之，爲人性貪而不覺，而又取其樂，人世有之者何？且佛天之地，如爲國君及王侯者，若不作非爲善，能保守此境，非佛天者何？如不能保守而僞，爲用妄想之心，即入空虛之境，故有如是斯空相。富者被纏，則淫欲并生喪富矣。貧者被纏，則諸惡并作殞身矣。其將賢未賢之人被纏，則非仁人君子也。其僧道被纏，則不能立本性而見宗旨者也。所以本經題云《心經》者，正欲去心之邪念，以歸正道，豈教之妄耶！朕特записать此，使聰明者觀二儀之覆載、日月之循環、虛實之孰取。保命者何？如若取有道、保有方，豈不佛法之良哉，色空之妙乎！"

　　高帝自登極來，潛心性理，與諸禪宿盤桓，無虛歲月也。然於曇、泐二公，尤追惜之，蓋嘉其壯志西行，大光聖化云。

　　贊曰：曇、泐二禪師，望重龍河，道欽有國者，可謂一時能事矣。況其利物多方，言言合轍，法法隨根，又以道餘名振他邦，亦空谷而分聲也。昔大覺氏記像法有從地涌出無數菩薩，順逆行道，護持法藏，人天莫測。今觀二師之踪迹，無乃是其數乎。

（補輯）海門惟則禪師（南嶽下二十三世　臨濟宗）

　　禪師名惟則，字天真，祖姓費，湖州人也。慕禪宗而脫白焉,即跋涉謀道,不計得失。歷見一十八員知識,俱不契。千巖禪師以則爲大器,乃謂之曰:"當今佛法大有子知見迥別,不能了悟。無極源老人者,隱西江匡廬,將六十年矣。雖臘高百歲,未將此道易賺於人。子宜見之,或緣在彼,亦不孤負子行脚苦心也。"則往謁之,見源枯坐木龕,常達旦不卧,霜眉如戟,威德逼人,惟三五白髮侍僧同居。則展拜足下,擬請益,弗能曰詞而出。私問侍者曰:"和尚座下有禪者來往否?"侍者曰:"又者多矣,奈老漢煞不近情,率以孤寂引去。縱有求住者,難受龕前曲折。"則曰:"我求依栖可乎?"曰:"住即得,只是不可問佛法。"則聞説大驚。

居三月餘,果不蒙一言啓發。一日值源如厠,則遂問曰:"如何是祖師西來意?"源公擒住曰:"道!道!"則氣索不能對。源托開,則失脚倒地,大悟,失聲發笑。源曰:"子有得耶?"則便連搖其手。源曰:"黃河三千年一度清。"於是服勤久之。源公乃謂曰:"當時雪巖先師言:'我福薄不宜出世,只可山邊水邊,覓一箇半箇足矣。'今住此山,不意子來。然子緣十倍於我,時至矣,宜東行。"

則既受命,遂應嘉禾海門之請,上堂曰:"三三三,九九九,海門潮音似雷吼,香浮菊圃獻金錢,靈感杞堤呈玉狗。你也有,我也有,捩轉南辰看北斗。"忽涌身作修羅擎日月勢,便下座。

有僧問:"如何是日面佛?"則曰:"今日雲生。""如何是月面佛?"曰:"夜來再看。"僧又問:"作麼是佛祖爲人處?"則曰:"狗舐熱油鐺。""祇如和尚還有爲人處也無?"曰:"猛虎當路坐。"問:"喫茶去,意旨如何?"曰:"舌頭不出口。"進云:

"便是向上事否？"曰："掩鼻偷香。"

洪武初，蒲車徵則赴皇都法會，則因足疾疏辭。高帝手敕曰："無心野鶴，不忘霄漢翱翔。跛脚老僧，可任山雲自在。"乃賜還山。

示衆曰："菊綻東籬香正浮，海天空闊月華秋。當陽拈出吹毛利，剿絕縱橫六不收。"又誡其門人智安曰①："鏡非不明也，盲者持之以蓋卮。琴非不高也，聾者用之以挂戶。有此境界，方得自在。否則總被高明二病侵入膏肓，妄爲人師，自招罪犯。故吾無極老人，一生不爲高明所買，所以人天莫奈渠何。"

癸酉二月，則有捐座意。弟子請遺語，則笑曰："平常説底不是耶？"遂奄化。

初，胡秋碧欲寫則頂相千幅，流施人間。將半，適日本人至，見之，皆羅拜曰："吾國祖師也，安在此乎！"競以金貿之東歸。

贊曰：凡讀史至精神相貫處，惟恐其欲盡，蓋今古之同心也。余讀天真行狀，至參無極老人。老人一段威德，猶在紙上逼人。恨不展日爲年，使老人緒餘廣滿人間，饒益澆漓之俗，可勝幸哉！然天真操履，酷肖其師，豈非蟠桃有核乎！或謂，丹山羽王，不容僞矣。

---

①原本夾注：安號懶雲。

雲居朵庵普莊禪師（南嶽下二十三世　臨濟宗）

禪師普莊者，字敬中，台之仙居袁氏子也，家人見梵僧入舍而生。三歲解跏趺，喜學梵音。九歲而梵唄，皆有律度。其族愛而呼之曰佛童。

年十三，從季父子鄲，依天童左庵良禪師爲沙彌。左庵亦愛之，仍呼曰佛童。久之秉戒，參禪不悟。適了堂一禪師，自紫籜山來天寧。莊童時素聞其名，私喜曰："此吾故山善知識也。"趨謁之，而得道焉。歸省左庵，左庵卒，了堂來居天童。會恕中慍禪師應詔退休於翠山，了堂命莊爲翠山使。莊與慍語，慍大奇之曰："天童法兄，得人如此，不負紫籜先和尚矣。"

莊向以朵庵自稱，彙雜稿爲《朵庵集》呈慍。慍讀之，大喜曰："吾侄當有大名於當世。惜吾老耳，然蘭以幽而香，松以曲而壽，惟吾侄勉之。"乃引長偈爲贈，偈曰："燭龍吐火燒虛空，處處江河盡枯竭，方士神僧世已無，誰倒天瓢洗炎熱。柴門日高關未抽，豈爲一口生閑愁，南村北村青稻死，上田下田黃埃流。竹外忽然聞剝啄，侄也何爲到林壑，油黃卷子手持來，玉潤珠輝見新作。載舒載讀心眼開，便如飲我甘露杯，老懷從此輙蘇豁，末運不畏宗綱頹。我有一句須聽取，無智人前莫輕舉，山前石虎咬菾菟，吒沙獵頷九條尾。"

洪武十年，有敕天下僧倫演《心經》《楞伽》《金剛》三經。

莊與性原禪師，提綱於金山大會。次年至金陵，館天界。位望最尊者滿庵輩，莊與辨論，機窮底蘊。學士周公維修，時亦在坐，乃問三禪師曰："儒有儒師，禪有禪師，經有經師。一切百工伎藝，俱有所師。何是無師智？"莊答曰："七情五欲。"修駁曰："如是，則無師之智，非極則也①。"莊舒右脚曰："山僧自到京，跛却一隻脚。"滿庵笑曰："須是者呆漢始得。"

又明年，領江西撫州之北禪寺。歷元以來，禪道多興吳越，而西江馬祖、百丈之威儀，大都弛廢。莊至北禪，勃然中興，如多寶塔幢從空涌出。復憐雲居荒久，携數十禪徒，結茅於舊址，叠柴爲牀，莊登座，示衆曰："昨日開荒地，請諸人剗去荆棘，除去瓦礫。本來基址，已見分明，只有中間樹子，無人拔得。山僧今日未免別行方便，利刀剪去繁枝葉，鈍钁深鋤邪倒根，實地工夫成一片，住山鉏斧了無痕。"於是，雲居殿閣堂廡而幻出焉。衲子聞風如歸，時稱天下雲居。

洪武十四年秋，高帝製碑於廬山。有手詔，命莊主其事。靈瑞多種，蕩眩山川，草疏復命，帝甚悦之。

莊暮年奉詔主持徑山，竺元之風，復振東南。嘗問僧曰："近奉公文，務要打點。"僧曰："學人不是奸細。"曰："也須勘過。"僧曰："和尚莫得倚勢欺人。"莊展手曰："把將公驗來。"僧擬議，莊便掌之。又嘗厲聲曰："盡十方世界是毗盧心印，且道印紐落在甚麼人手裏？"有僧擬進對，莊曰："且去，別時來。"莊有敏裁，無宿事，所遇不忘。雖萬衆蹁躚，一目了然。且好提

---

①原本夾注：一本云：安稱極則。

獎，人有小善，莊每譽之竟日，叢林因稱曰呆庵舌風掩葉。

永樂改元，莊年五十八，命撾鼓告寂。適江右二道者至，莊挽其歸方丈，相敘甚驩，坐談夜半，莊精神倍勝。二道者相視嘆曰："此事甚難，不可得而擬議。"莊曰："難，難，萬種千般，不擬議，亦瞞頇。晴天霹靂，平地波瀾。無說是真說，它觀非正觀。沉淪枉經巨劫，契悟祇在毫端。莫教坐却含元殿，逢人只管覓長安。"一曰："此事甚易，但自不能承當耳。"莊又曰："易，易，多方一致，絕承當，忘此喻，耀古騰今，經天緯地。知有亦無知，利它還自利。明明般若真乘，念念塵勞雜事。拔却多年苦瓠根，釋迦不受然燈記。"適晨鐘動，莊怡然化去。闍維，烟焰所至，悉得舍利，更有素珠不壞，塔於凌霄峰之陽。

贊曰：余觀歷祖代興法道者，其風骨必凜然特異。呆庵既出了堂之門，遂將折拄杖，撥動湖海英靈。向烏有之雲居，幻出莫大梵場。名欽天子，德被含靈，僧中之龍，不謬矣。然及時說法，乃上池之水也。

楚山紹琦禪師（南嶽下二十六世　臨濟宗）

楚山禪師，唐安人也，名紹琦，姓雷氏。八歲入鄉校，不假師授而知誦。次載失父，遂弃業，而學出世法於玄極通禪師。通愛之，與語輒終日。每至節要處，不敢犯其詞，乃跪請益。通嘆曰："子根性太利，難於入道。但有疑在，庶可療耳。"琦愕然曰："木偶人可入道耶?"通笑曰："入道須是木偶人始得。"琦憤而趨出，益疑之。經晝夜，遂振衣起曰："吾師豈欺我哉!"復入，剖於通前，通獨以掌反覆示之，不領，遂背去。

遍參知識，俱不得意。聞無際悟和尚居普州之東林，東林禪風，腰包到者即受，曲折流輩竊非之，琦故往扣焉。曰："上座何住?"對曰："廓然無定。"曰："有何所得?"對曰："本來無失，何得之有"。曰："學將來底，堪作甚麼?"對曰："一法不有，學自何來?"曰："汝落空耶?"對曰："我尚非我，誰落誰空?"曰："畢竟如何?"琦曰："水淺石出，雨霽雲收。"悟公笑曰："縱汝橫吞藏教，現百千神通，其如老趙州無字公案，怎生消繳?"琦又擬對，悟公連叱退之。琦大慚，數日不敢仰視。忽聞淨板鳴，豁然蕩盡廉纖，急披衣禮謝。悟肯之，遂以斷橋源流囑琦行化。

當是之時，斷橋之脉微矣。及悟公繼響，而得法者僅七人，惟琦出世最晚。初領天柱，遷皖山。又投子後主成都之天成寺，喬葉翻茂，爲大振焉。得其法者，又十六人。

有祖玠侍者，齒最少，號珪庵，事琦甚謹。叢林憚其嚴厲，敬其慧識，以香林遠方之。一日，童子進茶，琦啜罷，顧童子曰："人道汝憨耶。"玠曰："它亦有乖處。"琦曰："何以見得?"玠呼接盞，童子近前。琦曰："道得即還你。"無對。琦乃顧玠，玠曰："只者無言語處，不隔纖毫。"琦曰："因甚道不得?"玠呼童子："何不問訊?"童子問訊，琦度盞，童子接之，珍重而去。玠曰："道他無語得麼?"琦曰："只如者童子恁麼端的，是無明使然耶? 法性如是耶?"曰："迷則積劫無明，了則本來佛性。"

琦曰："恁麼他是知有,是不知有?"曰："他若知有,則不爲迷因,不知有,番爲隔礙。"琦曰："子還有知也無?"曰:'祖玠不知有。"曰："既不知有,何以知宗?"玠曰："聖人若知,即同凡夫。凡夫若知,則同聖人。"曰："子看老僧是知不否?"玠曰:"臨機大用,舉必全真,説甚知有不知有。"曰："只如老僧,即今一語一默,剖析是非,分別名相處,與適來童子見識是同是別?"玠曰："擇法智眼,無作妙用。體性雖同,用處縣隔。"曰:"既云擇法,安能無作乎?"玠曰："智照非識,妙用非有。用既非用,作亦非作。雖分別,實無分別之能也。"曰："今對萬法,境相差殊,一一明了,不具分別可乎?"玠曰："教不云乎,如我按指,海印發光。圓明了知,不由心念。"琦曰："善哉!可謂鵝王擇乳矣。"

未幾,玠膺疾,琦下視之,值心上座在側,琦因問曰："如何是心?"玠曰："開口不容情。"曰："未在。"玠顧心曰："何不作禮?"心便珍重。玠曰："呈似了也。"曰："子既如是,還能覷體頌出乎?"玠對曰："祖師心印若爲傳,有語分明不在言,能向機前親領得,海門撑出釣魚船。"琦曰："珍調四大,饒益將來。"

一日玠疾革,作呻吟聲。琦問曰："子平日得力句,到此還用得著麼?"對曰："用得著。"曰："既用得著,叫苦作麼?"曰："痛則叫,癢則笑。"琦曰："叫與笑者,復是阿誰?"曰:"四大無我,叫者亦非真,寂體中實無受者。"琦曰："主人公即今在甚麼處?"曰："秋風不扇,桂蕊飄香。"琦曰："恁麼則遍界絕遮藏也。"曰："有眼覷不見。"琦曰："只如三寸氣消時,向甚處安身立命?"對曰："雨過天晴,青山依舊。"曰："從今別後,再得相見否？"對曰："曠劫不違，今何有間。"曰："子不病耶？"對曰："病與不病，總不相干。"琦執玠手曰："此是甚麼？"玠曰："是祖玠手。"曰："祖玠是誰？"曰："玠固非我，亦不離我。"琦乃嘆曰："善哉！妙契無生，徹證真常。子雖妙年，死亦何憾。"玠遂合爪謝曰："與祖玠趕將龕子來。"琦命舁龕至。玠顧左右曰："吾當行矣。"整衣龕坐化去。玠化後，天成之話大行。

時蜀多義學，互以勝劣相比量。琦一以心宗揭之，而小大俱圓。有問祖師西來意，則答曰："海神撒出夜明珠。"又問祖師西來意，曰："雪消山頂露，風過樹頭搖。"又問如何是直指事，答曰："玉欄杆上石獅子，紅藕花間白鷺鷥。"又問如何是摩醯正眼，琦喝之。又問不涉寒暑是甚麼人，琦亦喝之。

琦愛以無字問僧，有對曰："風吹秋月冷，雪壓老梅寒。"又僧對曰："出匣吹毛劍，寒光射斗牛。"又對曰："無孔鐵錘當面擲。"琦皆喜之。後示疾，諸山訊候，有進曰："和尚還有不了公案麼？"琦展掌曰："會麼？"擬對。琦喝住曰："今年今日，推車挂壁。撞倒虛空，青天霹靂。阿呵呵，泥牛吞却老龍珠，澄澄性海漚花息。"瞑目而寂，時成化九年三月望日也。

贊曰：楚山行化，當明運昌隆之際，純以心性禪，應接群機。以故，門下一時龍蟠鳳翥焉。乃至祖玠輩，風邕春枝節節是，令見者聞者莫不神往。但不再傳，其緒俱寢，豈慈父欲子食藥而愈疾，遂稱沒於他方也耶。

南宋元明禪林僧寶傳卷十四

隨州龍泉明聰禪師（南嶽下三十一世　臨濟宗）

　　禪師諱明聰，字無聞，邵武光澤奚氏子也。宗傳臨濟，師事天奇。天奇之盛化也，聯芳授受，龍象數百員，而師拔其萃。然師不就疏請，不藉檀脂，卓立當陽，開創禪社。愛以劇務繩學者，重振百丈之規，或不堪其勞而去，未期月復來歸之。以故升其堂者，皆挺特有志之士。且函丈之室如旅泊，中夜跏趺，四壁凜然，榻下呥呥之聲，常驚達旦。是以楊歧之令，至師又行焉。

　　師初受業於講肆，精研性相有聲。同輩憚其鋒，以英邵武嘲之。師獨陰疑“大通智勝佛，十劫坐道場，佛法不現前，不能成佛道。”乃與義學浩浩盤桓。有曰：“既是佛矣，何須更戍？”或曰：“爲度衆生故，所以不成佛。”師默嘆曰：“審如是乎。”遂盡弃其所好，堅扣禪宗不契，忽聞馬嘶，廓然自驚，趨見天奇瑞禪師，瑞嗔目叱出①。同行者曰：“君與和尚無緣耶？”師笑曰：“真箇那！”是晚，瑞公問曰：“今日我罵底僧在否？”有對曰：“是必在。”公即曳杖下旦過寮，師迎作禮，公便擊之。師進曰：“適來草草，觸忤和尚。”公按杖曰：“老僧今日被上座勘破。”師又進曰：“和尚是在世忘世，在念忘念，豈被人勘破②。”公曰：

---

①原本夾注：一本：纔禮拜瑞便打。
②原本夾注：一本云：豈能勘破。

"在世忘世是如何？"對曰："了物非物。"曰："在念忘念是如何？"對曰："於心無心。"曰："心物俱忘時如何？"對曰："華山高突太行峨。"公休去。未幾，以化柄屬焉，且誡師曰："從上真宗有子擔荷，何憂哉？但百獸雖潛踪於獅子聲中，然千花却發艷於象王影裏，子其勉之。"

師既受囑，獨入光州山居六年，六安山又六年，復還光州舊隱。又五年，始出隨州關子嶺，建立龍泉寺以安來學，而學者集焉。常謂衆曰："吾師天奇老人，每懼後學外著文義，內生情見。故有語云：'文義者法也，情見者人也。非人何以有其見，非法何以有其文。是以文義情見，通屬人法。人之不空，情見難絕。法之不空，文義難滅。文若不盡，見奚能盡。義若不盡，情何能絕。如是奔競，展轉無窮。發之乎，文生於見，義生於情。返之乎，見生於文，情生於義。先乃所引生能，後乃能追生所，總名曰生。文滅則見滅，義絕則情亡。情不自忘，因乎義忘而情忘。見不自泯，因乎文泯而見泯。統名曰死，死死生生，實可哀哉。'此吾老人防微杜漸，切實至極。汝輩有志於吾宗，寧可忽諸！然食飯不咬米，行地不踏土，又作麼生委悉？"

是時也，師之同門諸尊宿或隱或現，往來衲子獨推尊龍泉。為人剿絕枝蔓，不涉離微，惟月心寶得入龍泉之室。師嘗召寶曰："玄沙不肯靈雲，意作麼生？"對曰："賊入空房。"曰："不得草草。"寶喝，師諾。寶乃辭去，歷載還侍師。又召曰："人人有箇本來父母，子之父母今在何處？"對曰："佛眼覷不見。"曰："子還見否？"對曰："某亦不見。"師曰："子何不見？"曰："若見，則非真父母。"師曰："如何是真父母？"對曰："本來真父母，歷劫不曾離，起坐承他力，寒溫亦共知。相逢不相見，相見不相識。爲問今何在，分明舉似師。"師深肯之。

僧問本來面目，師答曰："石香亭。"曰："便恁麼去時如何？"師曰："喪却了也。"寶曰："放去較危，收來太速。"

又僧問："今朝天下皆慶佛誕，未審佛於何處降生？"師畫圓相示之，僧無語。寶代僧作禮云："盡界普瞻。"

師以大法有所倚重，遂隱去，經二載還龍泉。龍泉林曆益慎，班白者半滿其間。間有二三妙齡披田服者，皆格守律度。參請如救眉然，但師有辭世意矣。

一日師陞座說法，已而擲下拄杖，儼然化去，塔於龍泉寺右。

笑巖德寶禪師（南嶽下三十二世　臨濟宗）

笑巖禪師，名德寶，字月心，生於正德壬申臘之望日。其父吳氏，乃金臺世襲錦衣也。

師以父卒，銳自立，不樂嗣職。愛遊佛地，因聽《華嚴》，恍如破夢，乃卸世籍，爲大比丘。歷參南北知識三十餘人。然訪隱者於西山，質單丁於破院，又莫計也。卒得道於龍泉聰禪師，出世，高座牛首圓通諸處。

當是時，義學紛紜，禪宗落寞。而少室一枝，流入評唱。斷橋一派，幾及平沉。雖南方刹竿相望，率皆半生半滅。佛祖慧命，殆且素矣。師力弘法柄，隨方建立，可行則行，否則默之。然鏟邪劈膠，間不容髮。即據室匡徒之輩，雕龍吐鳳之儔，始與師抗，次與師遊，終乃俛首。入煅死盡偷心，至於盤根固執三隅不反者，師不少假詞色，圖爲孼生種草也。

有廬阜五禪客請曰："竊聞和尚闡化多年，而得人未見其廣。況今禪社蕭然，異知殊見，茅塞宇內矣。師掌珠不展，其晚近何由得入？伏冀曲以垂慈，入草求人，以爲何如？昔船子不得夾山，而藥山宗風不幾掃土乎！"師曰："諸公之言，不無可采。但無上佛祖心印力荷者，畢世一人足矣。下迄曹溪，時英競發，不得已而印可，亦不由不如是而然也。山僧祇是任分，未敢越理穿鑿，待彼自化，雖無人，未爲多罪也。"

故師法幢所樹，不定何所。有龍象八人，常隨師遊，時號八傑。師嘗於楚漢兩間寓夏。新秋二日，衲子隨侍，於金沙灘頭地坐，四顧無人，忽有龐眉沙門逼前莊立，朗聲問曰："仁者可識從上相承密論密義否？"師從容答曰："善來仁者，密則非論，論則非義。"

沙門乃以錫橫肩，翹一足曰："是甚麼義？"師於地書"更"字酬之。

又以錫畫地，闊兩脛立畫上，復以錫橫按，亞身而視曰："者是甚麼義？"師書"嘉"字酬之。

又卓錫於地，兩手叉腰翹一足，切齒怒目，作降魔勢曰："是甚麼義？"師書"之"字酬之。

又分手指天地，周行一匝曰："是甚麼義？"師書"尤"字酬之。

又復進前一步，作女人拜，分手指兩衲子曰："是甚麼義？"師書"噩"字酬之。

又遠師三匝作禮，立於師右。師書"佛㦬"字示之曰："會麼？"沙門擬對，師止曰："設到此地。"復書"佛㦬"字曰："更須知有者箇始得。"沙門歡喜合爪，面師嘆曰："咦！真摩訶衍薩婆若上士。"振錫而去。二衲子驚喜曰："彼是何沙門，所爲復是何義？"師良久曰："還識麼？"俱對曰："不識。"師曰："此乃應真聖賢，所呈金剛王變相三昧及三昧王三昧，用來勘吾。然彼亦將有新證耳。"

又過潼關，禮熊耳祖塔。寺僧叱曰："憨拜空塔奚爲？"師指曰："空塔乎？"曰："然。"師曰："祖師聻！"曰："携履西逝久矣。"師曰："蒼天，蒼天！"

師嘗倒握拂柄以示僧曰："會麼？"曰："某已識和尚做處也。"師曰："你道荆州黃四娘禮佛求箇甚麼？"又僧問："打破鏡，未審作麼生相見？"師曰："慚愧殺人。"僧頓領旨①。於是，江湖聞而慕之者雖切，然搆之者益稀矣。

萬曆丁丑，燕京緇素建精舍，挽師歸隱。師既謝遊，輓門無雜賓，乃整齊先覺經綸，提掇古德綱目，或徵或贊，或判或頌，高巘曉霜，千江秋月也。

又五年，懸衣大寂。閱世七十一，坐夏四十八，塔於京城西直門外高浪橋之北郊。

署師正宗南行者，幻有傳禪師也。代師闡化北之東臺者，瑞

---

①原本夾注：即疊芝上座。

峰和尚也。其卧隱於優曇苑者，幻也，老宿也。識者謂："濟宗鼎峙，則師不負於龍泉矣。"師前後所參尊宿，約出天奇之門，獨於襄西得謁大覺圓。圓爲海舟慈公之四葉，其臘高貌碩，詞如截鐵。因歷舉古公案以詰師，師對無滯響。圓曰："若以諸方，子當絕類，爲不可測人。老僧却不然，再將爛熟底一則機緣問你：外道問佛，不問有言，不問無言。世尊良久，外道大悟。且既不涉有無，良久亦是閑名。正恁麼時，外道悟去，悟箇甚麼？"師擬對，圓急掩師口曰："止，止！"師頓契其機，即以偈獻圓。圓大喜曰："奇哉！斯乃從上果地人語也。"師住後，常道圓公之爲人。

（補輯）龍池幻有正傳禪師（南嶽下三十二世　臨濟宗）

禪師名正傳，字幻有，應天溧陽呂氏子也。根器宏遠，慧語驚人。

年二十二，荊溪沙門樂庵度之，即示師心法。師輒感奮，聞燈花爆，有省。樂庵歿，師計閱晚近禪門方死繩墨，乃北抵神京，謁笑巖寶禪師，傾心具述所以。寶陰異之，忽趯出隻履，變色厲聲曰："向者裏速道一句！"師愕然無對，寶公便起，師俛首而退，中夜徬徨。公晨出，見師猶立檐下，顏如槁木，驀喚師。師回顧公。公翹足作修羅障日月勢，師豁然，深達堂奧矣。久之辭去。公以一笠與師曰："覆之，勿露圭角。"

師徑往五臺，栖息秘魔巖一十三載。會太常唐公鶴徵閒道臺山，見師如夙契，且約師還南。師以樂庵未塔聽之。至荆溪，徵以龍池延師。龍池，故一源禪師道場也。嘉隆以來，先德物故，東南法社，例如灰冷。師至，愴然念百丈大智之風。有徒數輩，一如萬指臨之。於是志士咸集，槌拂下，多穎脫而去。

僅六載謝事，復遊燕都，居普照寺。時縉紳輩，留神空宗，日夕從師質證。師嘗舉扇示諸大夫曰："當時孔子還知有者箇麼？"皆曰："不知。"師置扇曰："以我爲隱乎？吾無隱乎。"爾衆躍然稱謝，其揭示多類此。

以故，笑巖道化，復振於燕趙。雖南北異勢，而衝寒冒暑之士不絕足下，圍繞皆大器也。師據坐顧衆曰："是大盡，是小盡？"有對曰："大盡。"有曰："小盡。"小師從傍進曰："敢保不在曆本上論量。"師哂而休去。其徵勘，又多類此。

法師月川者，與師同參寶公。川左袒清涼，以非肇公《物不遷論》，當世莫能抗其說。師乃反覆剖析，累萬言。川卒毀板以謝。其整頓綱宗，又能類此。

京中有爲妖書詆上者，詔捕弗獲。當事人藉口桑門，時紫柏可公逮繫矣。一時名德引去馳師。師笑曰："學道期了生死，生死了顧反畏禍耶。"高卧如故。事寢，乃赴唐公再住龍池之命。其處境安詳，又多類此。

師前後京都二十餘年。當是時，兩宫奉我田服之徒方藉以有爲。師獨無所事，生平如饑如渴，一以宗旨爲己任。故終師之世，陞堂入室無虛日。每以"門前冷落車馬稀，老大嫁作商人婦"話問士大夫，"般若無知，靡所不知"問學者，勘有契其機者。師曰："今時人多有説得，儘是者恰像箇膾子手。何也？任他佛頭來、魔頭來、獅子頭來、象頭來，牛頭、馬頭、人頭、狗頭、羊頭、鵝鴨頭，到汝案上，一一儘汝破除，打發一邊去。只恐把箇死貓頭來，便茫然罔措，於此打發得開去，纔是好膾子手。"

有僧進曰："請將死貓頭來。"師笑曰："果然不識。"師處躬應物，嚴慈等之。故開遮如如，爲不可測。卒以大機得人，而大振溥沱之宗。

示寂之年，六十有六矣。先一日，有僧自臺山來。師欣然與劇談山中宿昔，抵暮索浴，浴出而示微疾，衆驚疑環擁之。師舉所著帽者三，衆弗敢對，師乃拍膝宴然矣。蓋明神宗萬曆甲寅年二月十二日子夜也，塔建本山之左。

贊曰：語云，重雷發響，百里飛聲，無事之者，愕然而驚，空聞其響，不見其形。吾溥沱一宗，自元明叔季蓋冰霜之際矣。笑巖父子公孫，震匜地法雷於嚴冷之首，下開萬彙之蒙，上正千秋之統，猗歟休哉！至有覓形鏡裏，尋聲谷中，亦獨何哉！

（補輯）幻也佛慧禪師（南嶽下三十二世　臨濟宗）

禪師名佛慧，字幻也，會稽人，其先史氏。慧初生，出家行脚，俱有奇徵。乃與幻有禪師同出笑巖寶公之門。洎住嘉禾之優曇苑，自號懶石叟，著《懶石語》累萬千言。格盡物情，時共珍之。

又疾當世學者走聲便軟暖,一澄之以枯淡,數十年門無宿賓,惟一能明侍者,終身料理巾瓶而已。及其法鼓乍鳴,有道緇素爭集如雲。慧曰:"四大之軀孰不有,五味之食孰能無。白玉體箇箇分明,紫金身人人可得。爭奈食之不常而食,衣之不常而衣,八萬種魔,寧教易曉,四百四病,以何遣除。諸仁者不是祝髮了叫做出家,披金襴叫作出家,識文達理叫作出家,能行苦行叫作出家,避喧求靜叫做出家,有人緣叫作出家,感天供叫作出家。緊要在著草鞋,入釋迦腹裏,屙屎放尿。跨大步,穿達磨心中,戴角披毛。枯草拈來,直得百花相鬥,鼓動含靈,喚起維摩寂默。十方如來,密付汝印。一切天魔,自然傾膽。咦!鳥啼春晝閑彌勒,花發東風見故人。"

又曰:"一番相見一番新,好看鉢盂添柄。幾處行來,幾處險密。奇艇內藏輪海,不顧山頭月白,一任浮沉空,無奈雨腳風清。大家和會,參方衲子講席。高流居士宰官,天仙魔梵,有情無情,生一乾坤,死一乾坤,聖一法界,凡一法界,何曾謾得諸人!若也謾得,便討說箇是非好惡。賢善才能,尊卑異類,炤然些子。謾不得,欠不得,你道是甚麼境界?會麼?滿目塵埃千聖眼,半身落魄五宗心。"

晚移燕京多寶庵,重修笑巖之令。足不越閫者,復十餘載。緇素飡風而過,從者多不堪其嘯唾而去,朝廷知而敬之。老且耄矣,忽思南歸,復止優曇。俄示疾,簡曆謂小師曰:"後二日可。"小師涕泣固留,慧笑諾爲遲三日,懇再留,不許。遠近從遊者聞之,趨置龕室,適工報竣,而跏趺示寂。閱世九十一,坐七十有八夏。

贊曰：明之中葉，象教崇隆之際，公則闃然一室，嗒然一我。雖德重大內，弗居也。以故，追隨於公者，皆一時賢君子，受公面折，欣如獲寶。於其鸞聲都市，駕譽權門之流，得非天壤與！公語音如鐘，足有輪紋，皤皤黃髮，齒落更生，共疑爲果地人再世，豈苟然哉！

法舟道濟禪師（南嶽下二十九世　臨濟宗）

禪師名道濟，字法舟，嘉興人也。受業於東禪昂，以向上宗乘，走叩吉庵祚禪師，遂得道焉。是濟爲無際悟之五世也。

初悟以斷橋正脉付廣善潭，潭付默庵宣，宣付吉庵祚。由潭至祚，垂百年來，其家聲幾不振矣。濟承之，出世金陵安隱，而俎豆先人於名賢之間，恢述其志，刻如履冰，每以隔宿挂上堂牌，衲子陰笑之。

嘗舉拂子召衆曰："見麼？"又擊曰："聞麼？既是舉起便見，擊著便聞。妙真如藏，應用全彰。是汝諸人自不丈夫，故乃傍人門戶，求知求見，韜晦家珍，甘爲寒乞。將謂諸聖別有奇特事，廣額屠兒揚下屠刀，便云我是千佛一數。豈有曲折作知見耶？丈夫子！何不恁麼擔荷去？"於是，學流愛慕而親之。

吏部陸公光祖，邀濟還里，以天寧居之。祖既篤於真乘，常遊天寧，恨見濟之晚，因問曰："畫前元有《易》否？"濟曰：

"若無庖犧氏，將甚麼畫？"曰："畫後如何？"濟曰："元無一畫。"曰："現有六十四卦，何得言無？"濟曰："莫著文字。"曰："請師離文字發一爻看。"濟召公，公應諾。濟曰："者一爻從何處起？"公大笑而謝，自稱五臺居士，遂多出入叢林而擊節焉。

又別駕熊公南沙問曰："設有將劍來取師頭，師還避否？"濟曰："若有殺人不眨眼地將軍，便有不怕死和尚。"沙作揮劍勢，濟放身便倒。沙曰："好箇師僧，死在劍下。"濟起，呵呵大笑曰："作麼，作麼？"

濟任緣揮麈，惟津津焉，提唱綱宗而已，稍不如意，飄然去之。或舟或鄺，或破寺村庵，前後凡遷居二十餘所。但其爲人真率閑雅，胸無隱事，耳目交接，使人忘其名勢。以故，賢彥追崇之。其於院務，凡百闊略。知友常以書勉濟，濟笑曰："牙籌算計，俗尚爲譏，況道人乎！古製不立烟靉，草衣樹宿，聞道益廣，行道益多。今人動以規法相繩，禮樂鏗鏘，舉一狗子無佛性話，求其不惑者尠矣。尤云我能據守祖庭，利其徒屬，能作能爲，破律喪行，恣彼陷溺，是何益也？"

濟晚年閑著異迹，機不厭繁。有道人拈拄杖問曰："者是誰底？"濟曰："是山僧底。"曰："既是師底，因甚在我手裏？"濟呼曰："度拄杖來！"道人度杖與濟，濟曰："汝底在甚麼處？"道人整冠，濟曰："似則也似，是則未是。"道人大笑，又指吉祥草問傍僧曰："是甚麼？"曰："吉祥草。"曰："更有吉祥者否？"僧以足按地。道人曰："獅子窟中，果無異獸。"濟擯僧出院。

又僧問："得何三昧，便乃隨波逐浪？"濟曰："兩岸春風香不斷,一溪流水落花新。"曰:"怎奈學人不會。"濟曰:"蜻蜓飛尚緩,蛺蝶舞偏忙。"曰:"和尚莫將境示人。"濟喝,僧便作禮。濟曰:"啼得血流無用處,不如緘口過殘春。"

濟二十二出家,歿年七十有四矣。眾知濟有厭世意,請留偈。濟以手搖曳曰:"何多事也?"乃趨寂,時嘉靖庚戌之秋也。得法者二人,一居胥山,曰雲谷會。一居精嚴寺,曰冬溪澤。俱以嚴標行話於世。

贊曰:濟公近繼無際,遠續斷橋。歷觀其始末,機智毫忽不爽。然前後居無定相,惟激勵學者為要務。諸莊旱損,略不干懷,可謂救時之明哲者也。尚有以不事事短之,所謂盲人問豹,與語奇斑哉!

(補輯) 敬畏如空禪師(南嶽下三十世　臨濟宗)

無趣禪師,諱如空。其先施姓,嘉興秀水人也。早歲留神內典,浮沉於理路文言。過僧舍,覽《傳燈錄》,心目茫然,乃執卷求老僧解。老僧曰:"此歷祖真參實悟之要妙也,非意識可能至耳。"空奮發棄家,裹幘巾,同濟法舟,遍訪諸方耆宿。

抵杭城,見封自然。值封簷坐補破衲,空進問曰:"和尚補者箇,遮寒即是,遮熱即是?"封停針,熟視空曰:"道甚麼?"空即禮拜。封曰:"點茶來。"空作舞而出。如是經行八載,克志勞躬,此中尚未廓爾。既歸秀水,不復居家,東尋西討,如遊峰逐，世人多笑之。

適野翁曉禪師來東塔，空大喜，即走請益。曉以本色示空，空罔措其指。復經三年，聞雞鳴始獲慶快，乃機投曉公。曉以斷橋真脉許空焉。蓋曉遡嗣寶芳進，進嗣月溪澄，澄乃福林度之三世也，故曉爲斷橋七世之苗裔。曉又囑空曰："昔六祖能大師自傳衣法，潛隱獵隊一十六載，方大露布。汝宜慎之。"

空即就秀水掩關，乃説法曰："三十餘年，参禮請益十方宗匠，問法皆云無説，問佛皆云無相。幸得無相無説，不覺頓空伎倆。追昔脚跟，失却便宜。今喜眉毛生在眼上，從斯丢去草鞋，即便拗折拄杖，拍雙空手入玄關，坐看陰陽消長。復有一偈：'窮子還歸長者宅，善財参遍雜花林。大千收拾毫端内，推出虛空掩上門。'"

於是，嘉禾有道之士，争遊空之門。會正信長者經營敬畏厓，請空弘持祖道。空乃啓關曰："自結玄關自活埋，自吾閉也自吾開。一拳打破虛空竅，放出從前者漢來。"始會名宿，就庵披剃，受滿分戒。主持庵事，名傾緇素。選部陸光祖，常訪道要於空。空驀頭生按祖嘆曰："澄之不清，淆之不濁，趣公之謂與！"

一日小参，衆方集，空喝曰："禍出私門。"便下座。乃謂性冲曰："有件不了公案，來歲中秋，汝爲我來。"冲應期而至，空大悦，説偈俄化。偈曰："生來死去空花，死去生來一夢。皮囊付與丙丁公，白骨斷橋隨衆。呵呵！明月清風吟弄。"時萬曆庚辰也。

贊曰：無趣脱略墨繩，真斷橋之後也。然竟以一木而支大厦，其得不危者，幸也歟，幸也歟！

壽昌慧經禪師（青原下三十四世　曹洞宗）

　　禪師名慧經，字無明，撫州仁和裴氏子也。九歲誦孔孟章句，即究其義。每問："浩然之氣是箇甚麼？"或有笑者，或有訝者。公皆一舉手而去之。遂潛心內典，如獲故物。

　　年二十一，父事廩山忠老宿，求忠斬髮。忠曰："著急作麼，待汝瞥地，我為汝師。"公乃刻志苦行三載。因見《雙林頌》有省，輒遁迹峨峰。又三載，讀《傳燈》，至"僧問興善如何是道，善曰大好山"，又深疑之。因力撼巨石，得達其旨，乃曰："欲參無上菩提道，急急疏通大好山。知道始知山不好，翻身跳出祖師關。"趨呈於忠，忠笑曰："吾不汝欺。"為公圓頂，時年二十有七。復還舊隱，不下山者二十四載，遠近賢之。

　　萬曆甲午，出住寶方，有道者過訪曰："師住此山，曾見何人？"公曰："總未行腳。"曰："寧以一隅而小天下乎？"公敬諾，即杖笠觀方，諸尊宿皆珍譽之。

　　登五臺參瑞峰和尚，峰出笑巖禪師之門。公請曰："某甲於古德機緣不盡餘疑，且雖遍歷門墻，如窺羅縠之月，乞慈垂憫，下剖愚蒙。"語畢，殷勤作禮。峰歎曰："善哉上座，以英偉之姿，銳於入道，而胸中尚有芥蒂耶。如不弃山野，試舉將來。"公曰："臨濟道'佛法無多子'，畢竟是箇甚麼？"曰："向道佛法無多子，又是箇甚麼？"公曰："玄沙謂靈雲未徹，那裏是它未徹處？"曰："大是玄沙未徹。"公曰："趙州勘破婆子，未審甚處遭他勘破？"曰："却是婆子勘破趙州。"公釋然，再拜謝之，復獻頌曰："暗藏春色，明露秋光。有眼莫見，縱智難量。到家不上長安道，一任風花雪月揚。"峰深肯公語叶洞上宗旨，而公亦以紹續洞宗自任。

南還，初住董巖，遷壽昌，中興曹洞。其時像教相尚，公獨不攀外護，嘗誡知事曰："萬般存此道，一味信前緣。"每同衆耕耘，耆年不怠。學侶參尋，每將钁柄爲禪杖。尊賓顧訪，且就蓑衣準布袍，故有壽昌古佛之稱。

益王嚮公齋香修敬，公漠然不答。知事懼叢林所係，請稍循時宜。公曰："吾佛制，不臣天子，不友諸侯。爲佛兒孫，而違佛制，是叛佛也。吾豈作叛佛之人哉！"王聞而嘆曰："去聖時遥，幸遺此老。"

公三坐道場，殿宇禪坊，焕然鼎新，別建蘭若二十餘所，從未隻字干及檀信，檀信自歸。有引修懺佛事於山中，公重詰之曰："汝邀一時之利，開晚近流獘之端，使禪坊流爲應院，豈非巨罪之魁也？"以故，公之名號所及，而古風習習，其規繩不整而自肅。

嘗上堂曰："諸佛時常說法，不須擬議猜詳。是何法？天地玄黄，宇宙洪荒。不論通宗透教，只貴直下承當。承當箇甚麼？雲騰致雨，露結爲霜。蛟龍不宿死水，猛虎豈行路傍。透得者些關棙，何須願化西方。不問先佛後祖，鼻孔一樣放光。化被草木，賴及萬方。釋迦不肯泄破，達磨九年覆藏。峨峰不惜口業，一下爲衆宣揚。且道作麼生宣揚？"揮几云："罔談彼短，靡恃己長。"

又曰:"宗乘中事,難以措辭。大道門庭,爭容擬議。等閑垂一句,如大阿鋒離匣,逢之者則死不移時,似塗毒鼓受槌,聞之者則喪不旋踵。所謂妙峰峻仞,野獸難藏,寶樹晶光,靈禽莫泊。其用也,單趁金毛歸野窟,直追鐵額入深山。掃天下之攙搶,拂世間之孽屑。提墮坑落塹之類,揭迷封滯殼之流。其功也,使法界、世界、虛空界,一體同觀;佛道、人道、地獄道,萬法融會。雖然如是,猶未爲向上事,須知更有出格在。噫!正令不行先斬首,大機一發聖賢悲。"

又曰:"抽筋不動皮,換骨不見血。筋骨一齊空,遊行不倒跌。達磨大師,解滅而不解生。釋迦老人,解生而不解滅。要知生滅不相干,除是當年乾矢橛。"

萬曆丁巳臘之七日,公田務歸,顧衆曰:"老僧自此不復作矣。"除夕上堂曰:"今年只有茲時在,請問諸人知也無?那事未曾親磕著,切須綿密作工夫。"越三日告寂,衆悲惶不已。公復展目,説偈慰之。爲留旬餘,裁書遍辭隣壁道俗,更自作偈,令侍僧舉火。至十七日,晨起盥漱拭身曰:"不必再浴矣。"乃大書:"今日分明指示。"擲筆而逝。其年七十有一,依命闍維。侍僧宣公所遺之偈曰:"無量劫來祇者箇,今日依然又者箇。復將者箇了那箇,者箇那箇同安樂。"

火光忽成五色,諸牙頂髻不壞,就寢堂建塔藏之。其門人無異來,已開化博山矣。

南宋元明禪林僧寶傳卷十五

博山元來禪師（青原下三十五世　曹洞宗）

　　無異禪師者，名元來，廬州舒城人也，姓沙氏。胎乳絓葷，耳目不涉塵垢。

　　年十六，遊石頭城聽《法華》。自信佛法不從人得，乃禮五臺靜庵沙門，著垢衣五年，精核教觀。振錫南還，上峨峰，謁無明經公，自負人無我，及輒辭行，經公斂目危坐而已。師不測，竟去入閩，寓白雲峰，閱古尊宿語，忽有所得。再謁經公，陳其見處。公曰："蟻子解尋腥處走，蒼蠅偏向臭邊飛。是君邊事，臣邊事？"對曰："臣邊事。"曰："大有人笑你在。"師愕然曰："到者裏，因甚不是？"公曰："此不是，彼皆然。"師乃傾心哀請，公惟斂目，師益不測。一日聞泥神倒地聲，不覺踴躍，呈偈於公。公仍斂目，命以宗乘堂別居之。居年餘，每呈偈頌，公斂目如前。師因感泣，以爲依公決擇，不蒙指示，歲序推遷，何了日耶。偶登廁，睹上樹人，乃明大旨，嘆曰："今日方知師不我欺也。"

　　萬曆壬寅，師年二十有八。出住博山，而持重端嚴，篤行古德之風，入其門者，心容俱肅。尋應閩之董巖鼓山大仰，復還博山，參徒大集。是時，經公已遷壽昌。父子道價，喧騰宇内。

　　僧問："如何是功？"師曰："一人同一春。""如何共功？"

師曰："力士昇杖鼓。""如何是功功？"師曰："獅孫上露柱。"曰："不得敲唱雙舉，請示正中妙叶。"師曰："高底雲繞樹，遠近鳥銜花。""如何是君？"師曰："水有筋山有骨。""如何是臣？"師曰："鵓鴿鳥鳴似哭。""如何是君視臣？"師曰："千年老樹挂枯藤。""如何是臣視君？"師曰："樓頭畫鼓正三更。""如何是君臣道合？"師曰："金闕鳳銜丹詔去，邊陲人唱凱歌歸。"僧作禮。師曰："君位中事作麼生？"對曰："虛突兀。"師復打。

時慧臺鏡禪師早得旨於經公，翛翛瓢笠，剝啄諸方，諸方以矮師叔類之。過訪於師，適師陞座，鏡出震威一喝曰："百丈聞喝，三日耳聾。且道是那三日？"師曰："秋風多帶殺，秋露愈加寒。"鏡拂袖歸眾，師便下座。鏡後隱於武夷石屏巖，相隨者樵汲數輩，禪衲尋風求之，鏡悉指歸博山。

崇禎二年，魏國公徐弘基請師說法南京天界，使符三至。師始一出，象龍沸集，大廓曹洞宗風。上堂曰："達磨大師航海而來，直指人心，見性成佛。雖則門庭萬仞，壁立千層，祇演一心之法，更無餘事。乃至六代傳衣，五宗競出，運無礙輪，化無緣眾，祇演一心之法，更無餘事。溈山大師，敲唱同行，暗機圓合，傾瓶以辨超方，撼茶而彰妙用，祇演一心法，更無餘事。雲門大師，箭鋒相拄，函蓋乾坤，揚眉落臼，顧盼猶遲，如流雲翔鶴，湛水晴空，祇演一心之法，更無餘事。法眼大師，指現前石，塞虛空口，一切處現成，六根互用，六用齊施，祇演一心之法，更無餘事。臨濟大師，一語中具三玄，一玄中具三要，驅耕夫牛，奪饑人食，電光石火，開眼猶迷，祇演一心之法，更無餘事。洞山大師，混不得類不齊，立《寶鏡三昧》，照學人肺肝，分五湖玉石，雪盛銀盌，月照金沙，祇演一心之法，更無餘事。乃至博山今日遠承諸祖慈蔭，循規蹈矩，借路還家，駕輕就熟，祇演一心之法，更無餘事。諸昆仲含靈具此一心之法，學人學此一心之法。三世諸佛，歷代祖師，示此一心之法。故《楞伽》云：'佛語心爲宗。'諸昆仲，那箇臺無月？誰家樹不春！"卓柱杖下座。

師毅辭還山，傾都遮留，籃輿不得，前乃宵邁，緇素追攀，望江而立。徐公歲序存問不間也。

師既大弘洞宗，常隨侍者萬餘指，如臨一人。僧問："如何是不聲色墮？"師曰："斷橋分野水。""如何是類墮？"師曰："孤棹舉平原。""如何是尊貴墮？"師曰："裂破幾層清世界，倒騎玉象趁麒麟。""銀盌盛雪，明月藏鷺，意旨如何？"師曰："露骨瘦上環紫霧，塞流小澗長青苔。"

師開化幾三十載，未易肯諾。或請入草求人，廣紹先澤。師太息曰："吾宗貴得真脉，妙叶玄機。苟不然，仍瓦解耳。吾何忍哉！"語畢泣下。自後遂不上堂。

示疾於崇禎①庚午之秋。闍首座問曰："和尚尊體如何？"曰："儘有些子受用。"闍曰："還有不病者麽？"曰："熱大作麽？"闍曰："去來自由，請道一句。"師書"歷歷分明"四字。跏趺而寂，塔於博山。坐三十九夏，其年僅五十六也。

贊曰：投子世大陽之代，須憑秀圓通協而成之，其道始著。

---

①禎：當爲"禎"。

真歇禀丹霞之嗣，還借照長蘆薦而褒之，此話方行。博山父子，遠紹少室之宗，不叨餘力，大衍新豐之調，本自天然。其説法則橫空鳳舞，激揚則擲地金聲。至其慎重真脉，常自下涕。語云："猛虎生兒，勢不能食牛者，輒癈之。"其博山之山之謂與。

湛然圓澄禪師（青原下三十五世　曹洞宗）

禪師湛然者，諱圓澄，別號散木，出會稽夏氏。母夢梵僧入室而娠，娠十四月而生。師生，大目昂鼻，哆唇露齒。直腸信口，不肯從事於學。親殁窶①甚，充郵卒以傳符，踰期亡去，徑投隱峰。峰示念佛誰是，令師究竟，三晝夜輒有省，時年二十矣。

入天荒山，禮妙峰斬髮，擇最苦行行之。間聞傅大士《法身偈》，一切經義，便能記持。尋乞滿分戒於雲栖宏公，徵以毗尼節要，師悉達其指。返越，掩關寶林蘭若。因憶乾峰"舉一不得舉二"話，乃大通玄旨。有頌曰："舉一舉二別端倪，箇裏元無是與非。雪曲調高人會少，獨許韶陽和得齊。二老何曾動舌，諸方浪自攢眉。擬議鷁過新羅，刻舟求劍元迷。"再謁雲栖，呈見於宏公。會入室，宏舉海底泥牛銜月，赴語未竟。師搉出一僧曰："大衆證明。"宏深器之。於是，激揚法席，傾一衆焉。

①窶（jù）：貧窮，貧寒。

萬曆辛卯，適大覺念公南遊，師趨謁之。念曰："止風塗向青山近，越王城傍滄海遥時如何？"曰："月穿潭底破，波斯不展眉。"念又問洞上宗旨，師曰："五位君臣切要知，箇中何必待思惟。石女貫弄無針線，木偶能提化外機。井底紅塵騰藹藹，山頭白浪滾飛飛。誕生本是無功用，不覺天然得帝畿。"念欣然，書偈印之。未幾，出住雲門，次遷徑山，歷禾之東塔，乃至顯聖天華，前後垂二十載，法席爲之大震。

其上堂曰："老儂不識元字脚，强出人前要説法。錯認曾參作魯參，合堂大衆皆笑殺。這一笑中有妙，若還悟得其中意，點破當天者一竅。大衆，如何是這一竅？"良久云："動容揚古路，不墮悄然機。"

小參云："烟雨盗將山色去，溪風送得水聲來。本來法法皆如此，莫教心識强安排。衆中若作境會，許你具一隻眼。若作佛法會，打碎你頭。何故？我王庫內無如是刀。"

又提綱云："喚二作一，指七爲八。手秉太阿，聖凡盡殺。却憶東村王大姐，倒戴西村李公襪。無論貧富貴賤，見者聞者皆笑殺。且道山僧今日解何宗？噫嘻嘘，阿喇喇。"師之提唱，率多如此。

僧問："如何是圓相？"師曰："大燒餅。""如何是暗機？"師曰："凌霄峰。""如何是義海？"師曰："半山亭。""如何是意證？"師曰："啞子咒人。""如何是默論？"師曰："温伯見孔子。""如何是回互？"師曰："孝子諱爺名。"諸方珍之。爲師法續洞室機類，雲門臨濟，其伯仲也。

又師初在京，會達觀禪師於嘉熙寺，月川座主、太史陶石簣、黃慎軒，同翫月次。慎軒卧問馬祖翫月因緣，師曰："汝卧我坐，不得爲公説耳。"軒亟起謝。月川笑曰："内翰錯過了也。"觀云："我下語，不及此公一籌。"

又過武林，聞谷、慧聞等屬望一方。會諸紳遣使崇迎，及啓慧聞札曰："今日大家欲與和尚作家相見。若來，已墮情識。不來，猶缺慈悲。"師扯破札，正色曰："者些客作漢，敢於老僧綻敗缺也。"至即陞堂正立，慧聞進曰："和尚莫要班門弄斧。"師把住曰："速道，速道！"慧面赤無語。師把開曰："死漢。"聞谷遂率衆作禮。

蘇巡漕問曰："鴛鴦繡出從君看，不把金針度與人。如何是金針？"師曰："我在京都走一遭，不曾遇著一箇人。"蘇擬議，師曰："古佛過去久矣。"

無念有禪師居黃檗，獨持風節，呵駡諸方，特訪之。師曰："古人道，如紅爐上飛片雪柏似。且道，古人還具透關眼也未？"有曰："我不見有甚麽古人。"師急指曰："背後聻。"念休去。師之勘辨，約此類。

又嘗嘆末流謬惑大乘，遂著説若干篇，曰：《宗門或問》《慨古録》《楞嚴臆説》《涅槃會疏》《法華意語》《金剛三昧經注》《思益梵天經解諦》。理邁倫，一時所宗焉。

天啓丙寅季冬，書顯聖遺囑，即至天華辭衆。復夜話至丑，乃右脅長往。閲世六十六，坐三十八臘。得法者九人。編《隨機録》八卷，流通於世。

贊曰：余初過會稽，師謝世未久。觀其遺風，謖謖①然尚在，山中耆德，序師之妙韵。爲法苦心求人之概，私心竊向往之。續讀師集，至題《無趣錄》云："夫祖道不可絕繼，風穴於法堂痛哭，克家之子難逢。仰山自記再來，莫不以諸佛慧命爲懷，以度生爲急務者也。"嗟乎！師之心，至矣盡矣，以度生爲務矣。然非夙承願力者，欲竊符以存國，余亦深知其不可也。

天童密雲圓悟禪師（南嶽下三十三世　臨濟宗）

禪師諱圓悟，字覺初，自號密雲，宜興人也。明嘉靖丙寅，生於蔣氏。

師生八歲，知世相無常。年二十六，發宿慧。二十七，負薪有省。三十弃家。又四歲爲僧。四十桐棺悟道。又六歲，得受記莂。五十二，開化龍池。於是，六建法幢。示寂之年，七十有七。然生不爲家，四海歸之。老不奉詔，朝廷慕之。及不忘慈，今古戴之。窣堵不虛尊，人天共享之。實爲龍池之真乳，遡潯沱而拓曹溪，遠紹鷄足之正裔也。

師初弃家，赤手空肩，走事幻有傳禪師，傳嘉其志節，喜而度之爲大沙門。當機輒不爽旨，衆皆驚異。師終不自肯，心苦神勞，且代衆役，不知有己。偶過桐棺山頂，豁然大悟。情與無

---

①謖謖（sù sù）：挺拔的樣子。

情，煥然等現，覓纖毫過患不可得。時傳公已居燕都，師即趨省傳公。公見乃大喜，喜師可倚，以支我臨濟也。經二載辭還，南上天台探禹穴。因與周公汝登、陶公望齡、王公舜鼎，本色相見，脫略窠臼，三公甚敬服。越之，有道緇素，爭識師焉。傳公還龍池，師因歸省，公問："你到諸方，會見甚麼人？"師頓脚扣膝以對公。公笑曰："許多時一些氣息也無。"師曰："和尚疑則別參。"公擂鼓集衆，付師衣拂。復召入榻前，以扶持佛法，勉師力行，以報先宗師。即呈偈曰："若據某甲扶佛法，任他○○○○○。都來總與三十棒，莫道分明爲賞罰。"時年四十有六矣。

三載，傳公遷化。又三載，衆請繼席龍池。自是意緣移徙，酬香之會有六。計二十六年，掀翻露布，洞示真元，座下蹴踏，常足萬餘指。師則當軒據座，威震獅猊，海内英靈，飲氣自失。凡刹竿樹對，成大寶坊，不許門下干倚王公。嘗語學者："貞觀響道，欲瞻風彩，上表遜謝，往返三四，引頸就刃，神色儼然，吾敬道信大師。茅茨石室，累煩聖主，且請前行，吾從別道，澡身淨髮，結跏趺逝，吾敬汾陽無業。休心息念，斷絕攀援，賜紫及號，力陳昔誓，收付有司，恬然受刑，吾敬芙蓉道揩。牢著草鞋，腰包住院，去就之間，輕同學子，不爲蚖蛇戀彼窟穴，吾敬應庵華祖。"

故師生平，意有不可，撩衣即行。首住龍池五載，一日因事上堂曰："者裏無人證明，且向別處尋討。"下座，便去。

次住天台古通玄寺，茅堂草座，法政冰霜，辰暮參請，間不容髮，雖三載而日新。海鹽金粟，使符至再，師憫其迫切，曳杖赴之。居六載，無作無爲，崇成大廈，牀曆幾滿千輩，名卿達士一目相遇，獰拳辣掌之下，掉臂而去者夥矣。

有挾貴而問道者，師輒掌之。貴人曰："和尚獨不欲覆法乎？"師曰："山僧法也無，護箇甚麼？"又連掌之。斷際故山曰黃檗者，鼓寂鐘沉，閩人來請，師不忍先迹零落，籃輿度嶺，僅五閱月又拂衣。則明州黃司理端伯，以鄞峰育王寺而待駕焉。黃公又考太白名山爲歷祖庭，廢之已久，遂與有道紳士俱愴然先以意容，恐師臘高。師慨然移錫，至天童古佛殿基，曰："虛空作殿，日月爲燈。且道是甚麼人境界？還會麼？設或未會，且看新長老。"撒開坐具，大展三拜。於是十一載，天龍失守之區，歷祖藏身之處，無不斬新扶起，壯甲東南，翼集鱗宗，蔚爲僧海。其得髓之子一十二人。然點胸自許，招手橫趨者，不可勝計。

崇禎辛巳，天子命外戚田公弘遇齋香賜紫，徵住金陵報恩寺。師固以老辭，退卧通玄峰頂。天下圖其頂相，書其名號而親之。

壬午七月七日辰，猶巡寮視務，午刻宴然示化，塔於天童南山。緇素奔送者萬人，臨壙慟而失聲，聲震山谷。清順治庚子，住天童門人弘覺禪師道忞，編師《六會語錄》，進頒大藏。

贊曰：斗柄東指，鼓腹謳歌。於不識不知之中，即釋氏儒童，難贊辭焉。獨今之薄海內外，據大寶坊，橫說豎說者，操鈯斧於山邊水邊者，皆師法會中人也。歷考少林至楊岐，其世十七。楊岐二十有三世，以得師。其間法利之普如師者，幾何人哉？今叢林公論，以曹溪、高峰、永明、大慧等，類師始末。嗚呼！雖實錄也，無乃瓊枝析玉與。

磬山天隱圓修禪師（南嶽下三十三世　臨濟宗）

　　天隱禪師者，諱圓修，出荊溪閔氏。說法磬山報恩，初與天童悟禪師同出龍池傳之門，是師爲笑巖真孫也。

　　師幼明敏，生知佛乘，常以心齋報母。然留連俗諦，幾矢前因。一日過講肆，聞《楞嚴經》云：一切衆生"皆由不知常住真心、性淨明體，用諸妄想，此想不真，故有輪轉"。師惕然驚畏，擇龍池幻有傳和尚而依止焉。傳示趙州"無"字話頭，師參之半載不發，改看本來面目，提撕猛切。一日普請出窑次，有覺所道者云："聞常多菩薩，出現於四大名山，神通廣大。"傳公厲聲曰："我者裏亦不少。"師斂曰："如何是神通？"傳曰："快度磚來着！"師染指法味，心不外緣。經百餘日，偶閱《楞嚴》佛咄阿難云："此非汝心。"師脫然慶快，如善財入彌勒大閣，了釋前疑。及侍傳公，入城被喝，便契臨濟主賓照用之句。於是，上天界訪雲松，過能仁謁文齋，出没奇機，不無可紀。

　　萬曆辛丑，傳合掩關於龍池曰："汝既有新入處，不妨更加精進。他日利導有情，則吾望足矣。"未幾，傳公北行，師悵然消遣關中，惟拈頌而已，於其古德公案，如庖丁之解牛，而無礙刃遊也。獨疑乾峰"十方薄伽梵，一路涅槃門"話，復枯坐蒲團二載，忽聞驢鳴，大悟差別玄旨，有偈曰："忽聞驢子叫，驚起當人笑。萬別與千差，非聲非色鬧。"

甲辰，北省傳公於燕京之普照寺，而師資深契合焉。仨涉獵講庭，瀾翻藏海，探竿禪席，料揀權宜。住後常曰："山僧南北往還，親近知識一十八載，跋涉勞碌爲己躬，切無少怠也。嗚呼！師之入道，誠異今時，故得處真實，用處諦當。"

常以虛空撲落地語，酬僧理藏鋒之問；以湖州蘿蔔宣州薑，酬事藏鋒之問；以有水皆涵月，無山不帶春，酬理事藏鋒之問；以無手人行拳，酬不涉理事藏鋒之問。

又僧問："如何句到意不到？"師曰："言言見諦，步步迷踪。""如何意到句不到？"師曰："只在舌尖頭，盡力道不出。""如何是意句俱到？"師曰："有時獨倚庭欄上，閑看梅花四五枝。""如何是意句俱不到？"師曰："落花流水去，空負浪游人。"

師暮年，從石磬山遷湖之報恩寺。示眾曰："老僧住箇破院子，不能時時爲眾提持佛法。賴土木瓦礫與諸人轉大法輪，發諸人大機大用。諸人切不得當面蹉過，若蹉過，只知事逐眼前去，不覺老從頭上來。"

一日俄集眾諄誡，復以後事付囑及門上首，趺坐儼然而寂，瘞全身於報恩之左。順治戊戌，大覺琇禪師應北詔時，大會諸山，移塔於宜興之白雲庵。

初師居右磬，諸方有以臨濟玄要配合教乘，作奇特商量者，師愍其惑，常著書復問之，并頌示諸識者。其頌曰："第一玄，一字不加畫，分明是箇賊。咄咄咄，咄處且最毒。第二玄，快手何曾先，撒沙并撒土。露露露，露出娘生褲。第三玄，一曲江村岸，風月隨時看。收收收，收去箇中流。第一要，驀地忽一笑，笑倒須菩提，攪起迦葉老。第二要，袖裏箇金圈，拈出是莖草，瞬目牛吞了。第三要，伸縮誰能照，隻手握雙拳，打得虛空叫。"師之提唱精奧，大率如此。其門賢箬庵問禪師，編師《全錄》流通，與天童悟齊名於世。

　　贊曰：世傳，曹溪下惟青原南嶽應讖。殊不知嫩桂者，代不乏人也。而石霜下，有楊岐積翠也。次出佛果之門者，大慧虎丘也。次無準下，復出雪巖斷橋也。師既出龍池，又與天童并駕，化周宇內，其久昌二桂，凡五抽嫩矣，其根芽懸讖於少林，有以也夫！

雪嶠圓信禪師（南嶽下三十三世　臨濟宗）

　　雪嶠圓信禪師者，四明人，姓朱氏。出龍池傳禪師之門，首住徑山，終於會稽雲門。諸方服其神駿，推尊之曰信公。高懷無我，至性不羈，笑罵自由，人天罔測。卸勝劣之戈甲，劈今古之藩籬。縱饒一問十答，而紫羅帳裏不撒真珠。假使未聞先悟，而千丈巖門尤遭點額。大有傷弓之鳥，見形高飛。所以短販之徒，望風栗足。故雖獨據胡牀，不啻冲霄野鶴，以至屢遷名剎，仍然本色山翁也。

　　公生九歲，聞《彌陀經》，即知有出世法，於是讀書常諾諾而罷之。然詞語絕塵，風儀瀟灑，猶王謝之玉壺冰映。又愛與方客遊，遊必領益。

年二十九，竟去家矣。遂訪妙禎禪宿於秦望峰下，禎舉古激之，公反覆研究，連七日不知寢食。忽仆於石，前後際斷，如日輪迸空，天地一色，衝口得偈，勢不自禁。

欲往天台尋印證者，度若耶溪，忽翹首，見"古雲門"三字，得大休歇。乃曰："一上天台雲更深，腳跟踏斷草鞋繩，比丘五百無踪迹，見得他時打斷筋。"遂別策，入雙髻峰蘿龕石室，灰世忘緣，間發新聲，豪吟達旦，而刀斧無痕，諸方景焉。

時有雲栖高弟聞谷者，雅相敬善。一日谷行脚回，舉幻有傳和尚相見機緣，且稱傳公葆重，有類明教嵩，枯淡過於餘杭政，其接人真西河獅子也。公乃三詣龍池，契其機，與悟修二禪師爲雁行焉。後悟主天童、修主磬山，公獨庵居垂三十載。

黃公端伯、余公大成，請就徑山祖庭陞座，拈提臨濟宗旨。端伯還西江，於崇禎庚辰以廬山開先寺迎公。諸山宿衲俱集，公一以胎風簸雨之舌，振其拈花落草之機，或不耐公笑詈而去，或經公指喚而心曠神怡。公忽拽杖還舊隱，衆驚，遮挽之，不可。

時往來衲子傳天童規製宏壯，條令斬新，乃至運瓦搬石，伺杵負薪，無不徹底爲人。公獨罵之。逮天童訃至，公又慟之。侍僧曰："大師昔何罵，今何慟也？"公良久，撫膝而起曰："咦！我掌寧獨鳴乎！"遂躬至天童，書挽章而奠之。詞曰："同出龍池入路長，吳興分袂過錢塘。多年挂錫玲瓏石，今已藏身寂寞鄉。雲面揭開紅日眼，山眉愁斷白花香。離離一片苦心事，且道何人在影堂。"

北還，又入龍池，於傳公塔前拈香曰："桐棺山下養龍池，步入涼風覓我師。當户娑羅空腹樹，迎階芳草昔人眉。追思滴血曾留偈，會寫傳燈嗣法詩。今日塔前成九頓，流源千載繼孫兒。"耆舊乃請示衆，公曰："我昔第三度登龍池。先師曰：'你草鞋猶未脱也。'我道：'何處見草鞋來。'先師微笑而止。我即呈偈曰：'數載龍池三度登，重重問話舌生冰。草鞋分付虎狼去，雙髻峰頭一箇僧。'又思當初在山陰看《雲門語録》，得他的力。又在雲栖，亦有機録，豈可忘却。所以雲門、雲栖一齊拈香供養。諸方便道徑山遥嗣雲門，徑山以爲不然。瓜有根，樹有葉，樹高千尺，葉落歸根，豈可孤負禹門先師，斷斷無此理也。然宗門事，把住也由我，放行也由我。有時作賓，有時作主，有時賓主齊彰，有時賓主雙忘。此乃臨濟家機用，人天莫測，庸人豈得知也。"

還雙徑禾城，道俗以東塔禪林堅致於公，公爲笑留，名緇貴素日遶枝藜。公眼幻青白，衆益心驚。晚住雲門，公年七十有六矣，機用益峻，精神益勁，嘗自號曰青獅翁，或稱語風老人，又曰迦那尊者。每携童子山遊，人見訪，或打觔斗，人擬議，叱退之。雛禪竊論公弗恤也。

順治丁亥中秋，謂弟子曰："古人立化的也有了，坐亡的也有了，至倚杖倒卓都有了。畢竟老人怎生去好？"語訖大笑。書片紙曰："小兒曹生死，路上須逍遥。皎月冰霜，曉喫杯茶，坐脱去了。"乃入寢室，憨卧數日。忽起坐，索茶而啜，連唱雪花飛之句，擎杯脱去。世齡七十七，瘞全身於雲門。

庚子，朝廷慕之，賜帑全五百，并委書弘覺忞禪師而新公之塔，又臨公頂相於宫中而事焉。公居開先時，弘覺爲西堂。洎嗣天童，而公獨鍾愛之，故弘覺禪師以猶子紀公千秋之綱目甚詳也。

贊曰：整齊法運，臨淵履冰，爰師篤慎其心也。蠡測者，謂師跅弛①自了則優，爲人則寡。蓋明之中葉，少室宗風循規蹈矩，如喑若聾，非師瀧之以清泉，激之以霜鍾，則天②方夢夢耳。

（拾遺） 忠州聚雲吹萬廣真大師傳（南嶽下二十八世臨濟宗）

大師廣真者，字吹萬，西蜀僰道③宜賓人，姓李氏，父祖世籍婆羅門。師生惟慕事佛，得法於月明和尚。萬曆戊午年，說法於瀟湘之湖東禪院。次遷忠州聚雲、夔州寶峰及雲來興龍巴臺諸刹，闡揚大慧宗風。

崇禎己卯七月三十日，唱滅於本山。嗣法門人曰慧機、慧芝、慧麗等。依法闍維，闍維時，遍地荷香襲人，烟至松羃④，結爲五彩。火後收舍利三百餘顆，復得黃金鎖子骨三莖，當門二齒變爲紫色。建塔於三目山之陽，屬四川觀察使田華國爲塔上之銘，署師爲大慧十四世之孫、懶庵鼎需禪師之裔。

蓋大慧初開法於洋嶼庵，時需得法爲第十三位。今《燈譜》載大慧下法嗣共九十四人，訛列需爲第三十五位。需既得旨，韜

---

① 跅（tuò）弛：放蕩不受拘束。
② 天：疑爲"大"。
③ 僰（bó）道：古縣名，爲西南地區一少數民族僰人所居，故名，在今四川宜賓。
④ 羃（mì）：覆蓋，古代遮蔽臉部的巾。

光於福唐山水之間。及大慧從梅陽生還時，始開法於西禪。入室之子，僅得安永、南雅、志清、安分四人。分於元至正間庵居劍門，志清住天王，南雅住龍翔，安永說法於鼓山，是爲鼓山永。永付悟明、法堅二人。堅住承天。明住淨慈，纂修《聯燈會要》。座下衲子雖衆，獨以大法囑太原苦口益，益付筏渡慈。當益、慈之時，約在明之中葉，叢林先德物故，禪門死於繩規。凡我行道之士，無不藉賴中貴給札住持慈公輩。或不忍視，而恬退於山邊水邊，保任乃事，隨方接納一箇半箇，尚以篤實承繼祖宗命脉。慈得一言顯，顯付小庵密，密出二仰欽，欽出無念有。已上俱有語錄機緣。有付荆山寶，寶付鐵牛遠，遠付月明池。此三代，惟述相見之語，并付囑之偈。月明池公，以源流大法付與真公大師。至師崛起中興，光顯大慧之宗。

師初出世楚之湖南瀟湘小院，衲子相傳上堂示衆入室機緣。叢林識者，驚爲大慧再來。

崇禎辛未臘八日，布金檀越內卿田素庵諸師，居忠州聚雲禪院，拈香畢，豎拂云："從上古人，只爲者箇東西，顛頇了許多英雄豪傑，賺陷了許多高人達士，拋撒了許多油鹽醬醋。今日老僧不狥人情，向汝諸人道破。只要汝等於日用二六時中，行住坐臥處，穿衣喫飯處，運水搬柴處承當。若承當得來，英雄豪傑也顛頇他不得，高人達士也賺陷他不得，油鹽醬醋也拋撒他不得。且問大衆如何是者箇東西？參！"

東吳有居士劉墨仙，久遊玄墓之門，持《聖恩問道錄》訪師。論及楊岐九峰之語，師徵云："正恁麼時，楊岐在前？九峰在前？"仙良久云："和尚又作麼生？"師便喝。仙云："者一喝是前是後？"師翹一足，仙禮拜。玄墓漢月藏禪師書至，師以爲千里同風，即搗鼓陞堂，説妙法語，語見《聚雲全録》。命維那對衆宣讀其書，曰："大慧禪師説盡人間禪病，四百年内望之，如渴人求井，不料一枝埋没。向三峽錦江之上，前得來書，語録已見，作略過人。第未得從容談三月於水流石上，爲恨不淺。兹閒已返峽中，略伸四問，萬乞答。我更欲禪師起已墜之禪於今日，令後輩重見天日於座下，斷不令山野遺恨耳。"書尾復致四問，曰："正睡著時，與死了燒了心之與性，牙齒打不著，須向者裏希取大用始得。如何是此處底大用？"師答云："寧向太陽妝羅刹，不來黑暗扮睹音。"二問："沿流不止，絶却真照，照不到處，如何是吹毛用了急須磨？且道磨箇甚麽？"師答："折脚鐺裏淡黄虀。"三問："明處既已脱却心性，切莫在離心性處躱跟。除此二途，如何相見？"師答："纔過驢胎，又闖馬腹。"四問："近世野狐，都説心性禪，不知姓張始李。請禪師代答一轉語，貴圖天下衲僧脱却腥臭。"師答："奪者老賊頭，拄杖拗折，莫言不道。"

已而，師於回書之尾，亦致四問，以問漢師作相。問："用水一盞，貯米七粒，架茅草十字在上。請道是甚麽義？"二問："潙仰九十六種圓相，收盡六義，問有箇收在那一義？"三問："古人道，八角磨盤空裏走。不知是空走磨，磨走空？"四問："老鼠吞大象，蝦蟆口咬著，吞不入，拖不出，蒼頭老兒跳一步。請下一轉語。"漢師或有答，斯未載焉。師之説法，垂機勘辨，約類如此。

有《正録》十卷、《廣録》三十種，共六十六卷。屬水部尚書郎熊汝學捐俸刊行，板存忠州治平禪院，係法孫燈來編次。來住高峰，鐵壁慧機之子也。

　　贊曰：真師既出世於萬曆之間，我禪門正當肇興之時。至天、崇間，諸方有大名稱者，俱有書問交通往來，未見一言表出大慧宗系之名。何也？無乃各闡己宗爲急務，未暇輕重之耶！然亦是吳越燕趙衆生鮮福，未獲沾師法雨耳。康熙丙寅冬，余爲天童封龕佛事經四明，過壽昌禪林訪舊，遇師之玄孫統公別庵禪師，始悉真師三代全錄，不得不爲之傳，補入《僧寶》，否則闕典之責，其在余乎！①

---

①原本夾注：有《正錄》三卷，并師下三世《語錄》若干卷，屬四川向化侯譚養元捐俸梓板，附嘉興楞嚴藏流通。

南宋元明僧寶傳後敘

性 磊

　　祖師云："佛者心清淨是，法者心光明是，道者處處無礙淨光是。三即一，皆空而無實有。"旨哉言矣。是以入祖室登祖位者，徹其淵底，提大機用，剪諸見林，截異端網，如滴獅乳，如鼓師弦，聖凡莫得描摹而淺深之，良以此也。

　　吾師幻舿融和尚，以承先啓後爲念，出繕本一帙，授磊曰："此乃山僧出匡廬時二十載江湖所集，南宋元明諸尊宿大機大用之實録也，汝盍勉之。"磊退而珍誦，徹見吾師爲道爲法，良匠苦心。歷遡二十世，至虎丘隆祖，乃至大慧洞下諸宗，計五十三人。妙唱嘉猷，師師道合。一代時教，眼目俱備，郁乎文哉！所謂一月臨江，千江之月俱映，一佛出世，三世諸佛齊彰。信不誣也。或曰："此《傳》始自三佛之下佛燈真際，而至博山雲門、天童悟祖輩而止者，何耶？且方今之世，垂慈展拂，遍溢支那，豈其是非未定而止之者歟！"曰："否，否。"蓋順治至康熙年間，諸老宿順闡逆化，行解相應者，不無其人，率皆屬吾師翁弘覺忞老人爲之碑銘，狀其生平最詳，業已流通宇内，稱不朽矣。當今天下公論，以吾師翁之眼目，料揀五宗，不爽毫髮，雖大慧、中峰莫能右之，磊小子敢復浪贅蛇足哉！茲不揣荒謬，承吾師命，補收洞、濟兩宗五百年中大有相關法化者又四十一人，參吾師所撰，共訂十有五卷。屬會稽王公大俍較而成集，寧供將來之賢聖。經云："諸供養中，法供爲最。"乃俾教外別傳之心法，弘通流布，則古今十世大機大用之旨熾無間矣。

康熙甲辰年佛成道日，門弟子性磊拜題。

重刻《僧寶傳》記

　　康熙丁未孟夏日，紫籜草堂夜煌，百物俱燼，監院真發見其《傳》稿在東山竹園，竟不知誰何將出。深異祖師光明真言妙行，入火不壞。即走問諸山有道知識，諸山樂助就梓，印行於離亂之世。然山路遥僻，剞劂①氏非名手，俗而且拙，部屬點畫，不無訛舛。其板蛀朽十將有二，不堪再用。今得四明王生世雄番板於瑞雲精舍，書記明慧對字，成於乙丑季秋。是爲記。

---

①剞劂（jī jué）：雕琢刻鏤，雕版刻印。剞，曲刀；劂，曲鑿。

附編

清超永編《五燈全書》卷第七十三
《臨濟宗　南嶽下三十五世隨錄　廣潤巨靈自融禪師》

　　新安程氏子，自作《幻胼頭陀傳》。十八脫白，二十圓戒。初參金粟，宗《阿含》義。譚入大乘，學侶嗤之。乃遍歷諸禪席，後謁山翁忞得法。

　　示衆。"凡學道者流，應須透脫機境，機境透脫，出言吐氣，自然圓活。苟不如此，眼目未曾定動，鼻孔早落他人手裏。所以山僧有時笑，有時罵，有時拈椎豎拂，有時白晝打眠，無不與道流相見了也。只是你等不作佛法商量，便作情境理會。既不恁麼會去，更須知山僧行履處始得。"良久曰："三十年後。"

　　晚參。"山僧坐者牀子以來，不是同莊主督農，便是與直歲雇工，乃至照管監收、副寺稅租、出納有無，并無一刻閒工夫。今日侍者要請山僧與衆兄弟說些佛法。大衆且道，佛法作麼生說？"擊禪牀曰："會麼？知恩者少，負恩者多。"

　　晚參。"古者道，迷者也秖迷得者箇，悟者也秖悟得者箇。廣潤要且不然，迷時不曾迷著者箇，悟時不曾悟著者箇。大衆，迷悟則置，喚甚麼作者箇？"良久曰："會麼？青松栽夾道，白石聳長風。"

晚參。"大家特特上來，山僧没甚閑説。"卓拄杖曰："惟者木上座，渾似一條鐵，動著伊一絲毫，驢腰打折。且道與各袈裟下鉢盂内底，是同是别？"擲拄杖喝曰："又成多説。"

晚參。"纔見季春回，不覺仲夏了。禾黍穗爭新，野地迷芳草。殿角間薰風，説箇甚麼好？"沈吟曰："諾！梵志身死去，魂魄見閻老。讀盡百王書，未免受搥拷。"擲拄杖曰："見彈求鴞炙，何其計太早。"

示衆。"諸方開爐向火，廣潤開爐向壁。諸方暖暖烘烘，廣潤冷冷寂寂。雖然冷暖不同，要且據令條直。若更商量佛法主賓元要句，山僧没有閑氣力。何故？不圖豆爆冷灰，祇貴石中迸出。"卓拄杖。

示衆。"澹雲啼破鷓鴣天，雨後平塘濕柳烟。珍重往來行脚士，莫將元妙污心田。"

因僧請益狗子無佛性話，示衆，以手空中扶曰："會麼？狗子佛性，因甚道無？嚧嚕噼唎，噼唎嚧嚧。翹首莫貪天上月，應須照顧掌中珠。"

中秋晚參。提拄杖曰："久默斯要，不務速説。即今風清氣爽，露湛月圓。"遂喝住，良久曰："山僧終不爲小智人説如是法要。"便歸方丈。

示衆。"參禪不悟道，出言生做造。江西馬簸箕，不識淵栲栲。學者流莫草草，北鬱單越正黄昏，南閻浮提日出卯。"

歲除小參。"大衆，正恁麼時，在天符曰除歲，在直符曰除月，在傳符曰除日，在衲僧分上。且道除箇甚麼？"監院禮拜曰："即日天氣熙和，恭惟和尚尊候起居多福。"師以如意揮几曰：

"點石化爲金玉易,勸人除却愛憎難。"

燈節晚參。問:"古德因僧問:'如何是室内一盞燈?'德曰:'三人證龜成鱉。'意旨如何?"師曰:"見事不眞,喚鐘作甕。"曰:"或有問和尚,又作麼生對他?"師曰:"鐘作鐘鳴,鼓作鼓響。"僧沉吟,師叱退。乃曰:"古人以三人證龜成鱉語,答室内一盞燈。大似西施戴箬笠,不令人見轉風流。可謂事存函蓋,理應箭鋒矣。然則從長料揀將來,不無眼目瞞眯,設有問廣度,只向道:'鐘作鐘鳴,鼓作鼓響。'意旨如何?童子燒香,比丘合掌。咄咄!三十年後,且莫妄想。"

示衆。僧問:"昔日瑞雲彌布,今朝紫籜重開,紫籜山中境,請師揭示看!"師曰:"烟壑總非塵世界,林泉莫大佛乾坤。"曰:"如何是境中人?"師曰:"蓑衣不脱迎佳客,钁柄何嘗款俗流。"曰:"正恁麼時,別展風規一句,又如何舉揚?"師以拂竪曰:"石笋暗抽春色外,靈枝遍覆月明中。"曰:"學人專爲流通去也。"師曰:"飛龍點未到,跛鱉出頭來。"曰:"不慚所抱璞,刖足豈爲憂。"師曰:"從門入者,不是家珍。"僧擬進語,師彈指曰:"吽吽!"乃曰:"屋頭山澗中水,青松百尺高,緑竹萬千竿,公案一重重,達士如何委?如何委,急薦取。陳搏大睡幾多年,怎似神仙鐵拐李,煉得九還不死丹,洞游上天之九野,親遍九千九百九十九隅。去地五億萬里,將他八風太府、紫宮太微、軒轅咸池、四守天阿,一切星宿,收入葫蘆裏。咦!止止不須説。我法不思議。"

晚參。"廣度者裏,法式迥別於諸方,長年惟與钁頭親密,亦懶去下山打供。每日兩時普請,未免兩番喊罵。諸道流,内有一罵具向上提持，一罵不作一罵用。若緇素得分明，許你家堂穩坐，否則鉤刀扁擔未放你在，雖然也是趙州道底。"

勸農示衆。"春雨深，春凍解。正恁麼時，農務斯舉分付西堂知事，將禪道元妙好生收起。有等不識好惡底，聞此説話，便道：'務農即是元妙，元妙即是務農。'與麼見解，只可挑破畚箕，揀牛糞團，無有了日在。或有曰：'佛法闡揚，各有時節因緣，亦只可喚牧童子，燒大麥粥，煮九心芥，與他噇眠去，待禾熟登場，喚他起來，好做箇飯袋子。'然雖如是，正到恁麼田地，大用現前一句，作麼生道？"拈拄杖起座曰："泥牛耕歲月，大地長靈苗。"

士問："如何是清淨法身？"師曰："開口不容情。"曰："那箇是圓滿報身？"師曰："寰中天子敕群臣。"曰："作麼生是千百億化身？"師曰："屠父燒香誦梵經。"

問："如何是三教？"師曰："耕種耘苗并割稻。"曰："三教之義，何者爲最？"師曰："波斯鼻孔下頭粗。"曰："宗此得能了道否？"師曰："腦後見腮，莫與往來。"曰："某甲莫解其旨。"師曰："山僧自幼少學。"

《續僧寶傳序》①：祖道東來，不歷文字，正法眼藏，以心印心，如一燈傳，燈燈續焰，世俗未免有起而疑之。仲靈嵩禪師不獲已，乃撰《定祖圖》《傳法正宗記》。上千有國者，輒頒信於天下。由此，綜集傳燈之書，疊疊間出，其文不一且繁。譬猶西竺分律部之爲五，合而元之本乎一。禪師大川者，撮諸綱領，燈會

---

①應爲《南宋元明禪林僧寶傳》序，所錄序文中與本傳前置序文有幾處字句不一。

其元。《會元》之出也，燈史定矣。而天皇天王，尚俟後人考紀載碑碣而更定之，著作詎易事乎哉！又覺範洪禪師，嘗述《僧寶傳》，以爲載之空言，莫如見其始終行事而深切著明也。自嘉祐至政和，據師座者垂千輩，僅八十一人入其章次。其文核而精，其質圓而勁。合撒誦之，則諸綱目無有弗備。所備者，祖師大統不易之道也。逮洪公之後，建炎以來，唯濟、洞二宗法化於世。適明季，英靈一時傑出，復有繼、續、統燈三刻出焉。三刻出，其近古之參差疑滯，似又莫能釋而定之。何也？豈亦等川之纂緝，未及洪之核實乎！否則猶有所待而後定之乎！如近刻，以每舟慈先參萬峰，暮齡方謁東明昷。蓋萬峰謝世於洪武六年，慈於洪武二十七年始生蜀之成都余氏，投大隋山出家，名永慈。年二十八，謁昷得法。後陸沉牛首，晦迹全焦。四十四歲，開法東山，閱三載昷公殁。近刻以海舟名普慈，出常熟錢姓，脫白破山，年七十餘，方見昷。訛哉明矣。或字經三寫，烏焉成馬與。或別有所出，同其名號者耶。余嘗以此質諸大方，俱以近刻爲然。復請天童吾師弘覺忞老人。吾師出智瑄智璽所立海舟永慈禪師道行碑示予，予疑始決。第不敏，因採考宋建炎以至明末五百歲尊宿，不可唐捐之實錄。將成帙，付弟子性磊，令拾遺補輯，共若干人，目之《續僧寶傳》。有俟命世賢明，削而定之，余何敢專焉。

台之紫籜山沙門自融，謹序①。

---

①原文夾注：山翁忞嗣。

清潘耒《遂初堂別集》
卷二《廣潤巨靈禪師塔銘》

臨濟之道至天童而中興，一時門下英靈龍騰象蹴，而弘覺國師遭逢當寧轉大法輪，光明尤爲烜赫。余行江楚嶺南，見坐大刹有盛名者，多弘覺兒孫。頃至台，聞廣潤巨靈禪師道風孤峻，爲弘覺最先得法弟子。

未及造訪，比返自東甌，而師已示寂，其門人元化以狀來請塔銘，堅辭不獲，乃按狀而敘之曰：

禪師諱自融，字巨靈，一字幻舺，新安程氏子。生半歲，父辛元没，母吴鞠以長成。弱冠知有佛乘，輒思脱俗。母强之婚，不可，投廬山圓覺沙門落髮，仍歸里結庵。母卒，既葬，盡散家財，詣回峰寺受具戒。因留聽講，辨難驚人，講師駭曰："子非吾宗人也！"勉以參方。道至夾山，依林皋和尚，參"萬法歸一"。每被痛棒不發。走天童，參密翁，晝則力務，夜不帖席。疑情猛切，幾欲申問，到方丈輒開口不得。一日晚參罷，師隨至寢門，挽衣跪泣曰："某甲有箇疑處，求指决。"翁瞋目扭住曰："將疑來，與汝决！"師無對，即被拳仆地。纔起，又拳，口出血，有省，失聲："阿㖿！"翁低頭拈杖，師大笑而出。

又晚參，諸禪者問話，翁一一答畢，師進曰："有問則有答，某甲無問，請和尚答。"翁拈棒，師拂袖便行。翁追棒之頭破。師回身作禮曰："適來觸忤和尚。"翁休去。

密翁順世，弘覺繼席天童，師乃依座下，胸次猶未灑然。一日，弘覺舉貫休東林偈曰："白薝蔔花露滴滴，碧苾蒭草雨濛濛，田地更無塵一點，是何人合住其中？"乃征曰："畢竟何人合住？"衆下語不契，復代云："若是陶淵明，攢眉便歸去。"師聞，頓豁疑滯。然彌自韜晦，不露丰采。同學或易之。一日送亡僧，命師秉炬，師初不知，臨時乃白，衝口成偈，警快絕倫，衆始敬服。

弘覺退居五磊，師乃隨侍。旋遊匡廬武陵，閱藏鹿城，閉關虞山。順治戊子，弘覺居廣潤，召師還爲西堂。已而應虞山勝法之請，時牧雲和尚住興福，嘗扁舟過訪，欲付以白拂，師念受恩有處，堅辭之。雲更嘉嘆，贈偈而別。

弘覺住紹興大能仁，召師首衆，尋題畫像授師，有"伸出巨靈神半臂，太華分作玉芙蓉"之語。

辛卯春命繼席廣潤，廣潤在寧海之瑞雲山，是晉曇猷尊者道場。宋慈雲懺主、明裘聖僧遞居之，後寖蕪廢。弘覺來居，稍稍整理，繼遭兵燹，禪徒星散。師率高弟十餘人，束篾堅守，雖風鶴時驚，而晨暮放參，孜孜不倦，遠邇嚮風。不數載，頓成巨刹，甫落成而一笠飄然，就東平退休焉。仙居紫籜山廣度寺爲歷代祖庭，久毀於兵，有一僧守故墟，欲弃去，夢神止之，言將有大德來興此山。已而師至，僧以夢告，遂留居之。編蓬縛樹，採蕨燃松，不堪寒苦，而提唱鉗錘，爲人益切，道價彌重。

復應會稽安隱之請，旋還紫籜。時猶茅居，火作皆燼，唯師臥室一茅不焦。所輯《南宋元明僧寶傳》撥煨爐得之，竟完好。

師曰：「佛法僧三寶無恙，天其欲易茅爲瓦乎！」漸營土木，遂成寶坊。時沿海郡縣有遷遺之役，廣潤在遷界中，廢不旋踵。弘覺每念之興嘆。比弘覺化後，遷地漸展。師毅然以興復爲己任。平陽天童虛席待師，輒舉賢自代，就廣潤故址剪棘開荒。寅卯之交，兵戈鼎沸，師堅豎法幢，學徒輻輳，諸大帥及郡縣吏敬其標範，争相弘護，三四年間，殿宇復完，壯麗有加於昔。師於廣潤凡兩度開山，亦希有事也。

師見地穩密，踐履真純，領院事無大小，以身先之。生平不衣鹽口之服，老猶隨堂粥飯，晨昏定課不虧，钁頭鐺畔，拈提勘辨，無虛日。棒痕掌血，務令學人死盡偷心，蓋以真實心行真實行、說真實法。

余雖未獲識師，讀其幻觰語錄，言句斬截，寸鐵殺人。《僧寶傳》簡擇精嚴，斷制高老，想見其人清苦勁直，法門砥柱也。

康熙辛未閏七月示寂，預囑院事，遺書別檀護，修淨業三日，說《辭世偈》曰：「人死一七月，我今兩七月，泥牛鬥入海，嚙破半邊缺。」復自說封龕法語，奄然入滅。闍維，頂骨心齒不壞。世壽七十七，僧臘六十五，得法弟子性磊、性化等十餘人，塔於紫籜山之鳳亭岡，銘曰：

大法傳人，如乳出酪，漸遠牧牛，味轉漓薄。浩浩洪流，魚龍紛錯，白拂如麻，真風寥落。俊哉幻叟，一鶻摩天，初參天童，痛徹毒拳。卒師弘覺，底脫桶穿，頂門有眼，爍破大千。旃檀逆風，囊藏不住，一笠一鋤，潭湥魚聚。奪食驅牛，有句無句，頑鐵精金，一爐鎔鑄。漠漠瑞雲，兵燹頻仍，荒荒紫籜，狐潛兔憑。道風所扇，再廢再興，天開寶刹，地涌金繩。法運夋秋，耆英凋喪，憖遺一老，巋然宗匠。如何不留，山愁海愴，大樹無陰，么弦絶唱。來時無口，去時無門，水流月落，不亡者存。造無縫塔，藏不動尊，燈燈不墜，視此刻文。

陳垣《中國佛教史籍概論》（摘録）

《南宋元明禪林僧寳傳》十五卷
清釋自融撰　釋性磊同撰

《四庫·釋家類》附存目，有影印續藏經本。自融字巨靈，一字幻輫，木陳忞弟子，康熙三十年卒，年七十七，潘耒爲撰《塔銘》，見《遂初堂別集》二。

此書志在續惠洪《僧寳傳》。融自序稱九十七人，今本實得九十四人，然性磊後序言融所集者五十三人，磊所補者四十一人，則融序字之誤也。九十四人中，目録明標爲補輯者僅二十七人，又與磊序不合，則目有漏標，不復知誰爲融集，誰爲磊補矣。

惠洪書之後，本有石室祖琇撰《僧寳正續傳》，止於南宋初，凡二十八人，曹洞、臨濟各一人，黄龍、楊岐各十三人，爲六卷，另寓言二人，爲第七卷。顧祖琇之名不甚顯，其所著《佛運統紀》，爲瑩仲温所譏，今不傳；其所著《佛教編年通論》，爲《佛祖通載》所盗襲，《釋氏稽古略》又誤認爲紫芝祖秀之書；其

所著《僧寶正續傳》，今雖傳，然自來罕見。故融書卷一之竹庵
珪，卷二之此庵元、文殊道，卷三之大慧杲，卷五之白楊順，皆
與《正續傳》重出，知融師弟撰此傳時，尚未見祖琇之書也。

　　此《傳》九十四人外，卷末有拾遺一人，曰吹萬廣真。真，
蜀人，即著《釋教三字經》者，亦大慧之裔，與破山明同時，而
早卒，兩雄不并立，破山曾著《佛道聲價》以非之，破山弟子丈
雪醉輯《錦江禪燈》，擯吹萬派於錦江之外。此書《吹萬傳》贊
曰："真師既出世於萬曆之間，我禪門正當肇興之時，至天、崇
間，諸方有大名稱者，俱有書問往來，未見一言表出大慧宗系之
名，何也？無乃各闡己宗爲急務，未暇輕重之耶！康熙丙寅冬，
余爲天童封龕事經四明，過壽昌禪林訪舊，遇師之玄孫統公別庵
禪師，始悉真師三代全錄，不得不爲之補傳，否則闕典之責，其
在余乎！"

　　所謂余者，應爲性磊，然康熙二十五年丙寅，自融尚未卒
也。統公者，普陀性統，吹萬三傳，康熙三十年撰《續燈正統》
四十卷，附《嘉興藏》以行，吹萬之名始著。當天童派披靡一時
之際，吹萬派乃異軍蒼頭特起，與之並驅中原，平揖不讓，亦宗
門豪傑之士矣。自融師弟爲補傳，有以哉！

主要參閱書目

［宋］惠洪撰，呂有祥點校：《禪林僧寶傳》，鄭州：中州古籍出版社。

［宋］大慧宗杲著，呂有祥、吳隆升校注：《大慧書》，鄭州：中州古籍出版社。

［宋］大慧宗杲著，董群點校：《正法眼藏》，鄭州：中州古籍出版社。

［宋］頤藏主編集，蕭萐父、呂有祥點校：《古尊宿語錄》，北京：中華書局。

［宋］道原撰：《景德傳燈錄》，《大正藏》第 51 冊。

［宋］李遵勖編：《天聖廣燈錄》，《卍續藏》第 135 冊。

［宋］惟白編：《建中靖國續燈錄》，《卍續藏》第 136 冊。

［南宋］悟明撰：《聯燈會要》，《卍續藏》第 136 冊。

［南宋］正受撰：《嘉泰普燈錄》，《卍續藏》第 137 冊。

［南宋］普濟撰，蘇淵雷點校：《五燈會元》，北京：中華書局。

［明］淨柱撰：《五燈會元續略》，《卍續藏》第 138 冊。

［明］圓極居頂編：《續傳燈錄》，《大正藏》第五十一冊。

［明］瞿汝稷輯：《指月錄》，《卍續藏》第 143 冊。

［明］通容、行元合撰：《五燈嚴統》，《卍續藏》第 139 冊。

［明］明河撰：《補續高僧傳》，《卍續藏》第 134 冊。

[明] 如惺撰：《大明高僧傳》，《大正藏》第 50 册。

[清] 聶先撰：《續指月錄》，《卍續藏》第 143 册。

[清] 超永編：《五燈全書》，《卍續藏》第 140 册至 142 册。

[清] 性統編：《續燈正統》，《卍續藏》第 144 册。

楊曾文著：《唐五代禪宗史》，北京：中國社會科學出版社。

楊曾文著：《宋元禪宗史》，北京：中國社會科學出版社。

吴立民、徐孫銘著：《禪宗宗派源流》，北京：中國社會科學出版社。

毛忠賢著：《中國曹洞宗史》，南昌：江西人民出版社。

徐文明著：《楊岐派史》，北京：中國社會科學出版社。

杜繼文、魏道儒著：《中國禪宗通史》，南京：江蘇人民出版社。

陳垣著：《中國佛教史籍概論》，北京：中華書局。